中央大学社会科学研究所研究叢書……19

連続と非連続の日本政治

菅　原　彬　州　編

中央大学出版部

まえがき

中央大学社会科学研究所の研究チーム「連続と非連続の日本政治」が、中央大学の専任教員である研究員、学外からの客員研究員そして大学院博士課程後期課程在学の準研究員から成る二〇人を参加者として、その研究活動を開始したのは、二〇〇三年四月のことであった。この研究チームの発足に向けて数次の準備会合を前年に持ち、そこでの検討をふまえて最終的に設定した研究テーマを要約すれば、次の通りである。

本チームは、幕末・維新期から現代に至るまでの約一三〇年間にわたる日本政治の展開について、社会・文化ならびに国際関係なども視野に入れ、その構想と実践、あるいは政治過程の展開などに関する分析・検討を行うことを目的に、二〇〇三年度より研究活動を開始する。研究活動を行うにあたっては、「連続」と「非連続」という分析視角を導入し、「伝統と革新」「継承と断絶」などの対立的要素の交錯に着目して、日本政治における諸問題を究明することとした。

研究活動開始の時点においては、どのような形でその成果をまとめ、それを公表するかについては、確たる見通しを持っていたわけではなかった。研究所には、研究年報・研究報告そして研究叢書などがあり、成果の公表を前提とした研究活動であるとは言え、その点については、チーム全体で更に詰めていく考えであったからである。

この度、本書を研究叢書の形で公刊にこぎつけることができたのは、力量不足の編者を叱咤激励し、実質的に多大なる支えとなってくれた研究所関係者およびチーム参加者に負うところが大である。これまでの研究活動を振り返ると、公開研究会および年度末におけるチーム合宿を積み重ねながら、本書各章の論考が準備されてきているので、以下、初年度からの研究活動の歩みを、ここで紹介しておきたい。

初年度である二〇〇三年度においては、以下の研究活動を行った。

第一回公開研究会　二〇〇三年六月七日（土）

場　所　中央大学二号館研究所会議室三

報告者　髙原泉準研究員・中央大学大学院法学研究科博士課程後期課程在籍

テーマ　『まがきのいばら』の幕末像――勝海舟における「公」――

要　約　勝海舟の著作『まがきのいばら』の写本を素材に幕末期における「公」を中心に基礎的な検討がなされた。質疑においては、勝の思想形成過程や幕末期の思想状況などをめぐり、活発な議論が展開された。

第二回公開研究会　二〇〇三年六月二八日（土）

場　所　中央大学二号館研究所会議室三

報告者　李廷江研究員・中央大学法学部教授

テーマ　清末日中関係再考――近衛篤麿を手がかりに――

要　約　清末日中関係について、近衛篤麿をめぐる中国人の視点から、これまで利用されていない約百通の中国人書簡が整理分析され、日中関係の基本的な課題、近衛篤麿の役割と貢献度をめぐって質疑がなされた。

第三回公開研究会　二〇〇三年七月一二日（土）
場　所　中央大学二号館研究所会議室三
報告者　崔長根客員研究員・韓国ソウル大学校国際大学院専任研究員
テーマ　サンフランシスコ条約の領土条項についての考察――領土処理の政治性について――
要　約　戦中から戦後における連合軍の領土問題処理の対応、日本政府による戦後の講和準備の過程およびサンフランシスコ講和条約における領土処理の性質が考察され、これらをめぐって活発な質疑がなされた。

第四回公開研究会　二〇〇三年九月二七日（土）
場　所　中央大学二号館研究所会議室三
報告者　海老澤智士客員研究員・東海大学大学院政治学研究科研修員
テーマ　『ジャパン・クロニクル』における米騒動の報道
要　約　米騒動に関する『ジャパン・クロニクル』の報道姿勢が言論・報道の自由に立脚したものであることが指摘され、質疑では提示資料、当時の邦字・英字新聞の関係などをめぐって活発な議論が展開された。

第五回公開研究会　二〇〇三年一一月八日（土）
場　所　中央大学二号館研究所会議室三
報告者　栗田尚弥客員研究員・國学院大学非常勤講師

テーマ　占領軍の初期軍政機構について――関東地方の場合――
要　約　一九四六年七月以前の米占領軍軍政中隊の組織について、神奈川県・千葉県・第九七師団管轄区域（北関東他）を例として、統一的地方軍政機構の成立が分析され、これをめぐって多岐にわたる議論が展開された。

第六回公開研究会　二〇〇三年一二月六日（土）
場　所　中央大学二号館研究所会議室三
報告者　奥野武志客員研究員・東京都立農業高校教諭
テーマ　明治維新と学校教練
要　約　学校への教練導入の思想的背景をめぐり、幕末からの学校教練の構想とその導入過程が分析され、「学校教練」の「近代性」、「学校教練」への批判を中心に、連続性と非連続性の論点が討議された。

第一回合宿研究会　二〇〇四年三月二〇日（土）～三月二一日（日）
場　所　中央大学湯河原寮
参加者　海老澤智士　沖川伸夫　奥野武志　勝村誠　金原左門　菅原和子　菅原彬州　髙原泉
田野崎昭夫　本間修平　山田博雄
報告者　菅原和子客員研究員・元中央大学非常勤講師
テーマ　「声なき声の会」の思想と行動――市民運動の原点をさぐる――
要　約　「声なき声の会」の活動の過程を整理し、その活動と市民運動との関わりが報告され、活動の時期区分の基準や市民運動の「原点」などの論点をめぐって、活発な質疑がなされた。

報告者　勝村誠客員研究員・立命館大学政策科学部助教授

テーマ　中西伊之助の文学と政治——農民自治会と無産政治運動のかかわり——

要　約　中西伊之助の年譜およびその著作についての紹介がなされ、これらをめぐって、無産政党運動との関係、中西の植民地観、政治史における文学の扱い方について議論が展開された。

報告者　奥野武志客員研究員・都立農業高校教諭

テーマ　都立高校卒業式をめぐる状況について——現場からの報告——

要　約　都教育委員会による学校行事での国旗・国歌に関する通達に、現場の教員がどのように対応したか、また、これが処分問題へと至っていることの実態と経過が資料をもとに報告された。

第二年度である二〇〇四年度においては、以下の研究活動を行った。

第一回公開研究会　二〇〇四年五月二九日（土）

場　所　中央大学二号館研究所会議室二

報告者　鄭熙錫韓国慶北大学校教授

テーマ　帝政ロシア末期の汎アジア主義

要　約　汎アジア主義を定義し、ロシアにおける汎アジア主義の形成、その二類型の性格、およびこの汎アジア主義がどのような政策として歴史的に展開されたかが分析され、対日・対韓関係そして汎アジア主義と汎スラブ主義の反比例関係をめぐって、活発な質疑がなされた。

報告者　蔡数道韓国慶北大学校専任講師
テーマ　黒龍会のアジア主義運動――「中国問題」を中心として――
要　約　近代日本のアジア主義運動と中国問題との関連をふまえ、黒龍会の中国観を軸にしてどのようなアジア主義運動が形成されてきたかを抽出し、ロシアの南下政策、孫文の対日外交を中心に分析がなされ、黒龍会による中国問題のとらえ方などをめぐって、議論がなされた。
報告者　金慶一韓国慶北大学校責任研究員
テーマ　東アジアの地域協力体制の形成と日本の役割――多国間主義的資格からの提言――
要　約　東アジアの地域協力における問題点を理論的・経験的側面から分析するという視角より、地域協力の展開過程、多国間主義的要素および日本の役割が分析され、東アジアの範囲、その同質的基盤である儒教的価値観と仏教思想を中心に活発な議論がなされた。

第二回公開研究会　二〇〇四年一一月八日（土）
場　所　中央大学二号館研究所会議室三
報告者　栗田尚弥客員研究員・國学院大学非常勤講師
テーマ　占領初期、軍政グループ・中隊の配置と移動
要　約　一九四五～四六年にかけての米国内の民政集合基地（CASA）軍政部隊に関する資料をもとに、日本における占領初期の軍政部隊の配置と移動および指揮・命令系統についての整理分析がなされ、配布資料の内容を中心にして多岐にわたる質疑が展開された。

第三回公開研究会　二〇〇四年一二月一八日（土）

場　所　中央大学二号館研究所会議室三
報告者　崔長根客員研究員・ソウル大学校国際大学院責任研究員
テーマ　大陸浪人の間島問題への介入過程
要　約　大陸浪人の黒竜江国境論、戦略的要衝としての間島地域への着目、大陸浪人による一進会組織と開拓煽動および日本政府の間島政策などが分析され、大陸浪人の定義、一進会の間島問題への介入などの論点を中心に質疑が展開された。

第一回合宿研究会　二〇〇五年三月一二日（土）～三月一三日（日）
場　所　中央大学湯河原寮
参加者　海老澤智士　沖川伸夫　奥野武志　勝村誠　金原左門　栗田尚弥　菅原彬州　髙原泉　山田博雄
報告者　菅原彬州研究員
テーマ　日本政治の連続性と非連続性について
要　約　本チームの研究テーマ設定のねらいおよびこれまでの公開研究会活動の推移を整理した報告がなされ、連続性と非連続性の論点をめぐって活発な意見交換を行った。また、二〇〇五年度における活動予定と成果公刊に向けての原稿執筆などのスケジュールを調整した。

第三年度である二〇〇五年度においては、以下の研究活動を行った。
第一回公開研究会　二〇〇五年五月二八日（土）
場　所　中央大学二号館研究所会議室二

報告者　沖川伸夫中央大学兼任講師
テーマ　敗戦後の成木村の村政民主化とその基底

第二回公開研究会　二〇〇五年七月九日（土）
場　所　中央大学二号館研究所会議室二
（一）報告者　柳教烈客員研究員・韓国海洋大学校助教授
テーマ　関釜連絡船から見る植民地期日韓民族移動の実態調査
（二）報告者　朴晋雨客員研究員・韓国霊山大学校助教授
テーマ　象徴天皇制と平和イデオロギー
（三）報告者　崔長根客員研究員・東明情報大学校講師
テーマ　日本の発展と領土政策

これまでの研究活動の軌跡をここで記したのはほかでもない。本書への掲載を予定し論考が完成していたにもかかわらず、本書刊行計画の遅延により、やむなく公表の場を変更せざるをえなかったり、あるいは研究会での報告が論考の完成にまで至らなかったものがあったことを了察していただきたいという編者の判断から、紹介に及んだ次第である。しかしながら、このような活動の歩みの紹介は、本来であれば、あとがきで記すべきであろうというご指摘やご批判があるかもしれない。そのようなご指摘やご批判についても、上記の活動の歩みの結果として、この成果公表に至っていることを、本書を繙く読者にはまずご理解いただきたく、あえて異例とも思われるこのまえがきにおいて紹介した次第でもある。

ところで、「連続」と「非連続」という概念について触れておきたい。冒頭のテーマ要約にあるように、過去一三〇年にわたる日本政治の展開について、「伝統と革新」「継承と断絶」などの対立的要素の交錯に着目することは、それ自体目新しいものではない。しかし、明治維新にはじまる近代以後の日本政治と昭和敗戦後の日本政治について端的に言えば、天皇制は「連続」している。だが、大日本帝国憲法下における「近代天皇制」と日本国憲法下における「象徴天皇制」は「非連続」である。この「連続」と「非連続」を、日本政治の展開におけるより具体的な諸問題に関心を向けて捉えようとすると、果たしてどのような「認識」が得られるであろうか。ある政治事象を分析した結果、「連続」していると同時に「非連続」でもあるという結論が導き出されることもありうるであろう。本書各章の論考は、それぞれの執筆者が各自の問題関心をこのチームのテーマと連結させて究明したものであるが、本書全体として「連続」と「非連続」についてどれほどの成果をあげることができたか否かは、未だに判然としない。読者諸賢の厳しいご批判・ご叱正をお願いしたい。

最後に、本書の編集・刊行にあたって、多大なるご苦労をおかけしたにもかかわらず、腰が重いというよりは怠慢がちな編者にきつくネジを巻いてくださった研究所合同事務室の鈴木さんならびに大学出版部の菱山さんには、心より感謝するとともに厚くお礼を申し上げる次第である。

目次

第一章　『まがきのいばら』の幕末像
——かえりみる勝海舟——

高原　泉

第一節　はじめに

『まがきのいばら』は勝海舟の随想的な著作である。三巻本の体裁で数種の写本が伝わっている。「巻一」の序とみえる部分には「万延改元の仲冬」（講2四八一頁）と記されており、その成稿は万延元（一八六〇）年、咸臨丸による約四ヶ月の遣米使節随行の任務を終えてから半年後の一一月とみられる[1]。

勝部真長は『まがきのいばら』について、「処女作といっていい［……］海舟最初のまとまった著作」（勁11五三〇頁）であるとしたうえで、次のように述べている。

> 海舟がこれを書き上げたのは［……］アメリカから帰国した五月七日［ママ］に、三ヶ月前に起った井伊大老暗殺事件の詳細を聞いて驚くと同時に、その後の政治情勢の刻々に移り変るさまを観察して、さきに見聞してきたアメリカの政治・社会と較べ合せて、日本の政治・社会を徹底的に分析検討する必要に迫られたからであると思われる。

海舟はそのため入手できる限りの情報・文献・記録の類を整理して配列し、攘夷論と開国論との底流にあるものを熟視しようとした。（勁11五三七頁）

勝部のいうように『まがきのいばら』には多くの資料が引用されており、その資料の間に所感を挿入するスタイルが採られている。(2) 対象とされている時期は、広くみれば文政年間、すなわち一八一〇年代の末から万延元（一八六〇）年までであるが、やはり嘉永六（一八五三）年以降が中心であるといってよい。その大尾は、桜田門外の変に関わる諸資料の引用で結ばれている。なお、「世に広せむとにあらず、深く筐のそこに秘め置き、我がなき後のかたみともなさんのみ」（講2四八一頁）との記述もあり、私的な覚えであることが強調されている。

「まがきのいばら」という題名について、勝は「偶童子等の古詩を誦するを聞きて、牆有レ茨《まがきにいばらあり》と云ことをおもひ、其説くべからず又詳にすべからずと云を取りて、まがきのいばらの記と名づけぬ」（講2四八一頁）と述べている。くわしく解釈してはならない、あるいは、解釈できず、いわく言い難いところを書き記した、といったところであろうか。(3)

執筆時の勝の状況についても確認しておく必要があろう。この年の六月、勝は蕃書調所頭取助を命じられる。すでに勝の義弟となっていた佐久間象山は、勝への書簡（万延元年七月一五日付）に、この人事について「驚入候」、あるいは「御左遷」などと記している（講別八〇頁）。後年、勝自身も『氷川清話』において「蕃書調所などといふ閑散人のやる仕事は一向好まぬところから［……］麻裃を着たまゝで、ゴロ〳〵と寝ころんでばかり居た」（講21二二頁）などと語っている。(4)

その後、勝の役職は、文久元（一八六一）年九月五日の講武所砲術師範役、文久二年七月四日に軍艦操練所頭取、そして同年閏八月一七日には軍艦奉行並、という経路をたどって上昇する。文久二年後半における勝の昇進は、公武合体派の進出や文久改革などと密接に関連するものといえよう。

このように役職の推移に焦点を合わせるなら、勝にとって万延元年は、その後の幕政の中枢へと参画していく過程への転換点ともいうべき時期であった。また、当時の勝が帰国直後の処遇などをある種の挫折と捉えていたとすれば、後に触れるようにペリー来航時の上書によって幕閣に見いだされ、長崎の海軍伝習や米国行などをも経た勝が、その思いをこの『まがきのいばら』と題する著作に込めたであろうことは想像に難くない。

以下、本稿では『まがきのいばら』の叙述に即していくつかの主題を抽出しつつ検討を加えることとする。(5)「連続と非連続」という視角に即していえば、『まがきのいばら』が生み出されるに至る過程ともいうべき、勝の内面における「連続と非連続」――問題意識や視点の一貫性と、その一方で成し遂げられた質的な変化――に配意することとなろう。

第二節　自他の経験

『まがきのいばら』の本論は、万延元（一八六〇）年に勝が直面している「国事多端」な状況の端緒となった文政・天保年間の状況から説き起こされている。勝は、ある「老人」から聞き及んだ往時のことなどを手がかりに叙述を始める。まず取りあげられるのは、文政一一（一八二八）年のシーボルト事件に伴う高橋景保の処罰と、天保一〇（一八三九）年の蛮社の獄である。それに続けて勝は「海外の事」について、次のように述べている。

また義邦海外の事を思ふに、我文化九壬申にあたつて仏蘭西の大乱あり、国主那勃列翁氏、魯西亜を攻めしより大敗して、其遠大の志半途にやぶれ、遠斥せられしより後、西洋各国の兵備漸く盛にして諸学術のくわしき又往日の比にあらず。つぎて那氏、勒納島に死し各国大に治まり東洋諸国の交易ます〳〵盛になりしとぞ。また、我天保二年辛卯のころ、米利堅合衆国に経済学校の設けあり、ひろく諸州に通販せむとす。此ときにや、蒸気船の学大に改革し海舶の制きそつて此器械を兼用ひ、終には我天保一三壬申の歳にや、英咭利の人、火船を以て地球を一周せしに、纔に四五日を経たりなどいふ。かゝれば海外の盛なる、いまだ今日の如きはあらずといわむもまた空言にあらじ。（講2四八二頁）

西洋諸国においては、ナポレオンのロシア遠征を契機に軍備が整えられ、学術も飛躍的な進歩を遂げた。そしてナポレオンの死後、各国の政情は安定し、東洋諸国との交易は一層活発となった。米国は「経済学校」を設立し輸出拡大を図っている。また、蒸気船の技術革新が実現し、西洋諸国は競ってこれを採用している。西洋諸国における未曾有の興隆はこうしてもたらされたのだ――と勝はいう。このように日本と西洋諸国との対照を示したうえで、勝は次のように警鐘を鳴らす。

凡そ天地の覆載し日月の照臨する処、其殊風異俗必しも同一ならずといへども、其国俗、物産、ある《い脱カ》は世代の変革等の事、普く挙げ悉く識るに非ずば、其備毒螫を防ぐの策、膺懲の意、いたづらに垂拱して、よくなす所ならめや。我亜細亜のうちなる国々、其学術高明なれども、其実にくらく、同族ともに魚肉し、はては他邦の為めに驕横陵蔑せられ笑を天下に取ること、印度、支那其他の如きは、また歎すべく痛むべき事ならずや。（講2四八

二頁）

軍事、交易、そして科学技術といった各分野の相関性への着眼、あるいは実践的な学術の重視、西洋と東洋、ないし「亜細亜」の対比などが、まずは注目される。また、『まがきのいばら』の叙述を蘭学者の弾圧から始めている点、あるいは、「毒螫を防ぐ」「膺懲」といった攘夷を連想させる表現を交え、「殊風異俗必しも同一ならずといへども」と一定の留保を示しつつも、「凡そ天地の覆載し日月の照臨する処」、すなわち、文字どおり洋の東西を問わず人間に通底するあり方が前提とされている点なども重要であろう。

周知のように、勝はまず蘭学者として世に出たわけだが、初学の段階でふたりの人物から蘭学の指導を受けたと考えられる。それは永井青崖と都甲斧太郎である(6)。

永井には『銅版万国輿地方図』や『泰西三才訓蒙』などの著作があり、地理学に秀でていたようである(7)。永井によって、勝の空間的なものを中心とする「視圏の拡大」が促されたであろうことは想像に難くない。

ただ、ここでとくに注目したいのは都甲斧太郎の存在である。都甲については不詳な点も多いが、都甲が蘭書からの知識によって馬を治療していたこと、都甲の蘭学の師が蛮社の獄に際して自害した小関三英であり、都甲もいわゆる蛮社のメンバーであったことなどはほぼ確実といえる(8)。逃亡中の高野長英が嘉永三（一八五〇）年に勝を訪ねてきたという『氷川清話』中の逸話（講21七六―七七頁）などからも、勝の蘭学の系統がうかがわれる。先に触れたように「老人は申たりき」といった表現がみられること、あるいは勝が文政六（一八二三）年生まれであることなどをも考え合わせると、文政期から天保初年ごろまでに関する記述において、勝自身の直接的な体験に基づく部分は少なかろう。おそらく勝は都甲を通じて、同時代史的な過去への理解を深めていったに違いない(9)。

このほか、蘭学にいそしむ修業時代以来、渋田利右衛門や竹川竹斎・竹口信義兄弟らの商人が勝の活動を支えていたことは周知のとおりである。とくに竹川竹斎は資金面などでの援助にとどまらず、勝に知的な刺激をも与え続けた。また、やや時代が下るが、蕃書調所の御用書肆であり、明治以後も勝と親交を続けた万屋兵四郎（福田敬業・鳴鵞）もそのひとりといえよう。(10) 勝は彼らとの交友から商業、あるいは交易の重要性を学んだのではあるまいか。おそらく、勝における交易論は、海外との貿易を指向する経世論の系譜を引き継ぐ部分と、商人たちと間近に接するなかから得られたものとのバランスのうえに形成されたもののように思われる。(11)

よく知られているように、勝の栄達のきっかけは、ペリー（Perry, Matthew Calbraith）の来航に際して嘉永六（一八五三）年七月に提出した二通の建言（講2二五五—二六一頁。以下「ペリー来航建言」という）であった。(12) すでに松浦玲や石井孝らによって指摘されているが、この建言に挙げられている「軍艦御制作」の主張は、実際には「交易之儀」と表裏一体の関係のうえに展開されている。こうしたことを考え合わせるなら、『まがきのいばら』における交易や商業を重視した叙述は、勝が以前から一貫して抱いていた考えがより端的に示されたものとみることができよう。

では『まがきのいばら』の本文に戻ろう。天保改革が失敗に至る過程などに関する叙述をはさみ、勝の筆は、福山藩主であった阿部正弘が老中首座となって以降の情勢へと進んでいく。オランダ国王の開国勧告からペリー来航にかけての時期である。硬直化した幕政に対し批判的であった勝の目に、阿部は好ましい政治指導者と映った。

勝はいう。「福山侯は能く衆言を容れられたる故、其選挙に逢ふ者少なからず。御大政御変通あらむとするに当つて、大船製造弁銃隊操練など、皆西洋の式によるをゆるされたり」（講2四八九頁）、あるいは、「此折ぞ、海外の御処置大に興れり。我が邦内大変革の徴あり［……］将大に言路を開かれんとせられしかば、侯伯より以下士夫皆献策して海防の策を言上し、英傑蜂の如く興りたり」（講2四九〇頁）と。またすでに、ペリー来航に先立つ嘉永六（一八五三）年一月の執筆とみられる未定稿「蠏行私言」で、勝は次のように述べていた。「当今の急務、英雄を選挙するにあり。今や賢相上に在す。若、それ実に英士を好まば、天下の賢士其徴に応ぜざることなく、其門に至ることを願はざらんや。而して後、旧弊改むべく、言路開べし」（講22七一三頁）。

勝が阿部を評価した理由のひとつは積極的な人材登用にあった。そしてその前段階に、広範な階層に対するペリー来航への対応策の諮問があったことはいうまでもない。事態を隠蔽せず、むしろ広く公表し意見を求めようとする姿勢に、勝は「変通」、すなわち、先例にとらわれない情勢の変化への対応、あるいは「変革」のあるべき方向性を見出したに違いない。端的にいえば、それは「言路洞開」の政治である。階層を超えた自由な意見の表明に基づく適切な政策決定と、適材適所の人材登用と言い換えてもよいであろう。

とはいえ、「言路洞開」の「言路」とは差し当たり上申や諫言など上位者に意見を述べる道筋に過ぎないものであり、「言路を開く」といった言い回しも、近世において一般的に見出されるものである(13)。またこの段階における勝の変革構想は、あくまでも「公儀」、すなわち幕府の存在を前提としており、「英君」、ないし「英傑」や「賢相」などによる政治指導、ないし決断を重視するものであった(14)。現に「ペリー来航建言」における提言のひとつ、西洋の科学技術に関する教育にしても、それを施す対象は「御旗本之面々」が中心であり、「若、御家人之内人数不足」が生じた場合に「諸藩より被二召出一」とされているように（講2二六〇頁）、階層的な広がりも自ずから限定されていた。

だが、こうした限界ともみえる側面は、同時にすぐれて実践的、ないし現実的な提案として捉えうるものであり、「ペリー来航建言」以降、勝が多用することとなる建言という方法にも相通じる。本来、建言や上書は次のふたつの性質を内包しているように思われる。すなわち、自らの意見を文書化することによって責任の所在を明らかに示すこと、そして、上位者の意思を先取りしつつ、あるべきものへの移行過程を現実に適用可能な形で提示することである。

これは勝の基本的な態度と重なるものといってよい。換言すれば、勝が目指す「言路洞開」の政治とは、個々の責任ある関与とその主張の実現方法の具体性ないし実現可能性とによって支えられるものなのである。[15] さらにいえば、「言路洞開」の対極である「言路壅塞」の原体験が、かりに蘭学者の弾圧にあったとするなら、一定の身分や能力を有することが当面の前提であるにせよ、階層を超えた自由な意見の表明への憧憬が勝の根底にあったと考えることも可能であろう。

同時に、阿部が蘭学、すなわち科学技術をはじめとする西洋の諸文物を進んで取り入れる姿勢を示したことも、勝の期待に添うものであった。一連の弾圧によって、蘭学者たちは小規模な集団の中に閉じこもることを余儀なくされており、それが「私議」、すなわち内輪だけでの議論や限定的な交流にとどまらざるをえない原因ともなっていた。砲術をはじめとする軍事技術でさえ、必ずしも好意的に受け止められていたわけではない。勝は、西洋の諸学問を積極的に取り入れることが不可避であると認識していたばかりでなく、それがより多くの人々に共有されるべきだと考えていたのである。

なお、念のためにいえば、『氷川清話』などを通じて広く知られている逸話などをみても、米国での見聞が勝に大きな影響を与えたであろうことは想像に難くない。[16] だが、こうした米国での体験もさることながら、米国への体験、すなわち、咸臨丸の往路における苦悩を軽視すべきではあるまい。[17] 万延元（一八六〇）年一月一九日、強い西風を受けて浦賀を出帆した咸臨丸は荒天に遭遇し、日本側乗組員の大半は船酔いで動けなくなった。操船責任者であった勝も解纜前から体調を崩し、出航後も船室に病臥したままで、同船していた米国海軍士官のブルック（Brooke, John Merser）に指揮権を譲るほかなかった。

土井良三も指摘するように、勝が編纂を手がけた『海軍歴史』において咸臨丸の往路に関する叙述は「不当に省略」

されており、松浦玲も「咸臨丸の往路について、海舟は遂に何も言わない」として「みずから「速やかに死せんには」と思うほどの恥辱にまみれた苦難」への「沈黙」といった見解を示している[18]。海軍の重要性を重視し、その創出に責任を負っていた勝にとって、この体験は耐えがたい痛みを伴うものであったに違いない。

後年『海舟日記』（文久二〔一八六二〕年閏八月二〇日条）に記すところによれば、将軍の面前での幕府主導の海軍整備に関する質問に対して、勝は「軍艦は数年を出てつして整ふへしといへとも、其従事の人員、如何そ習熟を得へけんや〔……〕人民、其学術は勿論、勇威、彼を圧伏するに足らされは、真の防御は立かたからん」（勁18三―四頁）と答えている[19]。勝が、自身の至らなさに強烈な負い目を抱くとともに、海軍を担うに足る人材の育成が喫緊の課題であると感じていたことがうかがわれる。

また、勝の思想形成と西洋体験との関連という点からいえば、米国での体験以前に、まず長崎でのオランダ人教師による海軍伝習が、いわば土台としての意味をもっていたと捉えるべきであろう。

長崎における海軍伝習については、勝は劣等生であったといった見解も示されている[20]。その評価はここでは措くとして、この伝習において勝はいくつもの得難い体験をしている。伝習参加者や島津斉彬をはじめとする多くの出会いもそうした体験のひとつであるが、とりわけ注目すべきはオランダ人との日常生活であろう[21]。伝習中に勝が書き綴ったと考えられる「蚊鳴餘言」（講22）に残されているオランダ人たちとの会話の数々、あるいは、二代目の講師団長として来日したカッテンディーケ（Kattendyche, W. J. C. Ridder Huyssen van）の描写などからは、勝がオランダ人たちとのコミュニケーションを得意とし、それを楽しんでいた様子がうかがえる[22]。勝は――たとえ、数学は苦手であったとしても――もっとも得意とする「耳学問」によって、西洋人を生きた教材として生活態度や考え方などを学び取り、コミュニケーション能力に磨きをかけたに違いない。遣米使節団やそれ以降においても、勝が外国人のあしらい方を心得ていた様子を伝える逸話は多い。もともと勝は、ある程度オランダ語を解する蘭学者であり「異人嫌い《ゼノフォービア》」とは無縁であったが、西洋人をも同じ人間として捉えようとする開かれた態度は、おそらくこの伝習によって深められたことであろう。

なお、すでによく知られたエピソードであり詳述は避けるが、小型船で遭難しかかった体験（講21―三―一五頁）などから、勝は実践的な知識の重要性、あるいは、船長《キャプテンシップ》としての責任の自覚といったことをも学び取ったように思われる。いささか逆説めくが、勝が長崎で学んだのは船舶に関する技術よりも、むしろ西洋への対し方をはじめとする精神的な側面であった。いや、むしろその意味においてこそ、勝における海軍伝習と米国行における体験は、研修における理論習得と現場におけるその確認や実践、そして、明確な自覚をもつに至ったがゆえの、深刻な挫折の経験化という連関として理解しうるのではないだろうか。

勝の内面においては、自らの体験と先人からの伝聞などによる追体験とが分かちがたく結びついていた。そして、そうした基盤のうえに、長崎における海軍伝習や遣米使節団への随行などによって得られた自らの経験が重なることにより、勝の思想的な基盤が形成されていったと考えられるのである。

第三節　徳川斉昭というアポリア

『まがきのいばら』を貫いている軸のひとつは、徳川斉昭の存在である。『まがきのいばら』が同時代史的な色彩を強く帯びた著作であることからすれば、水戸藩主であり烈公と称された斉昭が主役のひとりとして描かれるのは当然といえる。そして、斉昭の評価は、勝が直面している「近年之紛擾」の原因を探ることに直結する問題でもあった。

改めていうまでもなく、幕末において水戸学は多くの人々を魅了していた。先述のとおり、「ペリー来航建言」の提出先のひとつが徳川斉昭であったとすれば、勝も水戸学や斉昭に特別な感情を抱いていたのであろう。実際、『まがきのいばら』における勝の斉昭に関する叙述は、後年の『氷川清話』における歯に衣を着せぬ人物評などと比べると、かなり微妙な揺れを含むようにみえる。

ペリー来航に際して、斉昭が老中阿部正弘に提出したいわゆる「十条五事の建議（不可和の御十策）」について、勝は次のように述べている。

公の御著述ありし［……］不可和の御十策など、実に斥夷の御説、確乎たり。其福山執政にそへられし御直書には、和字は海防掛のあづかりにして、本文には和の字は一切認不ㇾ申と書きたまふを以て伺ひみれば、其御意のある処、あながち諸官の評する、粗暴に事を好ませらる丶、など云は、いまだ其意を能く解せざるにやあらむ。或は深き御微意ありて然る歟。後、国家の紛擾するはじめは、公、御意を有司に得ず、御説行はれざる時にあたつて、京師へ御申上ありし激烈の御建白よりぞ、四方是に応じ起りしとぞおもわれ奉れ。（講2四九三頁）

すなわち勝は、斉昭の主張は一見明確な攘夷論であるようにみえるが、阿部正弘宛の「御直書」からすれば、斉昭の真意は別なところにあるのではないか、と解釈する。そして、「御説、表に攘夷一戦の義を以御主張あられ、其内実はしからず。此故に重事実際に至ては断然たる御説聞へず」（講2四九三頁）として、斉昭は直ちに攘夷を行うつもりではなかった、と述べる。そのうえで、後に「国家」が混乱することになる端緒は、自らの意見が幕府に採り入れられなかったために、斉昭が朝廷に直接建言を行ってからのことだ、というのである。さらに勝は、斉昭の主張は意図的に「表に押立つる所」であり、「士気の衰弱委靡を撓めむ」がための「所謂頭上の一大針」であろう、腹心であった戸田忠太夫や藤田東湖らの死後、斉昭を補佐する人々がしっかりしていれば、「近年之紛擾」には至らなかったのではないか、とも述べている（講2五〇一頁）。

このようにみるならば、「不可和の御十策」までの斉昭に対して、勝は必ずしも否定的ではない。にもかかわらず、桜田門外の変に至る「近年之紛擾」の原因はやはり斉昭にあるというのが勝の見方である。こうした判断は、「米利堅のコンシュル、ハルリスなる者」が下田に到着し、「堀田備中守殿、外国御用取扱被二仰付一」ということになった、安政三（一八五六）年以降の斉昭の言動によるのである。とくに堀田が幕閣の中枢を担うようになった頃から「景山公の御説大に入れられず、末に論じたる如く、御登営の御事もまれ〳〵に成行きし」（講2五〇四頁）というように、斉昭と幕閣との間には溝が生じつつあった。

『まがきのいばら』によれば、ハリス（Harris, Townsend）との日米修好通商条約交渉は、下田で応接に当たった「御役方」の「唯国内の小節を以て是に当らむとす」る狭量な姿勢によって一向に進まなかった。だが、ハリスが交渉場所を江戸に移すことを提案したことで状況が打開され、ようやく条約締結の方向へと動き始める（講2五〇四頁）。ところが、すでに「御用御免」となっていた斉昭は、この条約に不満であった。勝によれば、斉昭の反対論は西洋、あるいは東アジアの情勢に対する認識不足を露呈するものに過ぎなかった。また、幕府の交渉担当者もハリスの発言を理解する能力を欠いていた。

　彼云ふ処、我邦人、世界の形勢を知らず、自から固陋の旧弊あるを以て是を撓めんとし、其説く所諄々たるも、我邦人半信半疑なり。また下士は其要を知らず、彼が跋扈を憤り上下情実貫徹せず。げに鎖国の弊風今にしては

然かあるべき事ながら、当時の御処置ぞ、実に御困難の極とも申べし。（講2五〇五頁）

勝はいう。「果して水府家御不同心にて、此年老公より京師へ御上表の御事あり［……］是より天下尊皇攘夷之議を以て悉く雷同し、上巳の事より其人心を激して紛擾に至りしなり」（講2五〇五頁）。斉昭の「御上表」が「上巳の事」、すなわち、桜田門外の変以降へと続く「紛擾」の発端となったというのである。勝のいう「御上表」とは先述の「京師へ御申上ありし激烈の御建白」のことであり、朝廷に攘夷断行を命ずることを求めた「水戸内奏書」として流布したものである。この内奏書は、実際には水戸藩士の豊田小太郎（香窓）が尊融法親王（のちの朝彦親王）、もしくは三条実万に呈したものであったようだが、一般には斉昭が記したと受けとめられていた[23]。勝もそうした事情を若干は耳にしていたようで、「此御書、偽作哉之説を聞く。未ㇾ詳」としつつ「され共、是に類せし御書御上げなりしは一定の御事なり」（講2五〇九頁）と述べており、内奏書は斉昭の意思に添うものであると捉えていた。勝からすれば、この時期の斉昭をはじめとする水戸藩の動き――後述するような将軍継嗣問題における、いわゆる「一橋派」の活動も含むのであろう――は、あまりにもあざといものとみえた。

義邦謹て云、宇内之形勢は、能く一国の私する所に非ず。いにしへ蒙昧の世は置て論ぜず、当時に到りては、焉ぞ昔時の比にあらむや。夫、地球はかく計り狭小なるものをや。若、能其形勢に通じ、其大道を解するに至りては、いづれをか恐れ孰をか憚からむ。一挙周遊、其無道を正し、其順伏を容れ、万邦を指令せんぞ、我皇国の見識ならん。然るを、一邦に畏蹙して唯忌み唯恐る。夷狄と云は、其道なく其礼無く禽獣と類を同じくするを云なり。彼を知らず己を詳にせず、みだりに他邦を奴視する者は、豈、天下之公道公言といはむ。今、我邦人、漫に他邦を奴視するが如き、彼、是を何とかいわむ、また何とか思はむ。老公の御説、悉く斥夷独立鎖国に出づといへども、公、豈今日其守邦の成し難く勢の然らざるをしろし召給はざるものならむや。その御意を当時に得給はざるより、衆人を翫弄し邦人を鼓舞し給ふに急也。故に御説、益出てます〳〵激、惜哉、正大高明御誠実に乏し。此故に、終に一時の紛擾をきたせり。嗚呼、英雄、人を欺くと云もの歟。（講2五一〇頁）

先述のとおり、勝は「海外の事」について、「兵備」、「学術」、「蒸気船」、そして「交易」などの発達によって西洋の繁栄がもたらされたと捉えていた。ここで勝は、そうした「宇内之形勢」や「大道」への無理解が、攘夷という偏狭な「一国の私」に固執する態度につながっているのだ、と厳しく批判する。そして、斉昭が、自身の主張が採り入れられなかったために、人々を操作して士気を鼓舞しようと極端な言動をとったことが、政治的混乱を招く結果につながったとするのである。

こうした斉昭への批判に対して、佐倉藩主であった堀田正睦に対する勝の評価はきわめて高い。あるいは、佐倉藩医として有名な佐藤泰然の次男であり長崎の海軍伝習をともにした松本良順から、堀田について聞くところもあったのであろう。

佐倉侯は海外の事情、当今に及びしを察せられ、ひと向きに交易和親の事を以て執せられ、権謀術数のかたを斥せられしにや。此頃の被二仰出一、且米国の官人差出たりし書付など、つゝむ所なく諸大名役々等に示され、広く其形勢の今日に到りしを以て、別に御国威御更張の機会を告られたり。（講2五一一頁）

堀田と斉昭に対する勝の評価は、「正大公明」や「誠実」という点において、見事なまでの対照を示している。「権謀術数のかた」は斉昭を指すのであろう。

このように斉昭をめぐる勝の一連の叙述を捉え返すなら、勝は「近年之紛擾」、すなわち、開鎖の議論が朝廷を巻き込む形で国内を二分する深刻な混乱に至る大きな原因を、斉昭の「正大高明御誠実に乏し」い言動に見出しているように思われる。また、こうした認識が、勝が晩年に至るまで政治における「誠実」、あるいは「誠心正意」の重要性を強調し続ける根底にあったとみることもできよう。

第四節　「公」への視座

幕末において、日米修好通商条約への勅許奏請はきわめて大きな転換点となった。安政五（一八五八）年前半における幕府による勅許獲得工作の失敗は、井伊直弼の大老就任や堀田正睦の失脚、そして戊午の密勅から安政の大獄へとつながる一連の政治的混乱の発端であった。同年六月、幕府は朝廷の承認を得ないまま日米修好通商条約を締結した。斉昭らはこれに強く異を唱えたが、次期将軍が慶福（家茂）に決定されるとともに、安政の大獄のプロローグともいうべき処分が開始され、斉昭は謹慎に処せられた。

井伊の評価についてはすぐ後に述べるが、まず注目すべきは、将軍継嗣問題についての斉昭への批判である。勝はいう。「大凡邦家の御大挙は公明正大ならざれば衆心を服するに足らず、公明正大の御挙を用ひられむに、なんぞや公然と議せられざる。私に諸侯諸役に結び、或は京師へ周旋せられし御事共、御家臣の挙にして老公しろしめし給はざらむには、頗る御失とも可ㇾ申にや」（講2五三八頁）。勝が強調するのは、慶福と一橋慶喜のどちらが将軍として妥当な選択であるかといったことではない。手続き、すなわち「公然と議」することについてである。かりに慶喜が「御英明」であるというのなら、なおのこと「天下の御大事を以て私に同士を募られしは、殊に嫌忌のみならず、公平の御挙とも伺はれざるなり」（講2五四〇頁）というのである。

一方、勝の井伊に対する評価は、将軍継嗣問題における「断然たるの挙」、すなわち決断を除けば全般に批判的である。勝によれば、井伊の背後には「小人之国家を誤る奸策」（講2五四三頁）があった。「当時大老の英識を云もの甚多しといへども、不明小人之間諜を用ゆる如ㇾ斯。終に国家之紛擾を致す、また謂ある哉［……］皇天昭々、小人慎めや。また上者深慮して、下者の為に誤るゝ勿れ、惑ふ事なかれ」（講2五四三頁）。

ここで勝が強調するのは「上者」の「深慮」、換言すれば、政治に当たる者が負うべき責任の問題である。政治を担う者は「小人」、すなわち、その自覚を欠いたまま実務に当たる者の言動が及ぼすであろう影響についても、十分考慮し責任を負わねばならないというのである[24]。だが、勝の思いに反し、戊午の密勅が下される。安政五（一八五八）年八月、朝廷は日米修好通商条約の調印や斉昭らの処分といった幕閣の対応を非難する勅書を幕府に与えるとともに、内密に水戸藩などへも勅書の旨を諸大名などに回達するようにとの別紙を添えて勅書を与えたのである。かくして、幕府、水戸藩、そして朝廷のいずれもが「深慮」を欠く過ちを犯した、と勝は捉える。

此勅書、関東江も御渡、且水府家臣鵜飼某へ御渡しになりしよりぞ、後紛擾の基となり、罰得られし者甚だ多く、激烈輩終に上を擁し、御威令軽くなりそめしなり。

凡そ道の明ならざる、其政弊して皆弊中にあれ共其弊を知らず、猥に名分を頼みて下士を蔑視し、外海《ママ》外之形勢を察せず。御内政御変通之御趣意、何れにあるや。外国交際の御大典を以て廃せられんには、御国内の律も又随て御改正あらざれば、終に瓦解を脱かれざらん。然るを、唯彼が猛勢を恐れて言がまゝならば、焉ぞ御国人服すべけんや。外国の発けたりと云所以は、能く道に基づき信を厚ふして、仮にも公にもとらず、交際の法、公を以てし、敢て一国の私する所《に脱カ》あらず、別に一途の公法あり。今や考究すべきものを考せず、唯にくむの余りあると恐るゝの甚しきと、共に我国家の大害を致さんとす。其極、同胞相食、骨肉相いかりて、自ら斃れむとす、殊に痛憤にあまりあり。また謹て按ずる。此勅書の如きは、普く布告せられむに何の不可かあらむ。凡そは海外之風習、四方に航し交易するも、皆能く其国の耗を補ひ、富国強兵、他邦防御之武備を収むるにあり。今、時勢止事を得ずして交易和親なすは、他邦を貴び自国をおとしめむが為にはあらず。上国威をおとさず、下万民の無辜にして測らざる戦苦をまぬかれしめむとなり。開鎖は天下の形勢に係れり。ともに安民治平の為にして、敢て一家の私する所にあらず。此心、誠実至正にして、形勢に随て所置よろしきをとらむには、孰れか是を不可といはむや。（講2五四七―五四八頁）

勝の目には、「近年之紛擾」における内外両面の混乱の根源は同じものと映っていた。それは「公」と「私」に関わる問題であった。これまでの引用にも表れているように、勝における「公」と「私」は多様な含意で用いられている。だが、強いていえば、「私」が閉鎖、閉塞といった不自由さ、局所的なもの、あるいは策略や身勝手さであるのに対し、「公」は開放、普遍、共有、大局、あるいは誠実さといった含みがこめられている。そのうえで、勝は内政への対処と外国との応接とをパラレルなものとして捉える。そして、どちらの場合においても、形勢をよく把握すること、道理と信義に基づくこと、そして「公」という態度で相手に臨み、事態に対処することが肝要であると主張する。勝によれば、諸外国の「交際」は「一国の私する所」ではないのみならず、その「一国」のふるまいも「一家の私する所」であってはならないのである。ここには、外国、日本、そして幕府や徳川家、あるいは、朝廷、水戸藩といった個別性や差異よりも、それを超える普遍性を帯びた「公」の論理が明確に示されている(25)。

こうした勝の主張は、ほぼ同時期に成立した横井小楠の『国是三論』と重なり合う部分がきわめて大きいように思われる。たとえば、横井は次のように述べている。「俄羅斯を初各国多くは文武の学校は勿論病院・幼院・唖聾院等を設け、政教悉く倫理によつて生民の為にするに急ならざるはなし、殆三代の治教に符合するに至る。如此諸国来て日本の鎖鑰を開くに公共の道を以てする時は日本猶鎖国の旧見を執り私営の政を務めて交易の理を知り得ずんば愚といはずして何ぞや。宜敷支那に鑒るべし(26)」。

この部分に限らず、『まがきのいばら』と『国是三論』との類似を見出すのは容易であるが、両書が同じ万延元（一八六〇）年に相前後して成立したと考えられることの意味も、改めて看過されるべきではない。また、横井から勝への思想的影響を想定しうることはもちろんであるが、『氷川清話』によれば、勝が横井に米国の事情を伝えるといった側面もあったようである。両者が相互に影響を及ぼし合っていたと捉えた方がよいのかもしれない(27)。

なお、念のためにいえば、ここで勝がいう「公法」を直ちに「万国公法」であると考えるのは早計である。清で『万国公法』が完成したのは慶応元（一八六五）年に入ってからのことであり、米国人宣教師の丁韙良《マーティン》（Martin, William Alexander Parsons）による翻訳作業も、文久二（一八六二）年以降に開始されたと考えられる(28)。また管見の限り、それ以前の国際法の受容事例においても「万国公法」という言葉は用いられていない(29)。

たしかに「能く道に基づき信を厚ふして、仮にも公にもとらず、交際の法、公を以てし、敢て一国の私する所あらず」という勝の言は、『万国公法』の「凡例」にある「是書所㆑録条例、名為㆓万国公法㆒、蓋係㆓諸国通行者㆒、非㆔一国所㆓得㆑私也」といった記述を連想させるものであり、国際法に類する規範的なものを勝が思い描いていたことをもうかがわせる。またおそらく勝は長崎での海軍伝習において、海事を中心に国際的な取り決めについてオランダ人講師陣から聞き及んでいたことであろう。

しかしながら、勝における「公」が国家や政治のあり方にまつわる態度、ないし精神に関わるものであるとするなら、この「公法」を国際法に引きつけて読むのは、必ずしも適切ではないのかもしれない。むしろ、西洋で確立された、国家のあり方や国家間関係における普遍性を帯びた規範、ないし方法として捉えるべきではないだろうか[30]。

そして、まさにこうした意味で勝の一連の叙述を読み解くなら、勝の視座は、日本という「一国」や、幕府、ないし徳川家といった「一家」にとどまるものではなかったとみるべきであろう。ナショナルなものとインターナショナルなものという関連でいえば、勝は両者に通底する「公」という原理を措定したうえで、ナショナルなまとまりを対外的に維持するために軍事力を保持しつつ、外国と積極的に交易、あるいは交流を行う国家を構想していた。「公法」は国家を相対化する契機を内包するものであったといってよいであろう。勝には、それぞれの「一国」の上位にあってそれらを統御する規範としての「公法」が予感されていたのである。勝にすれば「徳川日本」とは異なる新たな国家としての「日本」という考え方は――近世的な国家を前提としつつも――自明のことであったであろうし、それは西洋的な国家へと発展する可能性をも宿すものであったに違いない。さらに、勝は「公法」に拠って立つような、東アジアにおける国家間関係の構想さえも抱きつつあったのである[31]。

後に勝は、清で『万国公法』が刊行されると、速やかに入手して周囲に閲覧させるとともに、万屋兵四郎（福田敬業）が日本版を翻刻出版すると直ちに配布に当たっている[32]。勝にとって外国との交際にも通用する「公」のあり方は――制度的な意味も含め、国内においても妥当性をもつものである以上――早急に学ばれるべきことであった。「公法」は、勝にとって国家的な「変通」において不可欠なものとして位置付けられていたのである[33]。

『まがきのいばら』の終わりは、安政の大獄から桜田門外の変へという一連の事態に関する叙述に充てられている。政局の混乱は強権的な弾圧によって決定的なものとなった。橋本左内や吉田松陰らが落命し、「言路閉塞」の状況が再来したのである。「阿諛の小人」や「狎邪の小人」が重用され賄賂が横行した。西洋との関係を進展させることは到底不可能となった（講2五六五頁）。

大老之処置、刑名に出て惨に過ぎ、曽て寛大之風なし。若、長く其職にあらば如何か知るべからず。大抵情実に通ぜず、就中海外之交際に及ては、尤以て失策多く、又武備之如き、我が旧に膠泥され抱腹の事多し。庸吏は尊奉すれ共、志あるものは、窃に眉をひそめ其禍の至らんを察せりと云。（講2五八四頁）

一方、水戸藩内は戊午の密勅への対応をめぐり、分裂状態に陥っていた。水戸藩は幕府から勅書の返納を命じられ、朝廷と幕府との間で板挟みとなっていたのである。勝は、こうした混乱の発端は「深慮」を欠いた斉昭の言動にあると捉えていたわけだが、水戸藩士が過激な方向へと傾きつつあったことについては次のように述べている。「下士に及ては、不羈の奸詐あるにあらず、固陋至極なれども此皆邦家の危急を憂ふる一念に起れり。無偏無頗のものを以て処せられに《し 脱カ》、彼等いかでか賤悪する処あらむや。凡は人心之不服よりぞ邦家土崩の端に到るとこそ承はれ。尤恐れ鑑みるべきことならずや」（講2五七七頁）。

すなわち、水戸藩士らが「邦家の危急を憂ふる一念」は純粋なものであり、なんら非難されるべきものではない。これを敵視して一掃しようとするなら、それは「人心之不服」を招き「邦家土崩」にもつながりかねない、というのである。(34) こうした主張は、後年、勝が幕長戦争（長州征討）に反対する際の論理にも通じるものである。勝は武力によって日本国内における対立が解消されるとは考えていなかったように思われる。勝がなによりも重視したのは「邦家」の分裂回避と「人心」への配慮、そして「安民治平」であった。

万延元（一八六〇）年三月、井伊は水戸藩士らによって暗殺された。勝が米国に出航した二ヶ月後のことである。勝は、この桜田門外の変について、主君を討たれた彦根藩士が井伊の首を取り返せなかったことを引き合いに出して「彦根の士風」の堕落を嘆いている。その真意はそうした記述に続く次の部分にあるのであろう。

大老の此変ありしより、要路の諸官、恐怖の甚敷、隠に供侍を引き連れ、其備甚厳なり。嗚呼、何事ぞや。たとへ其挙げ用ゆる所、激士の怒に触るゝに至るも、天下の公儀にて恥る処なきに於ては、孰を憚り孰を恐れむ。士夫の風俗、爰に到て益低く、且は公儀の御威権をして地に落さしむ。（講2五七八頁）

第五節　おわりに

勝は『詩経』の「牆有茨」を引いて、あえて「まがきのいばら」と訓じ、その著作の題名とした。「まがき」は藩、あるいは藩屏に通じるが、水戸藩はその筆頭格である。徳川斉昭が死去したのは、万延元（一八六〇）年八月のことであった。『まがきのいばら』は一面では、斉昭への挽歌といいうる著作でもあった。

勝部真長がいうように、執筆の直接的なきっかけに、不在時に起こった桜田門外の変などに対する関心があったことも確かであろう。またこの書は、いわば、勝における理念や経験、実践などを架橋しようとする試みの端緒であったともいえる。

周知のとおり、藤田省三は明治維新における「ステイツマンとしての政治家」について、「政治家の精神は、自他の惨憺たる失敗から学ぶことを通して、生れ代わりにも等しい再鍛錬を自主的に行ったところに誕生した」と述べている(35)。先に『まがきのいばら』が、勝における明治期へと連なる歴史叙述の初期のものであることに触れたが、同時にそうした営為は、勝があえて語り残さなかった痛切な思いをも含め、自らを深くかえりみることと分かちがたく結びついていた。いや、むしろ米国から帰国した勝にとって、かえりみることこそが大きな課題となっていたに違いない。

そうした深い内省の片鱗は、後年の『氷川清話』における、一見軽口のように感じられる語りの中にもうかがわれる。

活《いき》学問にも種々仕方があるが、まづ横に寝て居て、自分のこれまでの経験を顧み、これを古来の実例に照して、徐《しず》かにその利害得失を講究するのが一番近路だ。さうすれば、きつと何万巻の書を読破するにも勝る功能があるに相違ない。(講21三一九頁)

(1) 主な写本の状況、ならびに本稿に関連する主要な先行研究については、注(5)を参照。なお、引用に際して、勝海舟全集刊行会編『勝海舟全集』(1—22・別巻、講談社、一九七三—一九九四年)、ならびに、勝部真長・松本三之介・大口勇次郎編『勝海舟全集』(1—21・別巻1—2、勁草書房、一九七二—一九八二年)からの引用については、原則として、(講2四八一頁)、(勁11)などのように、出版社名、巻数、および頁を略記して示した。引用文は原則として、表記を通行の字体に改めるとともに、句読点やふりがななどについては適宜追加や変更を行い、欠字や平出による空白は詰めた。傍点や( )などは、とくに注記しない限り原文のままであるが、[ ]は引用者による補記や省略などを表す。また、年月日は年号・旧暦表記とし、それに相当する西暦年を（　）で補い、同一年の改元については、年号を改元後のものに統一した。

（2）井上勲は「『開国起原Ⅰ』解題」において「『開国起原』は［……］内政および外交に関する資料集でありかつ歴史叙述である」（勁1四四四頁）と述べているが、こうしたスタイルは『まがきのいばら』に端を発するものといえる。

（3）なお、勝のいう「古詩」は『詩経』の「墻有茨《しょうゆうし》」（墻《しょう》に茨《し》有り）である。この詩は三章から成り、第一章は「墻《しょう》に茨《し》有り」の後「埽《はら》ふ可からず」、すなわち、取り去ってはならない、あるいは取り去ることはできない、と続く。詩全体は「しのび逢いのむつ言を冷やかしたもの」で口にするのは野暮だ、という内容である。「墻有茨」の引用や語釈は、石川忠久『詩経』（上、新釈漢文大系110巻、明治書院、一九九七年、一三〇―一三二頁）による。

（4）勝が長崎における海軍伝習に派遣され、咸臨丸の操船責任者を命じられていたことを考えれば、帰国後二年余りの役職はたしかに「左遷」といえよう。差し当たり、藤井哲博『長崎海軍伝習所――十九世紀東西文化の接点――』（中公新書1024、中央公論社、一九九一年）、土居良三『咸臨丸海を渡る』（中公文庫、中央公論社、一九九八年、初版は、未來社、一九九二年）、同『幕臣勝麟太郎』（文藝春秋、一九九五年）、ならびに、松浦玲「遙かな海へ――勝海舟の生涯とその後」（7）、および（12）（月刊『論座』二巻一〇号、朝日新聞社、一九九六年一〇月、および、三巻三号、一九九七年三月）などを参照。ちなみに、勝は蕃書調所の創設に深く関わっており、その重要性を認識していたことはいうまでもない。

（5）紙幅の関係もあり、ここで本稿に関わる主要な先行研究の整理、ならびに『まがきのいばら』の写本の状況について、ごく簡単に整理しておく。

まず戦後に限っても、先に示したように勁草書房と講談社から全集が刊行されており、両全集によって研究の飛躍的な進展がみられた。両全集関係者の論考を例示的に挙げれば、松本三之介「勝海舟における政治的思考の特質」（勁1）、松浦玲『勝海舟』（維新前夜の群像③、中公新書158、中央公論社、一九六八年）、『明治維新私論――アジア型近代の模索』（現代評論社、一九七九年）、『明治の海舟とアジア』（岩波書店、一九八七年）、ならびに注（4）の「遙かな海へ――勝海舟の生涯とその後」（1）―（32）（月刊『論座』朝日新聞社、二巻四号、一八九六年四月から四五号、一九九九年一月まで連載）、江藤淳編『勝海舟』（中公バックス、日本の名著32、中央公論社、一九八四年）、勝部真長『知られざる海舟』（東書選書6、東京書籍、一九七七年）、『勝海舟』（上・下巻、ＰＨＰ研究所、一九九二年）などがある。なお、本稿は両全集、ならびに、松浦玲の研究に依拠するところが大きい。如上のほか、代表的な評伝として、石井孝『勝海舟』（人物叢書新装版、一九八六年。初版は一九七四年）がある。勝の思想的な側面に対する考察としては、マリオン・ウィリアム・スティール『もう一つの近代——側面から見た幕末維新——』（ぺりかん社、一九九八年）所収の「勝海舟と横井小楠——公議政治を目指す二つの道——」、「維新への抵抗——勝海舟と徳川家復興の試み——」、「忠誠心の相剋——勝海舟の場合——」などがある。園田英弘「海防の世界——共有世界の成立と展開——」（『西洋化の構造——黒船・武士・国家——』思文閣出版、一九九三年）もひとつの勝海舟論である。杉浦明平・別所興一『江戸期の開明思想——世界へ開く・近代を耕す——』（思想の海へ〔解放と変革〕③、社会評論社、一九九〇年）は、抄録ではあるが注釈を加えて『まがきのいばら』を収めている。

次に、諸写本について触れておく。『まがきのいばら』の写本としては、東京大学史料編纂所所蔵本（以下、東大本）、国立公文書館（内閣文庫）所蔵本（以下、内閣本）、京都大学図書館所蔵本（以下、京大本）、国立国会図書館憲政資料室所蔵本（以下、憲政本）の四種がよく知られている。それぞれの作成時期についてであるが、東大本には筆写の日付が記されており、明治四（一八七一）年一月から二月にかけて作成されたものであろう。内閣本についてははっきりしないが、「外務省」と印刷された罫紙に筆写されていることから、おそらく明治二（一八六九）年七月以降のものであり、字句の異同などから判断する限り、東大本とほぼ同時期のもののように思われる。京大本には「海舟書屋」の罫紙が使用されており、「上」巻のはじめに挟み込まれているメモ書き（作成者は品川弥二郎であろう）や「海舟日記」（勁21）の関連する記述、ならびに吉田市十郎の書簡（国立国会図書館憲政資料室所蔵「品川弥二郎文書」）などを勘案すると、明治二五（一八九二）年一月に筆写されたものではないかと推定される。全集などの底本とされている憲政本（浄書稿本）については不詳であるが、字句の異同などから推測すれば、京大本とほぼ同時期ではないだろうか。なお、本稿においては、諸本の異同がごくわずかなものにとどまることから、読者の便宜を考慮し、原本に即した編集方針を採っている講談社版全集により出典を示すこととする（「海舟日記」についても、江戸東京博物館所蔵のマイクロフィルム版を参照したが、出典の表示は勁草書房版全集による）。併せて、勝関係の諸資料が孕む研究上の問題については、落合則子「「勝海舟関係資料文書の部」解説」（東京都江戸東京博物館年歴史編集室編『勝海舟関係資料文書の部』江戸東

京博物館資料叢書、財団法人東京都歴史文化財団東京都江戸東京博物館、二〇〇一年）、ならびに、松浦玲「弘化・嘉永期の勝海舟」（『桃山学院大学人文科学研究』二五巻一号、一九八九年七月）などを参照。

（6）「近世偉人数章」（講2）や『氷川清話』（講21）などを参照。なお、勝が蘭学を始めた時期ははっきりしないが、勝の後年の記述（講2四〇四―四〇五頁）に従えば、天保一三（一八四二）年秋に学習を始めたことになる。松浦玲による前掲、「弘化・嘉永期の勝海舟」、前掲、「遙かな海へ――勝海舟の生涯とその後」（2）（月刊『論座』二巻五号、一九九六年五月）、ならびに、勝海舟全集の補注（講2六四六―六四七頁）なども併せて参照。また、紙幅の関係で詳述できないが、佐久間象山の影響は――『氷川清話』などの後年の発言にもかかわらず――蘭学以外のことも含め、やはり重視されるべきであろう。たとえば、佐久間は嘉永二（一八四九）年に「ハルマ」、すなわち、蘭和辞典の出版を働きかけた有名な上書を松代藩主の真田幸貫に提出しているが（信濃教育会編『増訂象山全集』巻二、信濃毎日新聞、一九三四年、上書六一―六七頁）、こうした佐久間の主張と、後述する「ペリー来航建言」における勝の主張には重なり合う部分がみられる。松本健一『評伝佐久間象山』（上、中公叢書、中央公論新社、二〇〇〇年、四八―四九頁）も併せて参照。

（7）永井の著作については、開国百年記念文化事業会編『鎖国時代日本人の海外知識――世界地理・西洋史に関する文献解題――』（乾元社、一九五三年）を参照。なお、勝によれば、永井は「災に罹り自刃して死」んだという（講2四八二頁）。

（8）『武鑑』には、寛政一一（一七九九）年から天保一三（一八四二）年にかけて、「御馬預」配下の「西御丸下御馬乗」として都甲斧太郎の名がみえる（深井雅海・藤實久美子編『江戸幕府役職武鑑編年集成』一九巻―二七巻、東洋書林、一九九八年）。

（9）大槻如電、佐藤栄七増訂『日本洋学編年史』（増訂版、錦正社、一九六五年、五〇六頁）に引用されている勝の書簡には、「馬屋同心隠居都甲斧太郎と申ス老人、小関三英、高野長英に従ひ学ビ候由、此老人のみは折々尋ネ聞キも候ひき」と記されている。なお、『氷川清話』によれば、都甲の死は勝の長崎における海軍伝習中のことである。

（10）万屋（福田）は秩父の三峯宮（三峯神社）の家老を経て、弘化三（一八四六）年に本所の薪炭商に婿入りしている。「弘化三年日鑑」（横山晴夫校訂『三峯神社日鑑』第六巻、三峯神社社務所、続群書類従完成会、二〇〇四年）、ならびに、「林東吾関係文書」（横山晴夫編著『三峯神社史料集』第七巻、三峯神社社務所、続群書類従完成会、一九九八年）参照。なお、拙稿「日本版『万国公法』の刊行——勝海舟と万屋兵四郎をめぐって——」（『大学院研究年報』二九号、法学研究科篇、中央大学、二〇〇〇年二月）も併せて参照。

(11) 勝の曽祖父である男谷（米山）検校が金貸しから身を立てたことも想起される。ちなみに、「交易」の語義については、宮村治雄「『会議弁』を読む——「士民の集会」と「兵士の調練」序論——」（『福澤諭吉年鑑』28、福沢諭吉協会、二〇〇一年、六二頁）も参照。なお、勝も海外といういわば「お互い異なったもの」との関係性や取引という含意で「交易」の語を用いていたのであろうが、「儒学」的な「含み」はさほど込められていないように思われる。

(12) なお、改造社刊行の『海舟全集』所収の同建言の一通目には「水府老公えの上書」という題名が付されており、この建言が徳川斉昭にも提出されたことをうかがわせる。勝海舟『解難録・建言書類』（改造社刊『海舟全集』九巻、復刻版、明治百年史叢書、原書房、一九六八年）四三二頁を参照。なお、前掲、松浦玲「遙かな海へ——勝海舟の生涯とその後」（4）（月刊『論座』第二巻第七号、一九九六年七月）も併せて参照。

(13) たとえば、元和二（一六一六）年に没した本田正信が著したとされる『治国家根元』などにも同種の表現がみられる（奈良本辰也校注『近世政道論』日本思想大系38、岩波書店、一九七六年）。なお、「言路洞開」という考え方の近世における展開に関連する論考として、平川新『紛争と世論——近世民衆の政治参加』（東京大学出版会、一九九六年）、上田純子「幕末の言路洞開と御前会議——萩藩における新たな政治回路創出の試み——」（近世史研究会論集編集局編『論集きんせい』二一号、一九九九年）なども参照。ただし、「言路洞開」が幕末期における「公論」などの概念と直ちに結び付くわけではないことには留意すべきである。

(14) 決断の重視、あるいは「衆議」に対する否定的な態度は、勝にほぼ一貫してみられるものである。前掲、松本三之介「勝海舟における政治的思考の特質」（勁1四四一頁）も参照。

(15) 勝がアヘン戦争後の言論状況について、海外の事情に通じた者の発言も含め「畳上之空論に過ざるなり」と批判していることも想起される（講2四八八頁）。

(16) なお、『海軍歴史』には、米国側が咸臨丸の修理状況を細かく説明するので、「独断」で処置してほしいと勝が依頼したところ、指揮官が船の状態を把握していなければ人命に関わると反論された話（講8三四五—三四六頁）、あるいは、

「在港官吏」を観察し「総て、士農工商の差別無く、売鬻交易を事とし、士は所謂ビュルゲル、則ち士にして農商を兼たる者」とした筆記（講8三二三―三二四頁）など、多くの興味深い記述が織り込まれている（東京大学史料編纂所所蔵の『勝義邦航米日記』や『勝海舟米行録』などにもほぼ同様の記述がある）。また、咸臨丸が帰路立ち寄ったハワイ体験についても注目する必要があろう。むろん当時のハワイは独立した王国であった。勝は「義邦先生航海日記別録」において、「生活通商は、島人の改革に於て大に転化を為たりし故に、是よりして国民大に発けり。然るか故に自から他の南島諸民より速に行儀方正の道に変性せり」などと述べている（日本史籍協会編『遣外使節日記纂輯』二、覆刻版、日本史籍協会叢書97、東京大学出版会、一九七一年、一一〇頁）。松沢弘陽は「西洋「探索」と中国――西洋・中国複合体験――」（『近代日本の形成と西洋経験』岩波書店、一九九三年）において、西洋を「文明」と捉え、中国を「半開《ハーフ・シビライズド》」と見なすようになる契機として「西洋・中国複合経験」という視座を提示している。近世における「中国」（China）の存在には比べるべくもないが、あえていえば、明治期に至る「文明」と「未開」（「野蛮」）、あるいは、西洋と非西洋をめぐる視座に一定の影響を及ぼしたという意味で、幕末期における「西洋・ハワイ複合経験」というべきものにも留意する必要があろう。

(17) 咸臨丸の航海については、差し当たり、注(4)の土居良三の著作を参照。

(18) 前掲、土居良三『咸臨丸海を渡る』一四五頁、ならびに、前掲、松浦玲「遙かな海へ――勝海舟の生涯とその後」(11)、(12)（月刊『論座』三巻二号、一九九七年二月、三巻三号、一九九七年三月）。

(19) なお、『海軍歴史』に採録されている滞米中の筆記には「今、我邦人、外国の機械精巧、簡便自在なる、驚目心酔するは何ぞや。当今海禁弛み、万邦通商為すに到れり。是よりして彼が機械を以て、我が邦内に装置し、往日の俗を変ぜんこと数年を俟たざる可し」（講8三二三頁）といった記述もみえる。勝は物質的な意味での西洋との格差については、さほど問題にしていなかったのであろう。

(20) 注(4)を参照。

(21) なお、長崎海軍伝習所とネイション形成とをめぐる問題について、松本三之介は、前掲、「勝海舟における政治的思考の特質」において、勝が長崎の海軍伝習から得たもののひとつとして「強烈なナショナリズム」を挙げ、諸藩から伝習生が派遣された伝習所は「幕藩制的なセクショナリズム」を超えた「新しい社会化《ソシアリゼーション》の場」であり、伝習生を結び合わせていたものは「「海国兵備」というナショナルな観念であった」と述べている（勁1四二八頁）。他方、園田英弘は、勝の叙述や当時の思潮に「共有」という「社会的交流圏や観念」を見出し、それを「統一」とは異なる形で「封建的」な「割拠」や「身分制」を超えようとするものとして提起する（前掲、「海防の世界――共有世界の成立と展開――」）。園田の所論は勝を理解するうえで十分視野に入れるべきものであろう。

(22) カッテンディーケ、水田信利訳『長崎海軍伝習所の日々』（東洋文庫26、平凡社、一九六四年）。

(23) 吉田常吉・佐藤誠三郎校注『幕末政治論集』（日本思想大系56、岩波書店、一九七六年）七三頁。

(24) なお、責任、とりわけ身分に伴う責任については、本稿では論じることができない。武士という身分と責任との関連性という観点から、尾藤正英「封建倫理の問題を中心として」（歴史学研究会編『民族の文化について――一九五二年度歴史学研究会大会報告――』歴史学研究・別冊、岩波書店、一九五三年）、同「明治維新と武士」（『思想』岩波書店、七三五号、一九八五年九月）を示すにとどめる。

(25) 注(21)の松本三之介の議論も想起されたい。なお、ウイリアム・マリオン・スティールは、鳥羽・伏見における徳川軍敗北以降の勝を主な対象に、勝には「大忠――国への忠誠心」と「小忠――徳川家への忠誠心」の「相剋」がみられると指摘したうえで、「勝のナショナリズムには限界」があり、「封建的な忠誠心」、すなわち徳川家という「領主への忠誠心の域を越えることができなかった」（前掲、「忠誠心の相剋――勝海舟の場合――」）とする。

(26) 横井小楠『国是三論』（日本史籍協会編『横井小楠関係史料』一、覆刻版、続日本史籍協会叢書、東京大学出版会、一九七七年）四〇頁。

(27) 『国是三論』の成立は、万延元（一八六〇）年一〇月から遅くも年内と推定されている。松浦玲『横井小楠』（朝日評伝選8、朝日新聞社、一九七六年、一七三頁）、および、花立三郎全訳注『国是三論』（講談社学術文庫758、講談社、一九八六年、二九二―二九四頁）などを参照。なお、勝と横井小楠との最初の出会いは文久元（一八六一）年の前半であったとみられる。前掲、勝部真長『勝海舟』（上巻、五三六頁）なども併せて参照。

(28) 拙稿、「清国版『万国公法』の刊行と日本への伝播――日本における国際認識転換の前提として――」（『大学院研究年報』二八号、法学研究科篇、中央大学、一九九九年二月）。

(29) たとえば、林則徐が翻訳させたヴァッテル（Vattel, Emmerich de）の『国際法』の抄訳は、魏源が編集した『海国図志』によれば「滑達爾《ヴァッテル》各国律例」と表記されている。竹山眞行「漢訳「ヴァッテル『国際法』」の日本への伝来」（『法学新報』中央大学法学会、一〇二巻三・四号、一九九五年一二月）も参照。

(30) なお、幕末維新期における「万国公法」と今日我々が想起する「国際法」が、必ずしも同じものを意味するわけではないことにも注意が必要である。差し当たり、拙稿、「「万国公法」観の諸相——維新政権と「公」をめぐって——」（『法学新報』一〇九巻一・二号、中央大学法学会、二〇〇二年四月）を参照。

(31) 毛利豊「幕末期大島・勝・山田ら合作「征韓論」の形成」（駒沢大学史学会編『駒沢史学』二七号、一九八〇年三月）を参照。なお、松浦は、前掲、『明治維新私論——アジア型近代の模索』、ならびに、前掲、『明治の海舟とアジア』などにおいて、勝のアジア観を高く評価している。これに対する反論として、久保田文治「アジアの近代化をめぐって——中国を中心に——」（国際歴史学会議日本国内委員会編『歴史研究の新しい波——日本における歴史学の発達と現状Ⅶ〈一九八三—一九八七〉——』山川出版社、一九八九年）も併せて参照。なお、この問題は当時の東アジアの国際情勢のみならず、世界システムなども視野に入れた考察が必要であるが、本稿ではこれ以上論じることができない。

(32) 前掲、拙稿、「清国版『万国公法』の刊行と日本への伝播——日本における国際認識転換の前提として——」、ならびに、「日本版『万国公法』の刊行——勝海舟と万屋兵四郎をめぐって——」を参照。

(33) なお、後に勝は『開国起原』において、「抑万国公法といふは表面の儀式のみにして、其の実は強弱優劣の如何にあり」（講16四二一頁）と述べる。これは勝の考えていた「公法」と現実の「万国公法」、すなわち近代国際法とのずれを示すものとも考えられる。

(34) 元治元（一八六四）年二月に勝が提出した上書（講2二六八頁）などを参照。

(35) 藤田省三『維新の精神』（第二版、みすず書房、一九七四年）八頁。

第二章　明治初年の解兵論

奥野武志

第一節　はじめに

一八七三（明治六）年一月明治政府は徴兵令を制定し、徴兵による近代的軍隊創出の方向を明らかにした。(1) そしてこの前後に兵制改革が行われ、中央兵力の強化が推進された。

しかし、徴兵制の採用は士族の既得特権と衝突して士族の不平をもたらし、西南諸藩に起こる士族反乱の原因となった一方で、賦役的性格に対して農民も不満を持ち、その不満は徴兵令反対一揆という形で現れた。

そして、一八七六（明治九）年の時点で、徴兵の兵員はなお旧来の壮兵に及ばないなど、(2) 徴兵の実行がなかなか進まない一方で、強大な武力と戊辰戦争における功労を武器に地租を上納しないなど、鹿児島県は独立国の様相を呈していた。従って、明治政府が全国の兵制を統一し、名実ともに中央集権国家を確立すると言えるのは、西南戦争で勝利した後だとされている。(3)

ところが、このように徴兵による中央兵力の強化が推進されていく時期に「解兵論」、つまり、常備軍の解体論が新聞紙上に登場したのである。具体的に言えば、後に検討するように、西南戦争が起こる前の一八七五（明治八）年・一八七六（明治九）年の時点で『朝野新聞』、『郵便報知新聞』、『東京曙新聞』に「解兵」を主張する論考が掲載され、議論が起こったのであった。

岩波書店『日本近代思想大系四　軍隊　兵士』は、「民間の兵制論」として吉田多々「廃二陸軍常備兵一論」、青木匡「兵制改革論」「再論二兵制改革一解二某論者惑一」（以上『朝野新聞』に掲載）、中江兆民「土著兵論」の四論考を載せているが、このうち、明治初年の「解兵」論に関するものは、吉田多々「廃二陸軍常備兵一論」だけである。

そして、「解題」は、吉田の論を「海軍・近衛兵の他は常備軍を廃止し、プロシアのクリュンパー制（幹部だけは平時から志願者をもって組織しておく民兵制度）に類似した兵制の採用を主張したもの」と説明した上で、「ただし、純然たる民兵制からは距離があり、その編制も正規軍的なものが想定されているように思われる」と評価している(4)。

さらに、吉田裕は「解説」において、「徴兵制軍隊を明確に否定し国民の総武装を前提とした完全な民兵制の採用を主張した」中江兆民の土著兵論を高く評価する一方で、その他の民権派の多くが「国民の総武装を不可欠の前提として市民革命と祖国の防衛にあたる国民軍と、国民軍という外形をとって成立するが、本来それとは異質の外征用の大衆軍隊である徴兵軍隊との区別を明確に認識できなかった」と総括している(5)。

しかし、後に検証するように、明治初年に現れた「解兵」論の中には、国民総武装を前提とした民兵制を構想しているものも存在する。確かに、その議論の精粗はあるものの、吉田の言う「徴兵制軍隊を明確に否定し国民の総武装を前提とした完全な民兵制」は中江にかなり先立って論じられていたのである。

また、そもそも、明治初年に現れた「解兵」論を細かく分析した先行研究は管見では存在しないように見受けられた。

そこで、本章は明治初年に新聞紙上等に現れた「解兵」論、つまり常備軍の解体を論じた論説を詳細に分析してその特徴を明らかにすることを目的とする。本章の検討対象時期は、中央集権兵制が確立されていく時期、すなわち、徴兵令制定の一八七三（明治六）年あたりから、西南戦争の終わる一八七七（明治一〇）年までであり、この時期を「明治初年」としたことをお断りしておきたい。

第二節　解兵論に先立つ論考

後述するように、「解兵」論が新聞紙上で議論されるのは、一八七五（明治八）年以降であるが、本節では、これに先立つ軍備に関する論考を検証して、後の「解兵」論とのつながりや違いを明らかにすることを目標としたい。検討の対象とするのは、一八七二（明治五）年の植木枝盛「戦ハ天ニ対シテ大罪アルコト雖ヘタリ万国統一ノ会所ナカルベカラザルコト」、一八七三（明治六）年『東京日々新聞』田頭祐寧「投書」、同年山田顕義建白書の計三点である。

一　植木枝盛の永久平和論

家永三郎によれば、植木枝盛はまだ一六歳の少年であった一八七二（明治五）年に「戦ハ天ニ対シテ大罪アルコト雖ヘタリ万国統一ノ会所ナカルベカラザルコト」と題する一文を草している。植木はここで、貴く霊ある人命を損ずる戦争は天に対して大罪であるという考えから、万国統一の「会所」を建て、国家間の紛争を解決することにより戦争を消滅させることを主張している(6)。

そして、植木は「各国私ニ相争相仇スルコトナク、尚一国中ノ人民私ニ相争仇スルヲ禁ズルガ如ク万国ヲシテ一国ノ如ク」[7]という表現で国同士が私的に争うことを禁じることで戦争を消滅させる方向性を示しているが、その際「会所」という名称の世界政府自体が軍隊を持つか否かについては何も触れていない。

家永は、この植木の思想は明治初年において特異であるが、近代日本における反戦平和思想のさきがけにはまちがいないと指摘している。[8]

管見では植木と同じような構想を示す「投書」が翌一八七三（明治六）年『東京日々新聞』に現れている。次にこの投書について検討する。

二　田頭祐寧の永久平和論

投書者田頭祐寧は、「大会公議府」を設けて紛争を公議の処置にまかせて、各国の軍備を削減することを主張する。[9]田頭は「兵数大半ヲ減シテ」という表現をしており、各国の軍備を全廃すると言っているわけではない。しかし、各国がその私兵を動かして紛争を解決することを厳禁する一方、各国から「出張」して構成される軍隊が処置にあたるという点で、現在の国際連合のしくみを想起させるものである。田頭の主張は根本的な思想は植木と共通するが、各国から「出張」する軍隊を構想している点で植木の構想より具体的であると言えよう。

徴兵令が制定されて中央集権的軍制確立へ向かい始めた時期に、世界政府を樹立して国同士の私闘を禁じることによって軍備縮小をしようという主張が、明治初期のジャーナリズム上に投書という形で現れていたことは非常に興味深いことである。

三　山田顕義建白書

最後に山田顕義の建白書を取り上げてみたい。山田の建白書は兵制に関するもので「解兵」を主張したものではないが、多くの先行研究で開明的軍制構想として高く評価されており[10]、また、後に検証するように、この後登場する「解兵」論に大きな影響を与えていると考えられるのである。

山田顕義は松下村塾に学んだ長州出身の軍人・政治家であり、一八七一(明治四)年陸軍少将となり、岩倉遣欧使節団に随行して、専ら海外の軍事を研究し、一八七三(明治六)年帰国して建白書をまとめたとされている。前出『日本近代思想大系四　軍隊　兵士』によれば、底本とした大隈文書の末尾に明治六年九月一二日の日付が記されている。また、小冊子の形で一般にも知られることになったとされている[11]。

山田の建白書の特徴として、まず、史記の「兵ハ凶器ナリ」の引用から始まり、「巨万ノ金額」を費やす等「兵」の「害」を列挙している点を挙げることができよう。ここで「兵の害」の中に「人体所属ノ軍用諸物」は上から下まで悉く「外国ニ仰」がなければならないことを挙げていることにも注目しておきたい。後の「解兵論」にこの論法を使うものが現れるからである。

そして、山田はこのような「兵の害」を挙げながらも、国家にとって兵備は必要との立場をとるのであるが、その根拠を次のように、人の「抵抗」の気性に置くこともユニークである。

> 兵ハ抵抗ノ器ナリ、抵抗ハ人ノ性ナリ、人抵抗ノ気アレバ武勇ナカルベカラズ、又文事ナカルベカラズ、人生欠クベカラズ者ハ文武ナリ。国亦然リ[12]。

そして、「人民一般ノ知識」が「敵兵ニ超越」することが「最要」だとして、国民の「教育」の重要性を説いたことが山田の大きな特徴である。

強兵ノ基ハ採銃運動スルニアラズ、国民一般都鄙ノ別ナク郷校ノ教育ヲ充分ニシ普ネク人民ノ知識ヲシテ甲乙ナカラシムルニ在リ(13)

山田は結論として、「伏願クハ断然徴兵ノ挙ヲ延ヘ」と徴兵を八年から一〇年延期することを提案する。そして小学校で「陸軍所要ノ技術・体術・演陣」を教え、一〇歳から一六歳までの者を「毎日一時間又ハ三〇分」教練して、毎日曜日「陸軍下等士官」に訓練させることにより、徴募後の訓練も二～三ヶ月で足りるとする民兵的構想を展開したのである。

先行研究でも指摘されていることだが、山田顕義建白書の特徴は「人民一般ノ知識」充実に最も力を置く点にある。学校における軍事訓練の主張もあるが、その「採銃運動」よりもあくまで教育による「人民ノ知識」の向上を重視し、優先させることを山田は重視したのであった。

第三節　西南戦争前の解兵論

当初は上意下達、勧善懲悪を主とした啓蒙的報道本位だった新聞も、次第に明治政府の進める諸施策をめぐる論争を扱うようになり、政論新聞化していく(14)。特に一八七四（明治七）年には、徳川末期の外国奉行をも務めた栗本鋤雲が『郵便報知新聞』に、同じく騎兵頭などを歴任した成島柳北が『朝野新聞』に、幕府の通訳であり、明治維新政府に入って大蔵省一等書記官をも務めた福地源一郎が『東京日日新聞』に迎えられると、これらの新聞は、今日「社説欄」と呼ばれている欄を常設するようになり、東京・横浜の新聞は十中八、九まで、完全に政論新聞化したとされる。(15) そして、一八七五（明治八）年から一八七六（明治九）年にかけて『朝野新聞』、『郵便報知新聞』、『東京曙新聞』各紙に次々「解兵」を主張する論考が掲載され、その都度議論が起きたのであった。

以下にその議論の内容を検討する。

一　『朝野新聞』上の常備軍廃止論

当時の「民権派」の代表的存在の『朝野新聞』は一八七四（明治七）年九月に『公文通誌』を解題したものである。同時に成島柳北が入社し、同年一〇月一日から「論説」欄を常設したが、西田長寿によれば、社説にあたる欄の常設はこの新聞が最も早い。一八七五（明治八）年一〇月末広重恭が入社して以後、柳北の雑録と末広の社説は並んで読書界の歓迎を受けたという。(16)

『朝野新聞』は、一八七五（明治八）年三月二二日と一一月二九日の二度にわたり「論説」で常備軍の廃止ないし、削減を主張している。(17)

一八七五（明治八）年三月二二日の「論説」「廢₂陸軍常備兵₁論」で吉田多々(18)は、限りある歳入で限りない「強兵」を備えようとするのは「実ニ天下ノ難事」だとする。「小国」は「常備」を廃して「戦時ノ兵」を設けるのが最もよく、スイスがその例だとしている。また、アメリカ合衆国のような大国でも常備軍は「一万有余」とごくわずかであると指摘するのである。

そして、日本においても海軍と近衛兵を除いて他はすべて解散して「預備兵」だけを設置することを主張する。日本国の男子は「皇華両族」以外は「悉ク兵役ニ服ク者」と定めて年齢が二〇歳になれば「其身体一家ニ就キ事故ナキ者」はすべて検査して「兵籍ニ編入」する。そして数ヶ月の間「教練」した後、「各其本業」に復帰させる。有事の際には「召募」するが、「事無キノ時」も「一年幾旬ノ間」服役中の兵士を集めて「操練」して「不整」を戒めるという具体策を示している。その背後にあるのは「全国ヲシテ悉ク兵タラシムル」という国民皆兵論である。

以上の吉田多々の論の特徴として、

(一) 純然たる民兵制ではないにしても、国民総武装の国民皆兵論を背景にしている。

(二) 当時の日本を「小国」と認識してその国力に最もふさわしい軍制として陸軍「預備兵」制を主張している。

(三) 海軍と近衛兵は廃止の対象から除外されている、の三点を指摘できよう。

この吉田の論説についての反響は『朝野新聞』上では特に見ることができない。

次に末広重恭の常備軍縮小論を検討する。末広重恭は明治八年一〇月二四日『朝野新聞』に入社した。[19] そして、そのほぼ一ヶ月後の明治八年一一月二九日の「論説」で末広は常備兵の削減を主張している。

まず、末広は「一国ノ浪費ハ兵士ヲ養フヨリ大ナルハナシ」として、「内外ノ形勢」上やむを得ないものを超えるものについては、「常備兵ノ員数」を減らして「国力」をゆたかにして「人民ノ肩ヲ息ハス」ことを「急務」にすることを主張する。そしてその根拠として、「西洋諸国」においても、「其全洲ノ無事ナルノ日」になれば兵員を戦時より減らしていることを挙げるのである。そして六鎮台三万人の常備軍に陸軍省が八百万円を費やしているという具体的数字もその根拠として挙げている。

また、末広は当時の日本の置かれた状況を、対外的には日本を狙っている国があるものの危急の状態ではないとし、また、対内的にも不平士族の「気焔」は盛んではあるが、武力行使以外の方法で治めることが可能な状況であるとする。なのに、何故「許多ノ砲銃弾丸」が必要なのか、と疑問を投げかけるのである。

さらに、末広は、江華島事件を利用して「征韓」の名を借りて「募兵」して内国を鎮圧するという「道路ノ説」、つまり、噂があるとする。つまり、末広は、「常備兵」が国内不平分子の鎮圧に使われることを強く警戒しているのである。

この末広の「論説」に素早く反応したのが、『東京日々新聞』である。

『東京日々新聞』は、一八七二（明治五）年創刊された新聞で、西田長寿によれば、『朝野新聞』等の「民権派」に対して「官権派」新聞と呼ばれていた新聞で、福地源一郎を主筆として漸進論をとっていた[20]。

一八七五（明治八）年一一月三〇日、社説欄にあたる「東京日々新聞」で末松謙澄は末広の論説に反論を加えている。末松の末広批判の論点は以下の三点になろう。

（一）末広の論は現実離れした「道学者」流のものである。「世界無兵戦ノ説」が実際に行われる「黄金世界」に現実はなっていない。末松自身は「兵ヲ好ム者」ではないが、国力に応じて兵を養うことは、「古今萬国ノ許ルス所」であり、日本政府の兵制については「敢テ之ヲ議難ス可キノ弊所」はない、とする。

（二）既に「徴兵」は「国憲」になっているので、「国憲」を破って「壮兵（士族）」を召集することはない。（この点について末広は、この「募兵」は「壮兵」の召集ではなく、後備軍国民軍の召集の意味だと後に反論している。）

（三）末広は西洋諸国でも兵員を戦時より減らしていることを常備兵削減の根拠に挙げているが、それは「規則上」では正しいかもしれないが、「実形上」は違って極限まで軍事に備えている。

この末松の批判に対して、末広は『朝野新聞』明治八年一二月三日の「論説」で反論している。末松が末広の議論を「全国ノ軍備」を廃止するように捉えているが、末広はあくまで「内外ノ形勢」に従って増減することを主張したのであり、当面は「無用ノ兵士」を「召募」することを戒めたと言うのである。議論としては両者はあまりかみあっていないと言えよう。

以上見てきた末広の論の特徴としては、

（一）常備軍の廃止を主張しているのではないが、「内外の形勢」と「日本の国力」の二面から常備軍に多額の経費を割くべきではないとしている。

（二）国内問題は武力以外で解決することを強く主張し、新たな「募兵」に反対している。

の二点が指摘できるだろう。

二　『郵便報知新聞』上の常備軍論議

『郵便報知新聞』は、一八七四（明治七）年福沢諭吉の「主義主張に大いに共鳴」していた栗本鋤雲の入社後、慶應義塾出身者との関係を深め、民権論を盛り上げていったとされる(21)。

一八七五（明治八）年五月一八日大東奇助「解兵の議」と題する「投書」がその『郵便報知新聞』に掲載された。大東は、「我海陸の軍器や船艦や兵隊」は既に「無用」と考えるので「其冗費」を増やすのは「人民の幸福に対して大に妨害するもの」だと主張する。そして大東は、「銃なり砲なり艦なり資なり」の供給を欧米各国に頼らなければならない現実を指摘して「久に堪ゆべけんや」と問いかけ、また、旧藩士族も既に「無気無力の徒民」なので「警視巡吏の制」を整頓すれば一揆暴動への備えとして十分であり、また、欧米との通商も盛んでないので海軍を置くことも不要であるとも指摘する。

各国に「擅欲の心」ある現状で国権を拡充することに異議はないが、そのためには勧業や教育や生産の設備の方が海陸兵備より大事だとするのである(22)。

この大東の「解兵の議」について批判の「投書」が寄せられた。反論者早川省義の批判の要点は以下の四点にまとめられよう(23)。

（一）兵備を外国に仰ぐことを以てとても適わないとするのは気力なきこと甚だしい。「資」を仰ぎ「術」を学んで外国の長を取ればよいのではないか。

（二）巡吏の制なるものは兵隊と変わらない。

（三）日本の独立を保つために海軍は必要である。

（四）理想通りにいかない現実からして政府が勧業や教育より兵備を優先させるのは仕方がない。

大東という人物がどういう人物なのか現段階では把握できていないが、大東の解兵論と前出の山田顕義建白書の論はよく似ている。文中に現れる「兵ハ凶器ナリ」という言葉や、兵備を外国に仰がなければならない、というくだりもそうだが、何より、兵備よりも勧業や教育を優先させるという発想自体が山田に近い。

ところで、『郵便報知新聞』にはこの後、常備軍の解体とまでは行かなくとも、常備軍の経費を削って教育費に回すことを主張する論調が現れる。明治八年九月二二日の星野郁の「投書」である。

星野の主張は、日本の「方今の急務」は「人民教育」であって、そのために、海陸軍の費用を減らして国民の教育を盛大にすべきだというものである。その理由として星野はアメリカ独立戦争を挙げて、「愛国心」の必要さを説き、「愛国心」は教育によって生ずるものだとするのである(24)。星野は常備軍の廃止を主張したわけではないが、「愛国心」教育を軍備充実より先にすべきだと説いており、後に見る尾崎行雄の解兵論に非常によく似ている。

この星野の投書に対して永江芳洲が反論の投書をしている。その要点は、「兵備の充足」と「文運の隆盛」は両立させるべきで、軍事費を削って教育費に回すのは現実的でないと言うものである。(25)

この後星野と永江は二回ずつ反論しあうが、議論は平行線をたどっている。(26)

三　尾崎行雄「解兵論」

「憲政の神様」とも称された尾崎行雄は、若き日、現在の東京大学工学部の前身である工学寮に在学中、「楠秀」という筆名で『東京曙新聞』へしばしば投書して好評を博したという。(27)『東京曙新聞』は、『新聞雑誌』の再改題『あけぼの』を改題したもので、一時古沢滋、大井憲太郎らが在社して、急進的な民権論を唱えたという。西田長寿は、同じ民権派の新聞でも、『郵便報知新聞』や『朝野新聞』に比して征韓論を主張している点で開明的でなかったとしている。(28)

尾崎は一八七六（明治九）年「解兵論」と題する論文を『東京曙新聞』に投書して、反対する論者との間で論争となった。

尾崎は、「天ノ時ハ地ノ利ニ如カズ地ノ利ハ人ノ和ニ如カズ」との「先哲ノ金言」を引用して、人心が一致しない場合は百万の精兵があってもだめだと主張する。そしてイギリスがスペインの無敵艦隊を破った例とアメリカの独立戦争の例を出して「愛国心」の大切さを説いている。

尾崎によれば、当時の日本は、貿易が平均を失い、「金貨ノ濫出」が止まない一方で、「不逞ノ徒」が「全国ニ充満」している状況である。そこで尾崎は「新募」の兵を解散して「要用ノ業」に就かしめることを主張する。もし、「大兵」を要する時が来ればその時に召集すればよいというのである。兵隊にかかる費用は「教育物産」を盛んにするの

に使うべきであり、とりわけ、「愛国心」を発するためにもまずは教育を盛んにすることが大事だと主張するのである。(29)

なお、この尾崎の議論の組み立て方は、合衆国の独立の例を引いたり「愛国心」の大切さを重視したりする点といい、先に挙げた『郵便報知新聞』明治八年九月二二日星野郁の論に非常に似通っていることを指摘しておきたい。

この尾崎の「解兵論」に対して二人の論者が反対の投稿を行っている。

まず、一人が横地敬三で、横地は二度にわたって尾崎を批判し、尾崎もその都度反論している。

横地の最初の批判の論点は以下の三点にまとめられよう。(30)

（一）尾崎が挙げたイギリスとアメリカの例は今の日本の状況にあてはまらない。もし、兵備を撤廃すれば、「内国不逞ノ徒」はますます横暴を極め、諸雄国は日本を侵略することは明らかであり、一日も兵備を解くことはできない。

（二）そもそも、徴兵を逃れようとする風潮が強い日本の現状で国家の一大事に人々が立ち上がることは期待できない。

（三）経費については華士両族の「素餐坐食」や「冗官贅吏」の無駄遣いする俸金などを問題にすべきで、緊要なる兵備を撤廃するとは「前後本末」を知らないものである。教育については、結果の出るまで数十年かかるので、その間無事に過ごすことは無理であろう。

これに対する尾崎の反論は以下のようにまとめられよう。(31)

（一）国家が貧窮の際に軍備を盛大にするのは、貧窮洗う如きの一家が門番を廃するどころか門番の数を増やして盗難を防ごうとして却ってその絶滅を速めるものである。

（二）「今ノ兵士」は「愛国ノ志ナク報国ノ念ナキ卑屈自ラ安ンジ一日ノ苟安ヲ貪ボル」人民なので、有事の役に立たない。
（三）華士両族の「素餐坐食」や「冗官贅吏」の無駄遣いは国内の支出であり、金貨の国外流出にはあたらない。
これに対して横地が再批判をしている。(32)横地の論点は以下のようになろう。
（一）尾崎の比喩を利用すれば、常備兵を解くことは、無用の侍妾数十人を蓄えながら、家計を圧迫すると言って盗賊が横行する中で盗難を防ぐのに有用な門番を廃するようなものではないか。
（二）愛国心は風俗習慣によって変遷するものである。例え「懦弱卑屈」の市民であっても、日夜鍛錬すれば、「勇悍好戦ノ気象」を生じ、「愛国ノ志気」を発動する。
（三）今日外国に散財しない事業はない。尾崎の主張する教育を盛んにする場合でも教師の雇用、器械書籍の購求をせざるを得ない。鎖港論を唱えるのか。
なお、『東京曙新聞』紙上に登場する順序としては横地の再批判に対する尾崎の再反論の後になるが、尾崎の「読横地子之駁議」に対しては別の論者（広瀬岬二）からの批判も出ている。その要点は以下の三点である。(33)
（一）農工商は皆無気力とするが、士族だけが国を保護することができると言うのはおかしい。
（二）一部の徴兵逃れから全体を論じるのはおかしい。
（三）兵を解き軍備を怠るのは自暴自棄であり、国家の絶滅を急ぐものである。
横地の再批判に対して尾崎も再反論を試みているがどうも旗色が悪い。(34)尾崎は横地の用いた比喩が誤っているというが、その説明がない。そして、大金を費やして大兵を養うのは無益であり、「愛国心」を発する「原素」たる教育を盛大にすべきだという主張を繰り返し、横地の論は「勇悍ノ気象」と「愛国ノ心志」を「混同一視」するものだと批判するが、経費の「前後本末」については沈黙している。

この一連の論争を見ると、広瀬の批判はやや的はずれではあるが、横地の理路整然とした批判に対して尾崎はきちんと反論できていないと言えるだろう。

第四節　西南戦争と解兵論

一八七七（明治一〇）年西南戦争が勃発した。西南戦争の勃発は成立早々の徴兵制に大きな危機をもたらすものとなった。藤原彰によれば、まず第一に徴兵の忌避がいっそう盛んになり、徴兵の兵力不足に悩まなければならなくなった。また、第二に士族を徴募して巡査として出征させて徴兵の兵力不足を補い、好成績を残したが、これは徴兵制度の本質にかかわる矛盾であった(35)。

この兵制の根幹にかかわる事態に各新聞では兵制論議が活発になる。その論議の中心は士族徴募、徴兵制、志願兵制についての是非であったり、欧米諸国の兵制紹介とその是非であったりする(36)。このうち、国民皆兵の建前から服役年限短縮を唱えた『東京曙新聞』と兵制と義務教育との関連を論じた『横浜毎日新聞』の論調を紹介してみたい。

一　国民皆兵と服役年限短縮

『東京曙新聞』は一八七七（明治一〇）年八月三一日から三日間社説「東京曙新聞」欄で兵制を論じている。そこでは、兵制として常備兵・護国兵・憲兵の三つが考えられるとする。しかし、志願兵を常備兵に当てれば士族によって占められてしまい、また、憲兵は政府の威権を助長してしまうという弊害があるので好ましくない。そこで、社説

「東京曙新聞」は、服役の年限を短縮して交代期を早めることにより、兵事に熟する者を増やし有事への対応を図ることを提唱する(37)。

徴兵制の原則を維持することを主張するのは他紙と共通するのだが、この時期において、服役の年限短縮を国民皆兵の建前から主張していることに注目しておきたい。

二　兵制と教育

次に『横浜毎日新聞』を検討する。西田長寿によれば、『横浜毎日新聞』は、民権派の新聞であったが、『東京曙新聞』と同じく征韓論を主張したとされる(38)。

一八七七（明治一〇）年四月九日、論説欄にあたる「横浜毎日新聞」において、瀧為峯は、普仏戦争におけるプロイセンの兵士の勇敢の背景に「学齢就学ノ強迫法」つまり、義務教育制があることを指摘している。そして、当面志願兵制を採用することもやむを得ないとしながら、兵の強弱は教育に発するとして教育を重視し、義務教育制を主張している(39)。

また、一八七七（明治一〇）年一〇月八日と一三日の二回にわたって「横浜毎日新聞」欄が兵制を論じている。それは、鎮台の増設には反対する一方、「護郷兵」、つまり、民兵を重視すべきだというものである(40)。そして、国民に例外なく「兵事練習」を課して、国土防衛の「負担心」を持たせることの必要性を主張していることを指摘しておきたい(41)。

三　桂忠助「縣兵論」

西南戦争を契機に兵制論議が活発になる中、常備軍の解体を主張する論調が現れて批判者との間で論争となった。明治一〇年一一月二二日『東京曙新聞』「論説」に掲載された桂忠助の「縣兵論」である。「論説」欄で掲載されているが、「右ノ一篇ハ稍ヤ異説ニ渉ルモノノ如シト雖トモ其論旨或ハ当今ニ関係スル所ナキニシモ非ルガ如キヲ以テ特ニ此欄内ニ登録ス」と言う編者の註が付されている。

桂は「縣兵論」において、常備軍を近衛兵四大隊を除いて悉く解隊して、代わりに「縣兵」を置くという友人の兵制案を紹介してその利点を説明する。

桂によれば、「中央集権ノ弊害」は「輿論」の承認するところで、「兵力ノ集合スル所ハ権力ノ胚胎スル所」となり、最早日本の形勢は「手足の麻痺症」を患って歩行も自由でない状態なので、常備兵を解いて三〇余縣に「配布散在」すれば、「全身の気診」が稍其の平均を得るとするのである。

また、桂は数百年来の慣習から日本全国を「邦土」と感じる意識に乏しいことが「憫笑ニ堪ヘザル」徴兵の実際を生み出していることも「縣兵」を置く理由に挙げている。そして、徴兵して「号令厳明掛引熟練」の後は解散して各の生業を営ましめて、月あるいは隔月に「操練」して「団結気風」を収めることを提唱する。(42)

これに対して高木冠三が二回にわたって「質桂忠助君」と題した「寄書」で批判を行った。高木の批判の要点は、次の六点にまとめられよう。(43)

(一)　鎮台兵一四聯隊のうち、東京に在るのは一聯隊に過ぎず、これが中央集権に影響を与えるとは言えない。

(二)　桂の案は陸軍の兵力を弱める一方で三〇余縣に西郷隆盛の私学校党を創立する恐ろしい案である。

(三)　徴兵を忌避する農商の子弟も入隊させて訓練すれば「勇敢ノ気象」が発生するので大丈夫である。

(四) 従来の日本は交際甚だ狭く、日本全国を愛せないとするならば、縣の単位であっても愛着を感じないはずである。徴兵忌避の原因は他縣に赴くことではなく、戦死を恐れるからである。

(五) 有事の際に他縣出身の陸軍将校を派遣して縣兵を指揮しようとしてもうまくいくはずがない。

(六) 国家を支える農夫を徴兵することを批判するが、すると、縣兵は士族を採用することになり、時代に逆行する。

この高木の批判に対して桂は反論を行っているが、その要点は以下の二点だけである[44]。

(一) 東京に常備軍の過半が長在していないからといって権力がないとは言えない。

(二) 縣兵は士族で構成されるのではないかという高木の批判は誤解である。

なお、桂は高木が挙げた他の批判についてはまともに答えていない。

桂の「縣兵」論は国民皆兵の民兵的な構想であると言える。桂の論のユニークなところは中央集権を批判し、地方分権の観点からその論が組み立てられているところにある。先の尾崎の解兵論のように、広がる徴兵忌避への問題意識がその背景にあった。しかし、現実性に乏しく、高木のような現実的な観点からの批判を受けるとまともに答えることができなかったと言えよう。

第五節　おわりに

大江志乃夫によれば、ヨーロッパでは、封建的な騎士軍隊の没落から、徴兵軍隊の成立までの中間段階として、封建諸侯の傭兵軍隊、市民革命の防衛にあたる国民軍隊の二段階をへている。これに対し、日本の場合は、足軽＝歩兵の封建武士軍隊から、傭兵軍隊と国民軍隊という二つの中間段階の歴史をほとんど欠いたまま、ヨーロッパ大陸諸国の歩兵軍隊を模した兵制が建設されなければならなかった(45)。

この前提に基づき大江、そして吉田裕は一八八八（明治二一）年の中江兆民「土著兵論」を「徴兵制軍隊を明確に否定し国民の総武装を前提とした完全な民兵制の採用を主張した」と高く評価するのであるが、前節までに明らかにしたように、一八七五（明治八）年・一八七六（明治九）年の時点で既に、常備軍の解体あるいは縮減を明確に主張する論考が『朝野新聞』『郵便報知新聞』『東京曙新聞』といった「民権派」の新聞に現れて議論にもなったのである。常備軍の廃止や縮小を求める場合、当時の日本の「国力」からして大規模の常備軍は不要と言うのが主な論拠であった。また、その中でも、大東・星野・尾崎らは兵備よりも「教育」等の充実を先にすべきだとしていた。当時の日本の国力から見れば、欧米列強と同程度の軍備を設けることの方が非現実的であり、教育や勧業を優先させてまず国力の充実を図るべきだという論理は説得力を持ったと言えよう。

ただし、尾崎行雄や桂忠助が提案した常備軍廃止論は当時の日本の状況から見るとあまりにも理想的に過ぎて非現実的でもあった。現実的な立場からの筋道立った批判にはまともに反論できていない。これは、吉田裕が指摘するように日本に国民軍の伝統がなかったことが大きいのであろう。書物で得られる欧米に関する知識は日本の現実とは違っていたのである。そのためか常備兵廃止を主張する場合も、国防にあたっての「愛国心」涵養の重要性がしばしば強調されている。星野郁や尾崎行雄は「愛国心」の涵養を教育で行うことを主張していたのであった。常備軍の廃止や縮減の主張と、教育における「愛国心」涵養の主張がここに共生しているのである。また、『横浜毎日新聞』にみられるような学校における例外なき「軍事教育」の主張も常備軍廃止の主張と矛盾しないのである。

ともあれ、「外征用」軍隊ではなく、「郷土防衛」の国民皆兵をめざそうという議論は明治初年の日本にも存在したのである。しかし、欧米諸国とは異なり国民軍の伝統のない日本ですぐに民兵制を導入することは現実的ではなかった。そこで明治初年の論者たちが注目したのが「教育」だったといえるのではないか。教育によって「知識」を、そして「愛国心」を涵養することがまず先決だとされたのであった。この後、日本の学校教育においては「愛国心」の涵養が重視され、軍事的な教育も行われるようになっていく。しかし、それは明治初年の「解兵論」者たちが意図した方向と同じものであったのか。この問題の解明は今後に譲りたい。

(1) 藤原彰『日本軍事史　上巻　戦前篇』日本評論社、一九八七年、三二頁。
(2) 前掲書、三四頁。
(3) 前掲書、三七頁。
(4)『日本近代思想大系四　軍隊　兵士』岩波書店、一九八九年、一三〇頁。
(5) 前掲書、四七二頁。
(6)『日本平和論大系一』日本図書センター、一九九三年、一二頁。
(7) 前掲書、八七頁。
(8) 家永は前掲書一二頁において、「明治初年の日本は、軍備も貧小で外国と戦争できるような段階ではなかった」から、「反戦平和思想の必要もなく、植木が「これほど早い時期に、一体どのようなところから示唆されてこういう考え方を生み出したのか、まったく理解に苦しむところである」とも述べている。
また、家永は、中村敬宇が一八七三（明治六）年の「米利堅志序」で植木と著しく似た着想に立った文章を書いていることを別の著書で指摘している。家永三郎『植木枝盛研究』岩波書店、一九六〇年、六〇頁。
(9)『東京日々新聞』明治六年一二月一三日「投書」。
(10) 例えば、松下芳男はこの建白書の特徴として、
（一）国民普通教育の充実を先決問題としたこと。
（二）この国民普通教育中に軍事訓練を兼修せしめんと主張したこと。

（三）幹部教育の必要を説き、それを先行条件としていること。の三点を挙げて当時として「卓越したる高説」と評価している（松下芳男『徴兵令制定史』五月書店、一九八一年、一八五―一八六頁）。

また、木村吉次は、山田の建白書は「家父長制的家の温存をはかるために、理念としての国民皆兵を著しく空洞化」した徴兵令より「はるかに進歩的」であり、「著しく開明的」で「教育を優先する考え方」であったとこれまた非常に高く評価している（木村吉次「兵式体操の成立過程に関する一考察」『中京体育学論叢』第五巻第一号、一九六四年）。

(11) 前出、『日本近代思想大系四　軍隊　兵士』、九一頁。

(12) 前掲書、九二頁。

(13) 前掲書、九五頁。

(14) 西田長寿『明治時代の新聞と雑誌』至文堂、一九六一年、三九頁。

(15) 前掲書、四〇―四一頁。

(16) 前掲書、四二頁。

(17) これらとは別であるが、一八七五（明治八）年九月二八日の「論説」は、「方今各国皆常備兵ヲ養フ我ガ邦安ンゾ独リ兵隊ヲ尽ク解散スルヲ得ンヤ」として常備軍の「解体」はできないとするものの、平時数万の常備軍を維持することに伴う金銭的負担を問題にして、フランスの「兵隊無事ノ時ヲ以テ農事ニ力役セシムルノ良法」を紹介する内容となっている。

(18) 前出『日本近代思想大系四　軍隊　兵士』解題では、「吉田多々についてはは未詳であるが、末尾の文章からすると、あるいは投書を論説に転用したものか。」と推定されている。ちなみに文章の末尾には「今聊カノ鄙見ヲ筆シテ新聞社ニ投ジ、以テ愛国ノ諸賢ニ議セントス」とある。

(19) 宮武外骨・西田長寿『明治大正言論資料二〇　明治新聞雑誌関係者略伝』みすず書房、一九八五年、一〇四頁。

(20) 前出、西田長寿『明治時代の新聞と雑誌』、四五頁。

(21) 前掲書、四一―四二頁。

(22) 『郵便報知新聞』明治八年五月一八日「投書」大東奇助「解兵の議」。

(23)『郵便報知新聞』明治八年七月一六日「投書」早川省義「貴社新聞第六百七十一号に掲けたる解兵の議を駁す」。
(24)『郵便報知新聞』明治八年九月二二日　星野郁「投書」。
(25)『郵便報知新聞』明治八年九月二七日　永江芳洲「投書」。
(26)『郵便報知新聞』明治八年一〇月二日　星野郁「投書」。
『郵便報知新聞』明治八年一〇月六日　永江芳洲「投書」。
『郵便報知新聞』明治八年一〇月一〇日　星野郁「投書」。
『郵便報知新聞』明治八年一〇月一四日　永江芳洲「投書」。
(27)伊佐秀雄『尾崎行雄伝』、尾崎行雄伝刊行会、一九五一年、六六頁。
(28)前出、西田『明治時代の新聞と雑誌』、四三頁。なお、ここで西田は『東京曙新聞』に若き日の尾崎行雄の軍備不要論を主張した投書が掲げられていることを指摘している。
(29)『東京曙新聞』明治九年一〇月三日「寄書」楠秀「解兵論」。
(30)『東京曙新聞』明治九年一〇月一〇日「寄書」横地敬三。
(31)『東京曙新聞』明治九年一〇月一四日「寄書」「読横地子之駁議」。
(32)『東京曙新聞』明治九年一〇月二〇日「寄書」「再ヒ楠君ニ答フ」。
(33)明治九年一一月二日「寄書」広瀬岬二。
(34)『東京曙新聞』明治九年一〇月二三日「寄書」「再読横地子之答弁」。
(35)前出、藤原彰『日本軍事史　上巻戦前篇』、四七頁。
(36)当時兵制を論じたものとして以下のようなものがある（本論に取り上げたものは除く）。
『大坂日報』明治一〇年三月一九日「社説」。
『東京日々新聞』明治一〇年三月一日「東京日々新聞」。
『東京日々新聞』明治一〇年五月二日「東京日々新聞」霞谷好眠「兵制論」。
『東京日々新聞』明治一〇年五月三日「東京日々新聞」「昨日ノ続キ」。
『東京日々新聞』明治一〇年五月四日「東京日々新聞」「駁霞谷好眠氏」。

（37）『東京日々新聞』明治一〇年七月三日「東京日々新聞」「論兵制」。
『東京日々新聞』明治一〇年七月四日「東京日々新聞」「論兵制ノ二」。
『東京日々新聞』明治一〇年七月五日「東京日々新聞」「論兵制ノ三」。
『郵便報知新聞』明治一〇年四月一七日「社説」「兵仗論　第一」。
『郵便報知新聞』明治一〇年四月二三日「社説」「兵仗論　第二」。
『郵便報知新聞』明治一〇年四月二八日「社説」「兵仗論　第三」。
『郵便報知新聞』明治一〇年六月一九日「社説」。
『郵便報知新聞』明治一〇年六月二一日「社説」一昨日ノ続キ。
『郵便報知新聞』明治一〇年九月八日「社説」「兵制之大要」。
『郵便報知新聞』明治一〇年一〇月一八日「社説」「社会ヲ毒スルノ兵隊」。
『郵便報知新聞』明治一〇年一〇月一九日「社説」前号ノ続キ。
『横浜毎日新聞』明治一〇年七月一四日　松山温稿「横浜毎日新聞」。
『横浜毎日新聞』明治一〇年七月一八日　松山温稿「横浜毎日新聞」一四日ノ続キ。
『横浜毎日新聞』明治一〇年八月二七日「横浜毎日新聞」。
『横浜毎日新聞』明治一〇年八月三〇日「横浜毎日新聞」去ル廿七日ノ続キ。
『横浜毎日新聞』明治一〇年九月四日「横浜毎日新聞」去ル三〇日ノ続キ。
『横浜毎日新聞』明治一〇年九月六日「横浜毎日新聞」去ル四日ノ続キ。
『横浜毎日新聞』明治一〇年一〇月一日　蜀瓜生稿「横浜毎日新聞」。
『横浜毎日新聞』明治一〇年一〇月二日　蜀瓜生稿「横浜毎日新聞」昨日ノ続キ。
『東京曙新聞』明治一〇年八月三一日「東京曙新聞」。
『東京曙新聞』明治一〇年九月一日「東京曙新聞」。
『東京曙新聞』明治一〇年九月三日「東京曙新聞」。

（38）前出、西田『明治時代の新聞と雑誌』、四三頁。

(39)『横浜毎日新聞』明治一〇年四月九日　瀧為峯「横浜毎日新聞」。
(40)『横浜毎日新聞』明治一〇年一〇月八日「横浜毎日新聞」。
『横浜毎日新聞』明治一〇年一〇月一三日「横浜毎日新聞」去ル八日ノ続キ。
(41)『横浜毎日新聞』明治一〇年一一月二日「横浜毎日新聞」。
『横浜毎日新聞』明治一〇年一一月五日「横浜毎日新聞」。
(42)『東京曙新聞』明治一〇年一一月二二日「論説」桂忠助「縣兵論」。
(43)『東京曙新聞』明治一〇年一一月三〇日「寄書」高木冠三「質桂忠助君」。
『東京曙新聞』明治一〇年一二月三日「寄書」高木冠三「質桂忠助君」(去ル三〇日ノ続キ)。
(44)明治一〇年一二月四日「寄書」「答高木先生」。
(45)大江志乃夫「反徴兵制の思想」『市民社会の思想』御茶の水書房、一九八三年、三五四―三六二頁。

第三章　日本領土の変動と東アジア国際秩序の進化
――ローカリズムとナショナリズムの枠組みからの分析――

崔　長根

第一節　はじめに

近世日本は政治的経済的優位を争っていたヨーロッパ社会とは違い、鎖国政策の中で国内的政治、経済の安定をはかってきた。しかし西洋勢力の東進による危機意識から国家成長の必要性を認識するようになって近代化のための国際的な競争体制を受容するようになった。日本は開国するとともにヨーロッパ文明を積極的に受容して近代国民国家形態の統一国家を設立した。日本は日清戦争、日露戦争、第一、二次世界大戦を通じて国家発展を成し遂げてきた。この過程で著しい現象は、人的かつ物的資源確保と資本主義市場の開拓のための領土拡張だったといえる。第二次世界大戦以前の日本は領土拡張を通じて人的物的資源を確保して著しい国家発展を成し遂げていた。日本は敗戦による連合国の要求であるポツダム宣言を無条件受諾することで戦前に拡張した新領土を日本領土から分離されることによって外的な国家衰退をもたらした。しかし戦後日本は戦前に形成された技術資源と人的ノーハウ、そして天皇中心の国家主義文化、資本主義経済体制の導入などを成長潜在力にして高度経済成長を成し遂げてきた。その一方で、戦後日本は剥奪された新領土の中で対日平和条約で未処理とされた領土に対して絶えず領有権主張を繰り返して漁業、地下資源などの経済の動力を啓発してきた。

ローカリズム世界に満足していた近世日本は領土拡張野心は全くなかった。それゆえ、近世の日本には東アジア国際秩序を変動させる要因はなかった。しかし近代日本は、すでに幕末に台頭した日本ナショナリズムに、西洋列強の門戸開放圧力によって拍車がかかった。それは国民国家形成過程で領土拡張の精神に基づいた国境画定という形で現れた。これを筆頭に明治政府は富国強兵を国家目標と設定してナショナリズムを強化しながら周辺国の併合または分離合併を敢行して領土を拡張した。日本の領土拡張政策は東アジア国際秩序を変化させる震源地になった。同時に日本国家成長の直接的要因に作用した。第二次世界大戦での日本の敗戦で東アジア各国は日本領土から分離されて独立を迎えるようになって東アジア国際秩序の変動をもたらした。その後の日本はアメリカの指導の下で資本主義体制を取り入れて経済大国に成長した。東アジア各国は日本を国家発展の成長モデルとして、一部の国家は著しい経済成長を遂げて二一世紀アジアが世界で最も注目される経済発展地域となった。このように過去日本の成長は東アジア国際秩序の変動を意味するものであった。これは、また日本が東アジア秩序の震源地であることを意味する。

本稿は過去日本の領土拡張政策が国家成長にこの上なく大きな影響を及ぼしたということを前提にして時期別に領土政策の特徴を考察するものである。これは戦後に生じた日本の領土紛争の本質を理解するためにも重要でまた二一世紀東アジアの領有権紛争を見通すにも重要だと思う(1)。

現在日本は韓中露の周辺三国と領土紛争を起こしている。日本とこれら三国の間の領土紛争には一つ共通点がある。これら地域は皆近代日本の領土拡張政策によって日本に編入されたことである。

近代日本は国権を守り同時にヨーロッパのような強国になるために富国強兵を目標にして殖産興業と領土拡張を国

家発展の基本政策方針とした。したがって近代日本は他民族を抑圧かつ抹殺して絶えず領土を拡張した。しかし一九四五年日本の敗戦でポツダム宣言の第八項に基づいて日本領土は基本的に「カイロ宣言を履行して、日本の主権は本州、北海道、九州、四国及びわれらが決める諸小島に局限する」とした。(2) 最終的には、一九五二年サンフランシスコ講和条約によって具体的に決められた。しかし対日平和条約は自由陣営が中心になって推進したことで、第三国と共産陣営の国家を条約当事国から除外し、これらの国家の権益が無視された一方的処理であったという問題点を抱えている。

このように国家成長の一環として推進されてきた日本の領土拡張政策は、時期別にその過程を三期に分けて特徴を説明することができる。第一に、国防の次元で国境画定のための措置として拡張した領土編入措置である。第二に、国防の次元ではなく、純然たる国家利益の次元で領土を拡張した措置で、まさに日清戦争がこれに当たる。第三に、国家の膨張の次元で積極的に領土を拡張した措置で、日露戦争がここに属する。

先行研究は、クリル列島（日本で言う「北方領土」）、釣魚島（日本で言う「尖閣諸島」）、独島（日本で言う「竹島」）についてそれぞれ個別的なテーマで領有権を中心に分析したものがほとんどで、多数ある。しかし、近代日本の大陸政策の中で領土拡張政策の観点から研究が行われたものはそれほどないのが事実である。それゆえ、本研究は日本の大陸侵略政策の一環として行われた領土政策に焦点をあてて考察するものである。

第二節　前近代ローカリズムと日本の固有領土

それでは、近代日本が領土拡張を本格的に推進する以前の近世日本の領土認識について考察してみることにしよう。

近代国民国家が成立する以前、日本は近世の封建的な幕藩体制で、幕府が藩を掌握していた。藩は政治的に幕府から半独立的かつ水平的な地位にあった。幕府は藩を操ることのできる幕藩体制を長続きさせるために幕府の許諾なしで対外関係や貿易を通じての実力を養成することを牽制していた。このために行われた措置が幕府の鎖国政策であった。したがって幕府の許諾なしで領土を拡張して勢力を伸ばすことはできなかった。もちろん幕府も幕藩体制を超えた地域への領土拡張の野心はなかったのだ。

幕藩体制下の日本辺境に各藩が異国と国境を接していた。すなわち、西南方には薩摩藩と琉球、西方には対馬藩と朝鮮、北方には松前藩とアイヌ民族が国境を接していた。さらに、南方には小笠原諸島が位置していた。小笠原島を除く各々の辺境の藩は、鎖国という国内外的状況の中にも周辺の国や民族と特別な関係を結んで交流していた。それでは、まず日本列島の南西方に位置する薩摩藩と琉球との関係を通じて近世日本の領土認識について考察して見ることにする。

一　薩摩藩と琉球

琉球は一四~一六世紀にわたって日本国の範囲外に存在した独立王国であった。琉球は一四世紀以来、中国明朝の冊封体制の下に属した朝貢国家であった。その後一六〇九年薩摩藩（島津氏）が琉球を侵略して薩摩藩に服属させた。それで琉球は日中に両属する国家となった。幕府と薩摩藩は、琉球に対してそれぞれ国王体制を維持するとともに幕藩体制の外側の国家と見做していた。すなわち、幕藩体制下で琉球を異国異域と見做していたのである。異国異域の地位を認められた琉球は一七世紀後半になって新しい時代に対応できる自らの主体性を保持しなければならなかった。琉球は日本と中国という大国の間で独立国として生き残るためにも中国と付き合って、また薩摩藩と幕府とも付き合わなければならなかった。その一環として近世初期琉球は薩摩藩に対して「日琉同祖論」を主張して名前と服装まで日本（大和）と同じ文化を持つことを希望したが、薩摩藩はそれを認めなかった。結局幕府と薩摩藩は、一六二七年、清国が成立した時、琉球を異国と見做して放棄した。琉球は独立国家として生存するために質的変化をはかって改革を推進した。一七世紀末以後、幕府は琉球との関係を明確にして将軍外交として幕藩制下の異国と見做した。一八世紀初頭には、薩摩藩に隷属して禁止された王号の使用も可能になった。その理由は、幕府が将軍の権威を高めるために江戸に上京する異国使臣として按司ではなく王子の方がいいと判断したからである。一七世紀後半、琉球はこのような日本との関係の中で康熙帝年間の中国（清国）とも宗主国関係を結んで安定していた。その中で幕府は琉球を異国として中国国籍を期待していて琉球もそれに応じていたのである。

にもかかわらず、幕府は、台湾（西安の安平）を拠点にしていたオランダに対して台湾―琉球―長崎という仲介貿易は認めながらも直接琉球に寄港しての直接貿易は認めなかった。この時、一六二二年オランダ艦隊が宿敵のポルトガルの拠点であるマカオを攻撃して失敗した。また、澎湖島を占領した時は、福建省政府が澎湖島の中国領を主張した。平戸のイギリス商館も一六一六年平戸と長崎開港という幕府政策によって琉球入港は不可能だった。すなわち幕府は鎖国政策の時に琉球とヨーロッパとの仲介貿易まで認めなかった。またこのような関係の中で、琉球は薩摩藩の助けで福州を往復する時、中国とオランダ商船の掠奪行為を防ぐために一六六〇年からオランダ商館が交付した旗をつけて航海していた(3)。

これを見る限り、幕府と琉球は幕藩体制の中の異国関係ではあったが、経済面では琉球を独占していたことがわかる。

一七〇八年、長崎に居住していた日本人たちの琉球に対する認識はどうであったのか。「琉球の過半は福州に服従して唐を往き来していたが、半分は薩摩を往き来していた。漂流民は長崎から薩摩藩を通じて琉球に送られた。琉球の言語は中国とは通じなかったが、日本とは通じる部分が多い。琉球は日中両国と交流していた。琉球は唐と日本に両属する国として両国と交易して、金銀をよく流通させて大きな利益を得て富国になった」と指摘している。[4]

このように近世日本は琉球を日本領土の一部とする意識もなかったし、日本領土に編入しようという認識も存在しなかった。だから琉球にとって幕府と薩摩藩は、政治的宗主権を持っていた国ではなく、経済的に独占的地位にあった国であった。

次は、日本列島の北辺に位置する松前藩とアイヌ民族との関係を検討して近世日本の領土認識について考察する。

二　松前藩とアイヌ民族

一四五六年、地方豪族勢力が北海道南端のアイヌモシリ（アイヌの地）に侵入して日本封建社会を構築しようとした時[5]、アイヌ民族はこれを民族的危機と判断して日本人侵入者に激烈に対抗したが結局北海道南端に地方豪族の蛎崎政権ができた。この政権は、一五八五年、豊臣秀吉の日本全国統一期に日本の国家権力の中に編入させられた。一六〇四年、徳川幕府が蛎崎政権に黒印章を与えることで松前藩が誕生した。幕府は松前藩を一万石の大名と認めて幕藩体制に編入した。アイヌ地を基盤にした日本人である松前藩の領域が画定されることによってアイヌと日本との境界ができ始めた。一六三三年幕府が鎖国令を強化した時にも、アイヌ地域においては松前藩のみに交易を認めて、他の藩の通交を制限した。しかし松前藩は徐々にアイヌと雑居状態を経て勢力を伸ばしてその領域を拡張して行くところがあった。にもかかわらず、松前藩の領域は北海道南端の極めて限られた地域にとどまっていた。[6]その境界線は、北海道の西海岸においては最初上ノ国から関内にまで拡大していた。東海岸においては最初知内から石崎にまで拡張されたのである。

その過程でアイヌ民族は民族的危機を乗り越えるために松前藩の侵入に抗して何回も投降した。一方、幕府は鎖国政策の一環として松前藩の領土拡張を許容しなかった。したがって、幕府と藩となっている日本は、アイヌ民族を華夷秩序の中の「幕府―藩―アイヌ」という幕藩体制の外に存在する、政治的に独立した異国異域と見做したのである。ただ幕府は松前藩に対してアイヌ地域において独占的交易権に限って認めていた。それで松前藩は成立初期には直接場所（交易拠点）を経営していたが、藩の財政が悪くなってから他の藩出身の商人たちにも場所を賃貸してやるようになった。日本人の場所経営は苛酷な位にアイヌ民族を虐待した。アイヌ民族は何回もこれに抵抗したが、結局は日本人の体制の中に徐々に編入されていった。このようにして松前藩とアイヌとの関係は交易において主従関係になった。幕府は松前藩に対してアイヌ地域を異国好異域として扱うようにした。したがってアイヌ地域を基盤に創出された松前藩は、アイヌを政治的に完全に民族を抹殺してすべての領域を日本に編入する対象とは考えていなかったのである。

しかし幕府は政権末期にロシアの南下によってアイヌ地域がロシアに先に獲得されることを憂慮して北方への境界意識ができるようになった。以前華夷秩序の中での異国異域としてアイヌ認識は徐々に内地認識へときりかえられるに至った。一七七八～九年ロシア使節がアイヌ地域（キイタップ、厚岸）に入ってきてアイヌ人との交易を要求した。幕府はこれに対抗して一七八六年直接官吏を派遣して千島列島とサハリン南部のアイヌ地域を調査した。もう千島列島はロシア人の管轄の下に入っていたので、アイヌ人たちは日本人を警戒対象としていた。それで幕府はアイヌ民族を大々的に弾圧し、同時にアイヌとロシアとの関係の断絶を求めて内国化政策を推進した。その一環として幕府はロシアに続いて、一七八九年、幕府官吏を千島列島（択捉）に派遣してロシア領という国境表示をとり除いて日本領という国境標柱を立て、日本領土であることを宣言した。同時に一七九九年アイヌとロシアとの交易も禁じた。このような経過をもって日本とロシアの間にアイヌ地域をめぐる領有権紛争が本格化するようになった。日本はアイヌ民族に対して同化政策を実施して日本化を進めた(7)。

要するに、近世日本は鎖国政策下でアイヌ地域を異国異域と見做して松前藩とアイヌとの関係について、経済的交易というローカル的な交流のみを認めていて、決して領土拡張を認めなかったので領土拡張の野望も存在しなかった。しかしロシア帝国主義の南下によってアイヌ地域がロシアに先に取られることを恐れた。その際に、日本のナショナリズムが台頭して国境画定という形態で領土拡張が行われたのである。結局、アイヌ地域は、一八五四年と一八七五年二回にわたっての日露両帝国主義の交渉によって分割されたのである。

次に、日本列島の西側地域に当たる対馬藩と朝鮮との関係を検討して近世日本の領土認識について考察する。

三　対馬藩と朝鮮

近世の対馬藩は慶長文禄の役によって悪化した日朝関係の回復に努めて一六〇七年日朝の国交を正常化させた。一六〇九年日朝両国は「己酉約条」を締結して島主が歳遣船を朝鮮に派遣する通交貿易体制を確立した。島主は慶長文禄の役以前と戦時中と戦後にも詐欺的な外交術で朝鮮と幕府を仲介した。特に戦後は家康の国書を操作して両国間の意見差を狭めて国交回復を意図した。このような対馬の行為は日朝両国から信頼を受けるためのことであった。「柳川一件」をきっかけに、幕府は対馬府中に京都の五山僧を数年間交代に駐在させて朝鮮との往復文書を管掌する「以酊庵輪番制」を実施した。

対馬藩は幕藩体制下で一万石の領地があったが、それは劣悪な地域環境であったので経済的には朝鮮に頼らざるを得なかった。それで朝鮮と幕府の仲裁者として役目を担当していた。対馬藩は幕府から将軍代替わりと幕府の大事の時に朝鮮通信使の要請と接伴を家職として依頼されて引き受けていた。幕府は将軍の権威を対内外に誇示するために将軍が替わる時に朝鮮通信使を招いた。朝鮮通信使は一六〇七～一八一一年まで一二回にわたって往き来した。そのうちの一一回は対馬島主の案内を受けて江戸まで往復した。

一方、日本は朝鮮の釜山に倭館を設置して倭館に限って使臣の儀式と交易を行った。倭館には四五〇〇名の日本人（主に対馬人）が常駐して交易を行っていた。しかし交易以外の目的では居住が許諾されなかった。

対馬藩と朝鮮との関係は交易が窮極的な目標であった。貿易には、公的貿易と私的貿易があったが、公的貿易は歳遣船によって数量と品目が決められていた。しかし私的貿易は日本から銀を輸出して朝鮮から絹と米を輸入したが、その量は一六六〇年に一万六〇〇〇石に達していた。仲介貿易としては、朝鮮商人を通じて銀を中国に輸出して中国から生糸と絹を輸入していた。対馬藩は朝鮮貿易と佐須銀山（一六五〇再開）を開発することで経済的に発展していた。一六八一年には七九七六人の日本人が本土から対馬藩に流入していた。対外的には草梁に倭館を移管させたし、対内的には一六六四年「間高制」という珍しい土地制度を採択して検地を行った。また一六六二年、従来の地方知行から蔵米知行に換えて藩政の基礎を築いた。

その全盛期は概して宗義真の執政期（一六五七～一七〇〇年、藩主在職は一六五七～九二年）と重なる。その後無理な土木工事と銀鉱採掘が中止されたことによって銀貨調達に困るようになって朝鮮との貿易が衰退したし、また輸入品である生糸と絹が長崎貿易に滞って財政が破綻した。藩財政の体質改善のために殖産政策を実施したが、険しい自然環境なので限界があった。それで対馬藩は通信使節要請及び朝鮮外交を担当していたことから幕府からの賜金と借入金で経済的困難を乗り越えていた。(8)

このように対馬と朝鮮との関係は、交易関係にとどまって、朝鮮領土に対する拡張意識は全然なかった。ただ朝鮮政府が倭の潜入から国民の保護と国防の義務から逃れる人民を取り締まるために鬱陵島に対し空島政策を実施していた時、鬱陵島で米子の漁夫と朝鮮漁夫が衝突する事件があった。この時、対馬藩が朝鮮政府の領有意識を確認するために鬱陵島の領有権を主張したことがあった。しかし、その時、朝鮮政府が固有領土であることを明確にしたので、対馬藩は最終的にそれを受け入れて鬱陵島が朝鮮領土であることを認めていた(9)。この事件は対馬藩が積極的に領土を拡張するためのことではなく、朝鮮政府の領有意識を確認するためのことであった。

このように近世日本の幕府と対馬藩は、朝鮮との関係で、交易または、幕府の政治的権威を立てるために朝鮮通信使を招いていたということから朝鮮に対する領土野心は全然なかったことがわかる。

次に、日本列島の南方に位置する小笠原諸島と近世日本との関係を考察して近世日本の領土認識について考察する。

四　小笠原諸島と東京都

小笠原諸島は火山列島、沖の鳥島及び南鳥島で構成されているが、その名称の由来は、小笠原貞頼が秀吉に仕えていた一五九三年、南海を航海している途中群島を見つけて小笠原と名付けたという説がある。このように戦国時代は国内問題に関心が集中していたので、国外への領土拡張野心はなかった。小笠原島が西洋列強に初めて発見されたのは一六世紀欧米諸国が東洋進出を試みていた時期で、一五四三年ポルトガル船舶が種子島に漂着した時小笠原島を探険した。その年スペインの第四回東洋遠征艦隊が北緯二五度付近で硫黄島、北硫黄島、南硫黄島を見つけた。日本人が公式に小笠原島を見つけたのは、一六六九年紀州藤代の長左衛門、阿波国海部郡浅川浦の水主安兵衛などが江戸から蜜柑を紀州に運送していた時に暴風で遭難し、翌年二月小笠原島に漂着した時である。その時、幕府に小笠原島についての報告書を上申した。それで幕府は一六七五年島谷市左衛門などの一行三二人を小笠原諸島に派遣して島を巡視した。その後この島は漂着民を除くと無人島として長い間放置されていた[10]。

その後、小笠原島は一八二三年アメリカの捕鯨船によって母島が発見された。また一八二五年イギリスによって父島が見つけられ、一八二七年イギリス捕鯨船がこの島に到着して各島に名称を付けた。その後一八二八年ロシア軍艦がこの島を訪問した。この島は発見される度に各々違う名前が付けられ、また領有権も宣言された[11]。

特にフォトロイドは遠征艦隊の寄港地として常に各国の艦隊が出入りした。その後一八三〇年白人五人がハワイ居住のカナダ人男女二〇人を連れて移住して初めて小笠原島に人が居住するようになった。その後居住者総数はそれほど変わらず、一八四〇年には一二～三戸に三〇人余りが居住していた。一八五三年アメリカの海軍提督ペリーがこの島へきた時にも居住者はあまり変動はなかった。一八四〇年日本人三之丞などがこの島に漂着して小笠原諸島に西洋人が居住していることを本国に知らせた。幕府は一八六二年一月外国奉行水野筑後守などの一行を幕府巡検使として派遣した。当時の調査によれば父島には一九戸三六人、母島にイギリス、オランダ、カナダ人で構成された四戸が住んでいた。幕府の官吏一行は、約二ヵ月居住した後、欧米人の居住者に対して日本領土であることを宣言し、官吏六人をこの島に残して帰国した。幕府はその年八月八丈島に島民三八人を移住させた。一八六三年五月在留官民を送還して開拓をあきらめていた。その頃アメリカ人ヒルスがこの島に上陸して島を開墾した[12]。

このように小笠原島は先にヨーロッパ人によって発見され、その後幕府が島の存在を確認したことはあったが、日本領土であるという認識はなかった。島は西洋人によって開拓されて領有を宣言されていた。幕府がこれらの島に対して領土編入の認識を持つようになったのは、西洋勢力の東進にとって国家的危機意識を感じたからである。それによって日本的ナショナリズムが台頭して国境線画定という名分で周辺地域を日本領土に編入しようとする意識ができた。

要するに、近世日本はローカルリズム時代であったので、領土拡張の意識はなかったのである。それでは、次節では幕末から明治にかけて台頭した日本ナショナリズムによって行われた国境画定過程での領土拡張について考察することにする。

第三節　近代日本のナショナリズム台頭と国境画定

幕末日本は国内外的な危機状況でアメリカを含めたヨーロッパ列強が門戸開放を要求すると、早い段階から全面的に門戸開放を断行した。新しく成立した新政府はヨーロッパ式の政治経済制度を取り入れて近代化を進めた。日本は富国強兵を国家発展目標にして制度改革とともに殖産興業及び領土拡張をはかった。領土拡張政策は日本の近代化を推進するにあたって主な政策の一つであった。しかし、これはすでに西洋列強が一〇〇年ないし二〇〇年前に行った時代遅れのやり方であった。すでにヨーロッパでは帝国主義的な領土拡張政策は国際法上違法と見做されていた。当時ヨーロッパの植民地政策は主に市場獲得に没頭していたのである。

元々近世日本は幕藩体制の中で鎖国政策を断行していて、領土拡張の野心はなかった。ただ各藩はそれぞれ幕府から交易関係による経済的独占権を獲得して琉球、アイヌ民族、朝鮮と交易していた。

ところが、日本は幕末からナショナリズムが台頭して近代国民国家形成に伴って国防の立場から国境画定とともに領土を拡張した。その対象は欧米列強に先行される前に日本が先に編入できるすべての地域とした。北辺限界の千島列島とサハリン、南辺限界の小笠原島、西辺限界の鬱陵島、西南辺限界の琉球国がこれに属する。それを具体的に考察することにする。

一　北辺限界

日露国境地帯は元々アイヌ民族の土地であった。かつて帝国主義国家に成長したロシアが植民地開拓のためにカムチャツカ半島を経て千島列島を下って北海道にまで到達していた。この時のロシア勢力は、中央政府ではなく地方官であったが、無主地先占の論理で千島列島を占領した。これは国際法上の領土取得要件を満たさない領土措置であった。このようなすきに乗じて日本が北上してロシアに対抗して領有権を主張し始めた。

一方、松前藩は近世幕藩体制下に極めて限定されたアイヌ地域を基盤に成立してアイヌを相手に交易関係を結んでいた。鎖国という幕藩体制で幕府は藩に対して領土拡張を許容しなかった。それゆえ、松前藩は積極的に領土を拡張しなかった。幕府と藩に領土拡張意識が生じたきっかけは、ロシアが南下してアイヌの土地の一部を先占して領有を宣言したからである。これによって日本も領土拡張意識が生じ、日露両国はアイヌ土地をめぐって尖鋭に対立した。最初に対立した地域は千島列島の国後、択捉であった。一方、サハリン島においてもロシアは先占論理を立てて日本のサハリン南部開拓を認めなかった。それで度々ロシアはサハリンの南部を分割しようとする日本と衝突していた。

日本より先に近代国家となったロシアは、両国の国境画定を希望していた。それに日本との交易にあたって、アメリカ、イギリス、フランスなどのヨーロッパ列強と同じような交易での優先権を確保しようとした。

一八五三年このような状況の中でロシアはイギリスとフランスの支持を受けていたトルコとの間にクリミア戦争が勃発した。ロシアは交易交渉を一時中断して帰国した。そのすきを利用してアメリカとイギリスがロシアより先に日本と和親条約を締結して不平等交易権を確保したのである。ロシアはクリミア戦争の最中にもかかわらずアメリカ、イギリスと等しい交易権を確保するために従来の主張から譲歩して一八五四年日露和親条約を締結した。この条約でロシアはイギリス、アメリカと同等な交易権を確保する代りに択捉と国後島を日本に譲歩した。サハリンの領有権問題については現状維持を条件に留保した(13)。

和親条約以後、日本はサハリン南部を割譲させるために本格的に開拓事業を推進した。しかしロシアは日本のサハリン開拓を認めようと思わなかった。一方ロシアの関心は北海道にあった。近代国民国家建設以後、日本はイギリス、アメリカ、フランスからのアドバイスを受けて優先的に一八六九年北海道を日本領土に編入してウルップと択捉を境に国境線を画定した。そしてロシアは一八七五年イギリス、アメリカ、フランスの干渉を避けてサハリンの領有権を確保するため、サハリン・千島列島交換条約を締結して千島列島全部を日本に譲歩した。このようにして初めて日露国境が形成されたのである(14)。

二　南辺限界

明治政府以前、かつてイギリスは小笠原諸島の領有を宣言していたが、一八五〇年代にペリー提督が来航してこの島を租借していた。島の住民はハワイから移住してきた欧米人であった。一八六〇年幕府がこの島を調査したことがあったが、領有権は宣言していなかった。ところが、近代国民国家の成立とともに明治政府は、国境画定のために官吏を派遣して島を調査して日本人の移民を進めた。

小笠原諸島における日本の領有宣言はそれぞれ時期が異なっている。明治政府は一八七六年三月固有領土論を適用して優先的にこの群島の一部を内務省所管として領有権を宣言した。イギリスとアメリカが小笠原諸島の領有権を主張したが、次第にアメリカとイギリスはアジアにおける日本との有利な関係を獲得するために日本の領有権を黙認していた。その後、ほかの島々も次第に日本領土に編入する措置を取った。一八九一年に火山列島、一九三一年に沖ノ鳥島、一八九八年に南鳥島を東京都に編入したのである。

三　西辺限界

明治政府は国境画定過程で西方の国境線を画定するために朝鮮の国政調査団を派遣して鬱陵島と独島の所属を調査していた。この時調査団は鬱陵島が一六九九年日朝漁師の衝突事件を契機に幕府が韓国領土であると認めていた歴史的事実を報告した。同時に独島の所属については、韓国が領土主権を宣言した記録はないと誤った情報を報告した。それにもかかわらず明治政府は岩礁たる小島に過ぎない独島の価値を認めず領土編入の対象から除外していた。ところが日本は朝鮮に対して一八七五年江華島事件を起こして不平等条約である江華島条約を強要した。その条約を基盤に日本の漁師は韓半島の近海にまで潜入し鬱陵島、独島周辺で不法に操業していた。その後の一八八〇年代に入って日本漁師が鬱陵島にしのび込んで入ってくる数が急速に増えた。ウラジオストックを往復していた日本人の中には鬱陵島を日本領土に編入することを明治政府に上申する人もいた。

日本政府は彼らの鬱陵島編入要請を受け付けていなかった。その理由は古文書に幕府が歴史的事実に基づいて韓国領土であることを認めていたからであったし、また、ヨーロッパ列強も鬱陵島が朝鮮領土であることを知っていたからである。当時日本は鬱陵島を韓国領土と見做し、独島については公海上の小さな岩礁と見做していて領土としての認識がなかった。

四　西南辺限界

近代以前琉球は、日本と中国を含めた周辺国と交易関係を結んでいた独立国家であった。中国との関係では華夷秩序の中で朝鮮と中国との関係のように宗主国関係にあった。日本との関係は、幕府が幕藩体制外の外国として薩摩藩に経済的独占権を与えていた。それゆえ、幕府と薩摩藩は琉球に対して領土拡張意識はなかった。近代になって、国民国家成立に伴って国境画定の必要性から領土拡張の一環として琉球を日本領土に編入する意図をもつようになった。日本は、中央集権国家を建設するために一八七一年廃藩置県で行政を改革した。その際、琉球王国を琉球藩に改称して日本領土への編入を試みた。さらに一八七九年には武力を背景に沖縄県に改称して強圧的に日本領土への編入措置を強行した。これに対して琉球は強く反発して清国の救援を要請した。いうまでもなく、宗主国関係にあった清国も日本の琉球に対する領土編入措置を認めなかった。

一方、一八七三年琉球人が台湾に漂着して台湾原住民に殺害される事件があった。日本は琉球が日本領土の一部であることと台湾侵略の意図を隠して、琉球人民の殺害を問責するとの名目を立てて大軍を派遣して台湾を侵攻した。この事件は琉球と台湾に対する領土拡張の野心によるものであった。しかし結局伝染病などが原因で台湾侵攻は成功を収めることができなかったが、日本は台湾侵攻の正当性を主張するために台湾の領有を主張していた中国に対して賠償金支払いを要求した。中国が日本に賠償金を与えたことによって、琉球が日本領土の一部であることを間接的に認める形となったのである。

次は、日本ナショナリズムの強化によって敢行した第二期の領土拡張にあたる日清戦争、日露戦争、第一・二次世界大戦を通じた日本帝国主義の領土拡張について考察することにする。その対象は台湾、琉球、釣魚島、独島、朝鮮半島、サハリン南部、満洲国、そして第二次世界大戦の中で占領した東南アジアの国々であるが、ここでは、日清・

日露、両戦争の時の領土拡張政策についてのみ考察することにする。

第四節　近代日本のナショナリズム強化と領土膨脹

一　台湾、琉球、釣魚島

明治政府は政府樹立当初から一八六九年朝鮮に国政調査団を派遣して朝鮮領土への侵略意図を露骨に示した。その時点で鬱陵島を調査した結果、韓国領土であることが明らかになって領土編入措置を諦めるようになった。また、一八七一年廃藩置県を断行した際に琉球国を琉球藩にして日本領土に編入する行政的措置を行った。さらに、一八七九年武力を動員して強制的に併合措置をとった。宗主国関係にあった清国は日本の琉球併合措置を認めなかった。このように日本は強圧手段で周辺弱小国及び弱小民族に対して一方的な併合措置をとり、自然境界による国境を画定しようと思ったが、国際社会はそれには簡単に同意しなかった。すると、日本は戦争という極端な手段を動員して帝国主義的な領土侵略行為を合法化しようと思った。また清国及び朝鮮など主権国家の領土の一部を分割編入しようと意図した。そのために、日清戦争を敢行して朝鮮は独立国であることばかり強調して従来の朝鮮と中国の関係を分離することで日本が朝鮮に介入する余地を作ろうとした。日本は朝鮮に対する清国干渉を排除することで日本が朝鮮を保護するという名分を立てて韓国の外交権を掌握して領土編入政策を本格的に進めていった。同時に清国領土の一部分である台湾と澎湖島、遼東半島を清国から分離して日本領土に編入した。琉球については清国の干渉を排除することで既存の行政的仮措置を合法化して日本領土にした。さらに日清戦争中にかつて領土編入措置を試みて何度も機会を覗っていた釣魚島に対して無主地先占という近代国際法の形式をもって領土編入措置をとった。釣魚島は歴史的に中国領土としての権原があった地域である。しかし、遼東半島は日本帝国主義が中国本土の分割を試みたものであったが、国際社会を説得させる名分がなかった。それゆえ、ロシア、ドイツ、フランスの干渉を受けて中国に返還しなければならなかった。したがって日清戦争は自然国境線の画定を越えた日本ナショナリズムの強化による帝国主義的な領土拡張戦争であったのである。

二　朝鮮（独島を含む）、サハリン南部

日本は日清戦争を通じて朝鮮において清国の影響力を排除して支配権を強化していった。これに対してロシアは日本の朝鮮支配権拡大に対する警戒を緩めなかった。日本は朝鮮及び満洲に対する領土政策の一環としてロシアの勢力を排斥するために日露戦争を敢行した。日本はロシアとの全面戦争を憂慮して先制攻撃でロシアの主力艦隊を撃破するという有利な戦況を利用し、アメリカの仲介を要請した。日本はこのように戦勝国として講和を迎えて領土分割を試みた。まず、日本は日露戦争の目的でもあった朝鮮での支配権を強化するために戦時中「韓日議定書」を要求して任意的に朝鮮領土の使用権を強要した。また戦時中に韓国の固有領土の一部である独島に対して一九〇五年二月「竹島」という名で無主地先占という国際法上の領土編入の措置をとっていた。しかしそれは関係国に通告していない日本国内的措置であった。韓国政府は日本から通告をうけていなかったから公文書による抗議はできなかった。そして日本はサハリン南部をロシアから分割編入した。朝鮮の主権についてもロシアの干渉を排除して一九〇五年一一月外交権を強制し、さらに一九〇七年八月内政権まで剝奪した。ついに一九一〇年日露協調政策をとってロシアの黙認下に朝鮮を合併して日本領土に編入したのである。このように韓国の外交権と内政権を掌握するために条約を要求したが、その度皇帝の国璽が得られなかった強制的措置であった。このように韓国併合による日本の領土編入措置は不法

なものであった。しかし、日本はこのような措置を合法的なものであると列強に宣伝し、対外的な非難を避けていた。日清戦争以来、帝国主義的な方法をもって絶えず拡張してきた新領土は一九四五年敗戦まで継続していた。一九一四年第一次世界大戦の時はドイツの占領地であった太平洋上の諸島を委任統治した。さらに一九三二年には中国から分離して満洲国を建国して統治し、第二次世界大戦の時は東南アジアの多くの地域を占領していたのである。

次に、日本の敗戦でポツダム宣言を無条件に受諾することによって戦前と戦時中に帝国主義的な方法で拡張した新領土が完全に日本領土から分離された。それは一九五二年四月対日平和条約が批准されることによって再確認されたが、その領土措置について考察することにする。

第五節　対日平和条約と領土処理

一九四五年八月日本がポツダム宣言を無条件受諾することによって日本の固有領土は近世の領土範囲に限定されるようになった。近代になって帝国主義的な方法で拡張したすべての新領土は日本領土から分離される措置を待っていた。しかし主要連合国の間に決めたカイロ宣言、ポツダム宣言と、主要連合国の間に合議された領土不拡張原則、ヤルタ会談などの法的正義に基づかないで政治的に領土措置が行われていたのである。

冷戦体制の中のアメリカ（を中心にした連合国）は日本の共産化を阻むために日本の主張を大幅に受容する政治的決断で領土を処理した。本来ならばカイロ宣言、ポツダム宣言など国際法上の原則に即して次のように領土措置が行われるべきであった。

（一）帝国主義的方法で拡張した地域はすべて返還されなければならなかった。すなわち「奴隷状態の朝鮮独立」とともに当然独島が含まれるべきだし、サハリン南部はロシアに、釣魚島及び台湾は中華民国または中華人民共和国に、琉球を独立させるべきであった。さらにアイヌ民族も何らかの形で独立または民族自治が成されるべきであった。

（二）アメリカを中心とした自由陣営の連合国は、中国とソ連などの陣営の権益及び韓国、琉球など第三国の立場を無視して領土措置において日本に有利な政治的決定を行っていた。

すなわち、①従来韓国領土として認識されてきた「独島」に対して日本に友好的であったアメリカは日本の立場を支持していた。その成果は、一次から九次まで作成されたアメリカの草案に現れていた。第一次から五次草案に韓国領土として明記されてきた「独島」が第六次になって急に「竹島」に代わってくるのである。[15] イギリス、オーストラリア、ニュージーランドなどの他の連合国がアメリカの措置に抗議して、結局は、無人島をめぐる紛争地域には連合国は関与しない方針を決定して七次草案からはその所属を明確にすることを避けたのである。[16]

②琉球は元々独立国家だったにもかかわらず、日本がアメリカを説得して、イギリスなどの琉球独立の主張を退けて日本領土としての残存主権を認めさせたのである。

③小笠原諸島は日本がアメリカを説得して日本の残存主権を容認する信託統治制をとっていた。

④台湾はポツダム宣言に基づいて中華民国、または中華人民共和国に主権を認めなければならなかったが、共産陣営の中華人民共和国の利権を無視するためにサンフランシスコ講和条約に参加を拒否して、台湾、澎湖島、西沙群島及び南砂群島に対する中国の領土主権を認めなかった。そして日清戦争の時日本が一方的に編入した釣魚島の所属についても中国の不参加によって領有権を主張する機会さえ剥奪されていた。[17]

⑤日露国境問題については、米英ソ三国がヤルタ会談で、一八五四年日露和親条約で日本領土になったクリル列島南部の四島、一九〇五年日露戦争の時日本に奪われたサハリン南部をロシアに返還または引き渡されるように政治

的に決めていた。ロシアは終戦直前からこれらの地域を軍事的に占領した。アメリカを含めたイギリスなどの連合国は主要四国の合意を全面的に無視することができなかった。それゆえ、講和条約の際、これらの地域について日本の領土主権だけは放棄を明記したが、ロシアの主権について避けていた。ところが、同条約の有効期間を三年にして、日本に対する法的拘束力がなくなるようになっていたのである。

それでは、一九五二年四月批准された対日平和条約で、自由陣営の連合国は帝国主義的方法で日本が拡張した新領土をどのように処理したのかについて見ると、次のとおりである。(18)

① 日韓国境については、日本国は朝鮮の独立を承認し、済州島、巨文島及び鬱陵島を含む朝鮮に対するすべての権利、権原及び請求権を放棄する（第一条）。

② 日中国境については、日本国は台湾及び澎湖諸島（第二条）と南沙群島及び西沙群島に対するすべての権利、権原及び請求権を放棄する（第六条）。

③ 日露国境については、日本国はクリル（千島）列島及び日本国が一九〇五年九月五日ポーツマス条約の結果として主権を獲得したサハリン（樺太）の一部及びこれに近接する諸島についてのすべての権利、権原及び請求権を放棄する（第三条）。

④ 太平洋諸島との境界問題については、日本国は国際連盟の委任統治制度に関するすべての権利、権原及び請求権を放棄する。また以前に日本国の委任統治下にあった太平洋諸島は、一九四七年四月二日国連安全保障理事会が決定した太平洋諸島に対する委任統治制度を受諾する（第四条）。

⑤ 琉球と小笠原諸島については、日本国は北緯二九度以南の南西諸島（琉球諸島及び大東諸島を含む）、孀婦岩南側の南方諸島（小笠原諸島、西之島及び火山列島を含む）及び沖の鳥島に対して合衆国を唯一の施政権者にする信託統治

のもとに置くことにした国連に対する合衆国のすべての提案に同意する。このような提案が行われて、可決されるまで合衆国は領海を含むこれらの諸島の領域及び住民に対して行政、立法及び司法上の権力の全部及び一部を行使できる権利を持つことにする（第二章三条）[19]。

以上のように、日本領土から分離された地域とその性格について明確に究明した。この領土処理の問題点は、対日平和条約を拒否しているか、または、条約締結当事者としての資格が付与されていなかった国の領土主権がどのくらい公正に処理されたかである。冷戦体制の中で自由陣営中心の対日平和条約の特徴は、共産陣営の権益を全面的に無視して、日本の共産化を防止するため日本を有利にする精神に即して調印されたということである。すなわち「条約に署名しない国は、どんな権利、権原及び利益を認めてはならない。また日本の権利、権原、利益が署名国ではない国に損害を受けてはならない（第二章第二五条）」と規定していた。

条約署名国ではない国家との領土問題については「本条約と等しい条件で二国間の平和条約を締結する。日本の義務は同条約の効力発生後の三年で満了する」とし、同条約に批准していない国とは二国間の平和条約を締結して、効力発生三年後から日本は平和条約に拘束されないと規定していた。

第六節　結　論

以上で考察したところによれば、今日日本を中心とした東アジア各国間の領土紛争は、一次要因は帝国主義国家の領土拡張政策にあり、二次的要因は、対日平和条約での領土措置が国際政治の力学から政治的に処理されたことにあったといえる。

近代日本の領土拡張には次のような特徴がある。

第一に、近世日本は、国民国家を形成するために断行してきた近代の領土拡張とは違う領土認識を持っていた。

第二に、近代日本は、国境画定にあたって幕末から芽生えていたナショナリズムの台頭で領土拡張の精神に基づいて国境を広げていた。これが一次的な領土拡張政策であった。

第三に、近代日本は、領土拡張を国家発展の目標を達成する方法としていたので、絶えずナショナリズムを強化して周辺の民族または主権国家に対して強硬な手段を動員したが、極端には戦争を敢行して領土を拡張していた。

第四に、日本の領土拡張という膨脹主義は、ついに国際社会からの信頼を失い、敗戦に追い込まれて、限りなく拡張した新領土の大部分は日本領土から分離されるようになった。

第五に、日本の領土は、敗戦と同時にポツダム宣言によって〈先づ措置〉されたが、最終的に対日平和条約によって再確認された。ところでこの対日平和条約は冷戦という国際秩序の中で、連合国の中でも自由陣営が中心になって推進したことで共産陣営と第三国の立場が全く無視される結果をもたらした。また、自由陣営の連合国は日本の共産化を阻むために日本を積極的に支援した。

第六に、日本はこのような国際秩序を積極的に利用してナショナリズムの強化に伴って第三国と共産陣営との領土問題の処理にあたって、領土処理の原則や精神を無視して一方的に日本の領有権を主張した。このようにして、領土主権を最大限確保するという日本の領土拡張意識によって今日領土紛争が惹起されているのである。

第七に、戦後連合国の統治の下の日本は、日本国憲法制定などでミリタリズムを排除してデモクラシーと資本主義体制への転換を図っていた。ところが一九五二年対日平和条約に伴って政治的独立を遂げるようになって天皇制を中心にナショナリズムを強化した。この過程で日本は対日平和条約で曖昧に処理された領土条項を日本に有利にかつ拡大解釈して領有権を主張してきているのである。

このように、近代日本の領土政策によって拡張された領土は「新領土」という概念を内包していると思わなければならないし、それ以前の近世領土範囲が日本の「固有領土」であると見なければならないだろう。

（1）本研究の認識は、基本的に拙稿の「対日平和条約の領土条項の一考察――政治性について――」（『日本語日文学』二一集、二〇〇四・二）、『近代日本の領土政策史研究――満韓国境問題を中心として――』（中央大学大学院法学研究科博士学位論文、一九九七）、『明治日本の領土拡張政策――独島の島根県編入を中心に――』（中央大学大学院法学研究科修士学位論文、一九九四）、『日本の領土紛争』（白山資料院、二〇〇五）、「漁業協定と独島及びＥＥＺとの関連性――日本外交の政治文化的特性から考察――」（『日本学報』第五〇集、二〇〇〇）、「現代日本政治のアイデンティティの模索とその方向性――日本ナショナリズムの展開過程を中心に――」（『日本学報』第五四集、二〇〇三）、『韓中国境問題研究――日本の領土政策史的側面から――』（白山資料院、一九九八）と、毎日新聞社編の『対日平和条約』（一九五二）に基づいて書かれた論文である。

（2）高野雄一・横田喜三郎編『国際条約集』有斐閣、一九九二、五七六頁。

（3）田名真之「自立への模索」、豊見山和行編『琉球、沖縄史の世界』吉川弘文館、二〇〇三、一六七―一九五頁。

（4）真栄平房昭「琉球貿易の構造と流通ネットワーク」、豊見山和行編『琉球、沖縄史の世界』吉川弘文館、二〇〇三、一一六―一六六頁。

（5）アイヌモシリという用語は、アイヌ語でアイヌの聖なる土地という意味である。

（6）北海道の西海岸は最初は「上の国」から「関内」へと拡大され、東海岸は最初の「知内」から「石崎」へと拡張された（崔長根「松前藩の政治経済的境界拡張」『日本の領土紛争』白山資料院 ソウル、二〇〇五、二四七―二五四頁）。

（7）崔長根「幕府の国境意識の台頭と領土拡張」『日本の領土紛争』白山資料院 ソウル、二〇〇五、二五四―二五八頁。

（8）長節子「近世の対馬」『中世国境海域の倭と朝鮮』吉川弘文館、二〇〇二、一四―一九頁。

(9) 愼鏞廈「一七世紀末鬱陵島、独島領有権論争と独島の朝鮮領土再確認」『獨島의民族領土史研究』知識産業社：ソウル、一九九六、三〇—三四頁。
(10) 崔長根「小笠原島」『明治政府の領土拡張政策独島の島根県編入を中心に』中央大学法学研究科修士学位論文、一九九四、六九—七六頁。
(11) 大熊良一『歴史の語る小笠原島』小笠原協会、一九六六、一一頁。
(12) 段木一行『離島　小笠原と伊豆七島』武蔵野郷土史、昭和五三、二六〇頁。
(13) 崔長根「露日国境交渉（一）——露日和親条約——」『日本の領土紛争』白山資料院　ソウル、二〇〇五、二八二—二八八頁。
(14) 崔長根「露日国境交渉（二）——サハリン・クリル列島交換条約——」『日本の領土紛争』白山資料院、二〇〇五、二八八—二九九頁。
(15) 金柄烈「對日講和條約から漏れ落ちた顛末」、獨島研究保全協會編『獨島領有權と領海と海洋主權』獨島研究保全協會、一九九八、一六五—一九五頁。
(16) 崔長根「戰後日本領土處理の特殊性と國境紛争の發生」『日本の領土紛争』白山資料院、二〇〇五、一〇〇—一〇一頁。
(17) 「戰後日本領土處理の特殊性と國境紛争の發生」、前掲書、九四—九九頁。
(18) 「サンフランシスコ条約（対日平和条約）」第二章第二条。
(19) 高野雄一『日本の領土』東京大学出版会、一九六二、三四七—三四八頁。

第四章　「時代」考証の手がかりについて
――『福澤書簡集』で近代への道を読む――

金原左門

第一節　歴史資料として書簡をとらえなおす――序にかえて

そうとう前になるが、わたしは『牧野伸顕日記』の価値についてすこし論じたことがある。[1] 牧野のこの『日記』は、一九九〇年にはじめて日の目をみた。中央公論社から刊行されたこの『日記』で、牧野の「宮内省時代」の秘密のヴェールがはじめてはがされ世にあらわれたのである。

牧野伸顕（一八六一〔文久一〕～一九四九〔昭和二四〕）が大久保利通の次男であることは、よく知られている。その牧野について、幼年時代から第一次世界大戦後のベルサイユ講和会議に日本の次席全権としてパリにおもむくあたりまでは、牧野伸顕『回顧録上下』（中公文庫）が、その足跡をある程度あきらかにしている。『回顧録』は、牧野の生涯の約三分の二をたどる手がかりになる。この間、牧野は、明治から大正中期にかけて、若き日の欧米体験と外務省書記生を皮切りに、その後、制度取調局（法制局）参事官、首相秘書官、内閣記録局長等を歴任し、兵庫県の大書記官（副知事格）、福井・茨木両県の県知事、文部次官、オーストリア・イタリア各国公使と、その華々しい政治家・

外交官の道をたどることはできる。ところが、牧野が重要な役割をはたした宮内大臣・内大臣の時代は〝ブラック・ボックス〟のなかに入ったままであった。というのは『回顧録』は牧野の口述を、孫の英文学者吉田健一が、文芸評論家中村光夫の協力をえてまとめたもので、吉田の「後書」によると、第一次世界大戦の講和の顛末で、牧野の意思により区切りをつけたからである。吉田によると、牧野は「宮内省時代」については「機密」にわたることがらがあまりにも多いので、他言することは断固としてさしひかえるべきであるという信念をもっていた。牧野の「宮内省時代」の体験があかるみにでるかどうかによって国内外の政治の真相は大きく変るわけであるから、彼自身の言行録は、戦前期の昭和の扉を開いていく鍵になっていた。

その意味で、『牧野伸顕日記』の公刊は、注目すべきものがあった。『回顧録』の刊行後、一四年の歳月を経て約一六年間の牧野の記録があかるみにでたことにより、牧野の政治行動の全貌が証明でき、政治人《ステーツマン》としての牧野を近代日本の政治外交史と思想史のなかに位置づけることが可能になってきた。この点が第一点。第二にそれ以上に重要な鍵になるのは、牧野の「宮内省時代」は「大正デモクラシー」の時代状況から「昭和ファシズム」の状況へと移行する転換期にあたっていたという事態である。『日記』は、一九二一(大正一〇)年三月一三日から一九三七(昭和一二)年一一月一八日におよび、牧野という政治権力の中枢にいる政治的人間のレンズを通して転換期の時代を再検討できることであった。

牧野の『日記』の公開は、このような意味があるが、一般に『日記』には、しばしば落し穴が待っている。それは、『日記』があらかじめ公開を予想しているか、それとも自分のための「備忘」としてまとめているかどうかである。若し第三者の目にふれることを意識して叙述しているならば、その資料価値を生かすにはつねに再吟味の手続きを経なければならない。

一例として『原敬日記』全六巻（福村出版）をとりあげてみる。[2] 原敬は、周知のように一九一八（大正七）年夏の全国を席捲した米騒動の後、「平民宰相」として立憲政友会を基礎に、政党政治を組織した政治家である。その原本は岩手県盛岡市の原敬記念館にあるが、わたしのみるかぎり、すくなくとも第二次西園寺公望内閣の内相時代、例の陸軍二箇師団増設問題が大政治論争となるあたりから、『日記』は第三者の眼にふれることを原敬自身が意識するようになったのではないかと、推測してきた。とくに、一九一二（明治四五・大正一）年の夏ごろから政府が行財政整理を実行に移しているとき、明治の元勲山県有朋を頂点とする陸軍閥の師団増設要求と政府が真っ向から対立して以降、内相原敬は山県をことのほか意識するようになっていた。

この事情が顕著になり表面化したのは、米騒動を経て、原が組閣し、政権の座に着いてからであった。[3] ここでは『原敬日記』を検討することが主題ではないので深入りはしないが、目を引くのは、山県に有利で原に不利なことがらが政治・経済の争点になったときに、『日記』では叙事的に記録していた程度か、さもなくばまったくふれていない。この鉄則は、原が政権を運用し、施策をくりひろげていくときにもつらぬかれていた。ただその際、山県側の『日記』・「手記」の類がないので論証するうえで難があったが、田健治郎の秘書官であった松本剛吉が、田と山県との親密な関係もあって小田原町の古稀庵で生活していた山県のもとに出入りしていたので、松本の記録から山県の動静や考えかたを論拠づけることができる。松本のメモランダム・記事類をもとにした回想風な『日記』は、岡義武・林茂『大正デモクラシー期の政治――松本剛吉政治日誌――』（岩波書店）として公刊されているので、『原敬日記』とつきあわせることが可能になった。

ところで、牧野伸顕の『日記』であるが、文字どおり「公私の備忘」の記録として希有の部類に入る。この『日記』に、わたしが目を見張ったのは、これまでのわたしの経験からして二度目である。[4]「目を見張」るといまのべたのは、牧野自身が状況を斟酌しないので情報記述としてすこぶる信憑性が高いということにほかならない。

『牧野伸顕日記』をみていると、大正末年から昭和初期にかけての時代の大きな転換期で牧野自身の時代観とか状況判断や政治の実相をとらえなおすことができるような気がする。牧野の『日記』には、第二次護憲運動、護憲三派の記述、あるいは大正天皇の死、ロンドン海軍軍縮条約をめぐる国内での政治紛糾、牧野自身がからくも難をまぬがれた二・二六事件というような、いくつかの重要な政治争点の叙述中断とか空白期間がある。にもかかわらず、「公私の備忘」という原則に立ち客観性をつらぬいているだけに、この『日記』により時代の転換を考証できる価値がある。

わたしは『牧野伸顕日記』が公刊されたとき、『日記』としての「備忘」性を一貫して知りえたので、前述した『週刊読書人』に『日記』論の可能性を論じる入口まで進んで書いたことがある。その際、同じ『日記』でも文学者と政治家とを同列に論じえないことにもふれておいた。しかし、作為・不作為の基準で測ると、『日記』論を展開するにあたって、そのスタートから難点が生じる場合がある。前述のわたしの小論でも、「備忘」の節度を守っているか、それとも公開への意図をふくんでいるか、あるいは後者との関連で史実を自己の利害得失に有利なように歪曲していくという論点への洞察を欠いていた(5)。

ところが、『日記』にくらべて書簡は、ある程度数がまとまってやや体系化できる見通しがでてくると論として討議することが可能となり、なかでも時代の推移とか転換期を考証しうる素材となる。というのは書簡は発信者と受信者とのコミュニケーションであり、その内容が私信に終始した場合でも、公的な関係が色濃い内容のものであろうと、そこに作為とか虚構の糸を張る必要はない。書簡が「時代」考証へのアプローチの素材になると考えるようになったのは、『福澤諭吉書簡集』全九巻（岩波書店）が刊行されてからである(6)。

この『書簡集』が刊行されたのは二〇〇一年から〇三年にかけてである。『書簡集』には二五六四通の書簡が収録されており、このうち、一九六一年から七一年にかけて発刊された『福澤諭吉全集』第一七・一八・二一・別巻以来新しく発見された手紙四八〇通がふくまれている。そして、『書簡集』は、一八五七（安政四）年一二月二二日から一九〇〇（明治三三）年一二月三一日までにわたっているので、福沢書簡として受信者側をある程度考慮すればこの書簡は前近代から近代への転換の長い射程距離に位置づけることができる。そして、「時代」考証への有力な手がかりとなる。

また、福沢の書簡の系につらなる時代を証明する手紙の束を探すとなると、夏目漱石と漱石に次いで岩波茂雄をあげねばならない。漱石の書簡は、『漱石全集』（岩波書店）の二二・二三・二四巻と二七巻の一部（補遺）に載っている。漱石の手紙の数は、諭吉の書簡の数に匹敵し、二五〇九点にのぼっている。漱石の手紙は、主として今世紀に入ってから一九二〇年代の時代にあたっていた。この時代と若干重なるが、『岩波茂雄への手紙』（岩波書店）は、前の二人の書簡とは異なり、岩波茂雄が受信者で一三六通（九一人の発信者）の手紙により、一九一〇年代からアジア・太平洋戦争直後にかけての時代の相を検討することはできる(7)。

ところで、『書簡』については、政治家、官僚、文学者、研究者、教員、百姓や漁民・山人をふくめた経済人とそれぞれの職業とか社会的地位により、考慮する必要はある。が、職業や地位の違いはおくとしても、ここで強調しておきたいのは、社会と文明を共通項にすえ、「政治の世界」をどうとらえるかそのアプローチを共有することであろう。このアプローチの共有性を重視するならば、手紙の発信者の職業の違いとか社会的身分の差はあまり問題にしなくてもよい。

以上のような観点に立ち、『福澤諭吉書簡集』を素材として、幕末維新期から自由民権期にかけてこの「時代」に探りを入れてみることにする。そしてこの「時代」の考証こそは、歴史の推移における連続・非連続の課題を再検討することにつうじる。

第二節　書簡が語る転換のイメージ

幕末から明治維新にかけての時期をどう区分するかという命題は、古くて新しい。というのは、区分けのしかたによって、これまで議論を積み重ねてきたとはいえ、時代認識とか時期のとらえ方が大きく異なってくるからである。たとえば、幕末維新期における国際的契機を重視するならば、一八四〇年代の前半、すなわち一八四四（弘化一）年のオランダ国王からの幕府への開国勧告を、近代の視野に入れざるをえない。諸外国からの開国や通商の要求は、オランダに次いでアメリカ東インド艦隊司令長官ビッドルの要請を幕府が拒絶しようとも、日本が世界資本主義の体制に組み込まれていく趨勢をものがたっていた。証拠は、後日、イギリスの初代駐日公使となったＳ・Ｒ・オールコックの『大君の都―日本滞在三年記』（全三冊、岩波文庫）（山口光朔訳）のなかにはっきりえがかれている。オールコックは、イギリスの立場から商業の力が西から東へ押し寄せるなかで、日本がこれを拒めば武力を行使しなければならないと外圧をほのめかしていた。一九世紀半ばのこのグローバリゼーションの波は、資本主義化の法則にほかならない。

資本主義化への胎動は、既存の体制の変革と改革をうながさざるをえず、グローバリゼーションのなかでの体制の変革もしくは改革は、すべて制度変更である(8)。そこに働く政治力学は、これまでの体制を必然的に革新していく作用であり、そのかぎりにおいて幕閣指導者といえども、だれひとり体制の保守に甘んじることはできなかった。

たとえば、幕閣の開明派官僚のひとりであり、伊豆・駿河・甲斐の広大な地を支配していた江川太郎左衛門（英龍）は、このころ民政改革と海防の充実に尽力していた。英龍は、高島秋帆から砲術の免許をえた西洋流兵学者でもあり、江戸の門弟には佐久間象山、橋本左内、桂小五郎、黒田清隆らが名を連ね、その数は一〇〇〇人に達したといわれる。その彼は一八四六（弘化三）年幕府から伊豆七島の巡視の命を受けていた。また、一八五三（嘉永六）年にM・C・ペリーの率いるアメリカ艦隊が浦賀に来航したとき、幕府海防掛の任にあった英龍は、三浦半島から房総半島にかけて江戸湾の防衛場所を探して巡回したこともある。

幕府の制度更新とは、通商を求める諸外国の外圧への対応（海防のあり方）のなかで、民政改革の構想をどう現実化していくかにかかっていた。だから、幕府は、海防の策をこうじながら開国に乗り出そうとする緊張関係のなかで革新の道を探っていかざるをえなかった。この道こそ「非連続」の線であり、幕閣は方向転換をはからなければならなかったのである。その一つの証しが、ペリーの浦賀来航の年、幕閣が諸大名に開国の可否を諮問したことであり、さらにオランダに軍艦・兵器を注文したことに示されていた。江戸城からのこうした手の打ち方は、これまで幕藩体制を支えてきた土地領有制を基礎とする幕閣—譜代大名の分権国家の連続的統治形態からのゆるやかな転換、すなわち「非連続」の方針にほかならなかった。そのきわめつけが、ペリー来航の翌年、一八五四（安政一）年の日米和親条約（神奈川条約）に始まるこの年のイギリス・ロシア、翌年オランダとの間にとりかわされた和親条約であり、さらに四年後、日米との間に結ばれた修好通商条約を皮切りに、ロシア・オランダ・イギリス、さらにフランスとの間で調印された修好通商条約であった。

幕府も幕末を迎え、外圧が強まるなかで体制を修正するという政治的「非連続」の方針をとらざるをえなかった。その政治形態を支えるリーダーたちの動静が一つの鍵になってくるが、そのひとり江川英龍は日米和親条約が結ばれた翌一八五五年に五五歳でこの世を去った。しかし、英龍は、時代の変化を読んでオランダ流の近代技術の導入をはかり、かねてから幕府に申請していたオランダ人からの技術習得の許可をえたので、亡くなる前年の七月はじめから秋にかけて三人の配下を長崎に留学させた。柏木忠俊、望月大象、矢田部郷雲の三名である。(9) 短期間ではあるが、この三名が長崎で収得してきた成果が「韮山形バッテーラ船」等の建造と「大船」の製造、「小筒」の制作であった。このころは、幕府が韮山にオランダ流の反射炉を設置して多量の鋳金を供給できるようになった時期である。

開国への動きが急ピッチに進められ、通商がおこなわれていたことは、「非連続」の政治力学の作用により幕府の足元が大きくゆらいでいく過程に入っていた。その際、着目しておきたいのは、巨視的にいえば、世界資本主義体制のなかに幕閣の牛耳る日本が組み込まれていくという「非連続」の動きが体制の底流にまで揺さぶりをかけていたかどうかということであった。ここでいう底流とは、村むらの生産・生活共同体を指していう。もちろん、体制を構成する底流は、開港場や時代の変化の波をもろにかぶる地域とその周辺の村むらから、草深い山間の村むらにいたるまで実に多様であった。したがって、ここでは、各国の修好通商条約により開港場となった神奈川（横浜）港と関係をもつようになった村むらの共同体の動きをとらえてみることにしたい。ここであつかう書状は相模国の上川尻村（相模原市）の組頭の源兵衛等が忙しい名主兵助にかわって神奈川奉行所（横浜裁判所―神奈川裁判所―神奈川府―神奈川県）宛に、一八五九（安政六）年二月二四日に願い出たものである。(10)

「乍恐以書付奉願上候」という見出しのついたこの文面について、ひとまず説明しておかなければならない。それは、これまで兵助のところで農閑期に酒や醤油を造りそれらとともにもろもろの商品を周辺で商いしてきたが、このたび「武州神奈川江御交易場所御出来之趣承知仕」というように開港の話を耳にしたので、「私居村より右宿方江通路弁利も宜敷有之、就ては御交易場御役所江酒・醤油・吟味・炭・薪年来取扱ひ来り候、下り酒并ヒ武州・相州両国産之織物類格別出精仕、右御役所江御用向相勤度奉存候間、御吟味之上異国之品々と交易等相成候御儀御座候はば、何れにも被　仰付次第、聊御差支無之様御用弁仕候」とその要件をしたため、交易の便宜をはかってくれるよう願い出たものである。

この書状で興味をひくのは、開港場から数十キロメートル離れ、後年八王子と横浜を結ぶシルク・ロードの脇沿いの村むらの生活共同体が外圧のもとで揺れ動き、諸外国との交易をつうじてさらに連続してきた伝統的な共同体が塗り変えられていく可能性をものがたっていたことである。しかも、山間《やまあい》の村であるここの共同体の長である名主の百姓が農耕の暇な時に醸造する酒とか醤油などを外国人の居留地の生活の場に売り込もうとしている事情を考慮に入れると、関内の居留地側からの需要に応じていたとはいえ、村からみればこれまでの自家消費もしくは局地的な商品市場から市場を拡大していく意味をもっていた。

源兵衛等の願いは、奉行所の認めるところとなった。このことは、ほぼ一か月後の源兵衛と差添人の年寄太郎左衛門の奉行所宛の「御請証文之事」をみるとはっきりそのことが明記されている。源兵衛等の請証文の文面では、自分たちの産物について、「外国人江直売仕度段奉願候処、願之通御聞届相成難有仕合奉存候」と感謝の念をこめ、公正な取り引きをおこなうことを誓い、なおそのうえで、(1)開港場での「相当之地所」の貸与を願い出て、さらに(2)開港場での高札の文言および町法、町役人の申し渡し事項を厳守することを誓っていた。

「御請証文之事」という資料は、開港場周辺の山間の村の伝統的な生活共同体と開港場との結びつきのようすをリアルに伝えていて興味ぶかい。そして限られていたとはいえ「儲け」ということで開港場とその周辺の村むらは、大きく新しい時代を求めて羽ばたいていった。開港場の中心地である神奈川港がつくりだす過去の体制から切れた新しい現象(「非連続」)の波及効果は広い円周をえがいていった。伝統的(「連続」)な共同体も、新しい時代の波で揺らいでいたのである。その風景を伝えているのが一八五九年六月の神奈川開港場についての「風聞書」であった(11)。

この「風聞書」は、横浜での開港にともない新しい風景が出現していくさまをよくとらえている。その書き出しは、武州久良岐《くらき》郡横浜村に新しく「異国人交易」の場所が設立するにおよんで「すこし走り家の農工商そのとりさた大かたならず」という風聞のなかで「金もふけ」のために新しい「あの売商やせん、この商やせん」という空気にあくせくする人間が輩出している事情を伝えている。「金もふけ」は、A・スミスが『国富論』のなかで強調している「私利」の追求であり、開港場には、大雑把にいえば資本の論理がつらぬきつつあった。

「風聞書」はこのありさまについて「とらぬ狸の皮算用ぶり」を風刺するような噂さを紹介しているかのようであるが、つづいて日米修好通商条約が締結した一年後の一八五九年六月上旬ころの情景についてその観察をこう書きとめていた。村の「大通りは大躰に家作り出来、そろ〳〵商開始の様子なり、大通りのつき当り、異国人やしきといふ所に、遊女町の仮宅出来たり、正面に木戸を立、通りぬけてつき当りに裏木戸を立る、門番所は木戸際左右に高弐間余（約三・六メートル余――引用者注）の角柱の杭を立て、『御免遊女港崎町《ミヨザキマチ》仮宅場所』と書たり、門内左右に茶屋切見せ五十鈴楼・岩亀楼の仮宅も有り、異国人往来して至て賑ふ、門前にはすしや・そばや・どぜうなべ喰類・小間物のきをならべ、普請方の職人、在方の見物、其はんぜふ大かたならず」と、開港場の風景の変貌ぶりを描写していた。風景の変化は、環境のさまがわりである。

また、時代の転換を示しながらも過渡期を語る光景や新しく生じたマイナス面も目につくようになった。「密売員」とか「アヘン売員」等はその典型例であろう。その事情について「風聞書」は、こう説明している。「鴉片売買御禁制の御礼（高札――引用者注）も有り、是は江戸御高札には見なれず、大通りの商人には呉服・ぬり物・小間物・薬種・水鳥・岡鳥・生魚・干魚其外日用際物に至る迄、大かたは商人ならび裏町にはいまだ家居なしといへども、芝居・見せ物の小屋場所有り、往還道巾十間有（約一八メートル余――引用者注）、車馬通ふといへとも、全たい土地は砂利地にて、畑作のうね往還に残りて、いまだ平直の道とならず、横町・裏町に至りては、麦・菜種の畑うねに踏あらされ、かれ（枯れ――引用者注）もやらず、起もやらず……」。開港場の港町づくりの模様、すなわち畠作中心の町づくりの情景がよくにじみでている。そのもっとも端的な現象は、港町化の陰に抜扈《ばっこ》しはじめている「鴉片《アヘン》売買」のような反社会的行為と、町並みを彩る職種であろう。

ちょうどこのころ、周知のように福沢諭吉は横浜に出かけ、開港場でオランダ語が通用しないことに衝撃を受け英語の勉強を始めることを決意した(12)。そして翌一八六〇年一月と六一（文久一）年一二月の二回にわたる海外派遣は諭吉自身をつうじて日本の進路の変革の道を模索する体験になっていた。一回目は、日米通商条約批准交換のため幕府が派遣することを決めた正使新見豊前守等を警護する咸臨丸に同乗したときであり、第二の機会は幕府が「開港開市」の延期交渉のために正使竹内下野守一行をヨーロッパの締約国のフランス・イギリス・オランダ・プロシヤ・ロシア・ポルトガルに派遣したさいに翻訳方・通事（江戸時代の通訳）として随行したときであった。諭吉の二度にわたる欧米の見聞とデータ集めは、主体的・意識的に新しい体制構想をえがいていく貴重な経験となっていたはずである。

その証拠の一つとして一八六二（文久二）年五月九日（四月一一日）付の諭吉からの島津祐太郎《すけたろう》宛(13)の書簡をあげることができよう。島津は諭吉と同じ中津藩士で、このころは用人を務めていた。この手紙は諭吉がロンドンから発信したものである。この比較的長い手紙は、『書簡集第一巻』の解題を担当している飯田泰三・松崎欣一も着目しているように、よく引用されるし、わたしも諭吉の時代観の原型をなすものではないかと、注目している。というのは、この手紙の最初のところで、旅行中の「学術研究」はもちろんのこと、そのほかヨーロッパ諸国の「事情風習」にもいろいろ手を尽くして調べ、フランス・イギリスでは知り合いを求めて「国之制度、陸海軍之規則、貢税之取立方」

等を問いただしてきたことをのべていたからである。諭吉は、島津にたいして、書物のうえでの探求を百聞は一見にしかずの例えどおり、今回は大いにためになったと書いていた。諭吉はこう語りつつ中津藩でも軍制の改革と洋学の導入をはかるべきことを提案し、「変革」、「大変革」の要を説き、積極的に西洋文明と技術を取り入れていた肥前藩の開明派の領主鍋島直正に後れをとることのないよう提言したのである。

諭吉が手紙のなかで強調していた用語は、「変革」、「大変革」とともに「富国強兵」と「人物」の養育であった。ここには諭吉の時代をとらえる思想を形づくる原理がひそんでいる。しかも、変化へのアプローチの視点が藩内のしきたりと欧米の動きとの座標を基本にすえていた。というのは、諭吉は、変革の道筋を追い求めながら、その一方で「多年姑息之風習俄ニ難改」という現実を重視していたからである。ここに、転換期の「非連続」と「連続」との緊張関係の糸が張りめぐらされていたといえよう。

第三節　変動期を青写真にえがいて

福沢諭吉は、島津祐太郎宛の書簡に明記していたように、「究理書」（物理書）、医学書、砲術書類の書物を買い込んで「富国強兵」と新しい体制（近代）を支える人間の育成のしかたを模索しはじめていた。このことこそ、諭吉が幕府の「開港開市」の延期交渉に随行していた大きな収穫であった。

このころ、「海防」に力を注いでいた幕府も「富国強兵」論を一つの関心事にしていた。いうまでもなく、明治政府が明治初年に掲げた「殖産興業」とワンセットの「富国強兵」がはじめてではない。この重要な課題はすでに幕末期の改革の道筋で一つのイメージになっていたのである。たとえば、上海に渡る前長崎に逗留していた長州の高杉晋作も、薩摩藩の藩を越えての交易ぶりを目のあたりにして長州藩の後れに切歯扼腕し「富国強兵」の必要性を説いていたほどである。[14]

諭吉の西欧での見聞と収集した書物・資料にもとづいてまとめたのが、後年の一八六六（慶応二）年に日の目をみた大著『西洋事情』（初編三冊）であった。[15]この間、日本の国内では「攘夷」論がボルテージをあげていたが、「攘夷」を強調する道は、一時隆盛をきわめても、「下り坂」を転げおちなければならなかった。一八六〇年代後半から七〇年代にかけて諭吉の目には、日本は「開化」をたどるけれども、一時的には「少し跡戻り之形勢」にあるとか、「世情不穏」に陥ちいると映っていた。「非連続」の「変革」を目指している人間の眼にも、世の推移の揺れ幅に動揺は隠し切れなかった。[16]将軍慶喜の命により大政奉還の上表が朝廷に提出されて間もないころであった。手紙によると、国内の大名は見通しがバラバラで、薩摩、土佐、安芸、宇和島等は「王政復古」で「京師に議政所」を立つべきであると主張し、紀州藩等譜代の一門の面々は、むしろ「忘恩之王臣」よりも「全義（すべての道理——引用者注）の陪臣」になろうと申し合わせているという。

このようにやや冷ややかにみる諭吉は、薩摩藩や土佐藩の議論が、一見、公平のようにみえるが、「元来私意より出てし公平論」であるから実行にもっていくことは無理であろうととらえていた。また、譜代大名も「実力」がないゆえに、こういう時勢であるから「小生輩世事を論すへき身」ではなく「読書一方ニ勉強いたし居候」と弁明していた。そして、このように主張する諭吉は、英之助にたいして「足下も同様、決して余計之事を議論不致、不自由ながらも勉強被致度」と警告を発していたのである。

英之助宛の書簡で諭吉がのべているこの部分は追伸のかたちをとっているが、ここで興味をひくのは、「王政復古の大号令」が布かれる討幕派・佐幕派の去就と思惑の過程が転換期と重なってリアルにえがかれていることである。

この状況をみて、諭吉が「世事」を論ずべき身ではなく「読書一方」に専念するという理由を見出していることである。「人物」「人材」の養成になみなみならぬ力を注いでいく諭吉の意気込みをこの追伸のなかに読みとることができる。

諭吉は、一八六八（慶応四）年四月に家塾（蘭学塾）を鉄砲洲から新銭座に移し慶応義塾と名づけた。この間、一月末からすでに戊辰戦争がおこり、江戸では旧幕臣が彰義隊を結成していた。そのなかで、三月一四日には、天皇は紫宸殿で公卿・諸侯を率いて「五箇条の誓文」を誓い、天皇自身の手になる「億兆安撫」「国威宣揚」の文書を発した。世の中はどこを向いても、激動の局面を迎えていた。そのころ、家塾の入社数は一八六五年＝五九名、六六年＝六八名で、六七年には九一名であった。入社月もバラバラで在籍年も一定ではないので塾生の実数ははっきりしない。しかし、慶応義塾と塾名を変えることにより、義塾は「規律」を正し、新しい学科を導入してもっぱら「西洋文明の学問」を中心にすえることにした。

当時塾生の大部分は諸藩の士族の子弟であり、戊辰戦争に関係のある身分であったので帰国する者が多かったらしい。記録によると、(17)「百名に垂んとした塾生が慶応三年の末から四年の春にかけて四〇名に減じ三〇名に減じ」たとある。そのきわめつきは一八名を数うるようになった。それでも諭吉は、規定の日課は一日も中止しなかったらしい。そして、この年の五月一五日、上野彰義隊と討幕派との戦いの最中で、諭吉はF・ウェーランドの経済書を講義していたのである。(18)諭吉は、「上野に大戦争」がはじまりその前後は江戸市中の「芝居も寄席《よせ》もすべて休業し、「八百八町」は真の闇、何が何やらわからないほどの混乱」であると書き、そのなかで、講義を続けていたのであった。諭吉は、「徳川の学校」はつぶれ、「維新政府は学校どころの場合」ではなく、日本国内で「いやしくも書を読んでいるところはただ慶応義塾ばかり」であるという自負心をもっていた。諭吉は、このころ慶応義塾はどんな「変乱」があっても、

「洋学の命脈」を断ったことはないと、塾生に説いていたようである。[19]

たしかに、戊辰戦争が「上野の戦争」から東北地方に北上するにつれ、入塾希望者も増え、塾はますます繁盛しはじめていった。[20] 一八六八年（慶応四・明治元）の入塾者は八八名であったが、六九年には二五七名を数えていた。[21] たしかに「兵馬騒乱」のなかで「西洋の事」を知りたいという気風が流れていた。諭吉がひとり悩み悲憤慷慨していたのは、幕末維新の転換期で「兵禍」がもたらす「文運」の衰微であった。だからこそ「文事」を盛んにするうえで慶応義塾は講義を一日たりとも休まなかったのである。諭吉は、一八六八（慶応四）年六月七日付の山口良蔵宛書簡[22]でも、戊辰戦争の「兵禍」が「文運」の衰微をもたらしていることを憂い、江戸で「読書之場」は慶応義塾だけであることを強調しながら、自らは武士の身分を捨てて読書と翻訳に従事する意見を伝えていた。

諭吉も戊辰戦争の最中で新しい体制の構想を具体的にえがきはじめていた。そのモデルはあくまでも西欧でイギリスであった。そして、諭吉は新生のアメリカ合衆国をも視野にいれていた。このうちアメリカの「独立宣言」かイギリスの国家かという議論もあるが、諭吉はひろく欧米の近代への移行を視野に収めながらイギリスに焦点をあてていた。そのために、諭吉が時代転換（「非連続」）という渦中で力説していたのは、イギリスの不朽の名作『失楽園』を書いたJ・ミルトン張りの「知」は「力」なりであった。

このことを直裁に語っていたのが、一八六八年七月六日付の堀源治（省三）宛の手紙であった。[23] 堀は、小田原藩主大久保忠礼から派遣された有能な士族の子弟であった。諭吉の堀宛の短い書簡は六月一六日付の堀からの手紙の返事であり、どうやら退塾の意向を思いとどまるよういさめた内容であった。その返書のなかで、諭吉は、堀の国許も混雑してむずかしくただただ驚くばかりであるとしたため、「軍サは軍サ、書生ハ書生とこそ存候処、軍サ之序ニ書生之執行もおやめニ相成候哉、とんだことニ御座候」と、堀の考えを拒絶した見解を示していた。諭吉のこの意見の前段は前述したとおりであり、本人自身の転換期のとらえかたの基本哲学になっている。そこには日本の「近代化」への政治社会構想の原理にすえようとするなみなみならぬ決意がにじみでているかのようであった。

このことは次の文面にもつながっている。「何程軍サをいたし候とも、武人さんも字を知らずしてハ不自由ニ可有之、能く訳の分りそふな人物へ御面会、御説得可被成」。この文面の一節にあるように、諭吉にとっては新しい国家と社会の建設にあたっては、体制の原理を知識として個々人が体得し、共有していくことがなによりも重要であった。いや、その前に庶民の識字能力を高めることが急眉であった。だから、幕臣を捨てた諭吉には、軽輩の身であるとはいえ新しい時代を支える知識をもつ人の輪を広げていくことがなによりも大切であった。なお、諭吉は、堀への手紙のなかで塾生のひとりである小野毎太郎（太十郎）のことについてふれていたが、小野の父親が小田原箱根戦争で戦死したことについて諭吉は弔慰の意味のある一文を綴っていた。

ところで、大政の奉還と戊辰戦争の過程で、諭吉は二度の欧米派遣の体験を生かし、具体的なビジョンを掲げはじめた。前述したように、すでに諭吉は『西洋事情　初編』（一八六六年）、『西洋事情　外編』（一八六八年）をあらわしていた[24]。そのうち、西欧諸国の文物制度と北アメリカ合衆国、オランダ、イギリスの歴史や政治・陸海軍・出納等を網羅した『西洋事情』の初編は、「海外の事情」を知ろうとする欲求のせいか、とぶように売れたそうである。著者の手になる発売部数が一五万部を下らなかったし、京都を中心とする上方の海賊版をふくめると二五万部は間違いないといわれた。驚異的な売れ行きであった。『西洋事情』は「攘夷排外」の動きがやや鎮静に帰したころ刊行されたから、このことをあわせ考えると、大政が奉還されるころには、諭吉のなかでは日本の「近代化」の制度がビジョンとして具体化しつつあったのではないか。

『西洋事情』の初編と外編を刊行するなかで、諭吉は新しい制度を構築しようとしていた。しかし、諭吉は苦慮を重ねていたようである。というのは、西欧、とくにイギリスの諸制度や事物についてその内容を理解し、広めるうえで一方ならぬ苦労を重ね、そのために使用している英語が日本語になく、英語に相当する日本語を新しくこしらえなければならなかったからである。諭吉は、イギリスの政治・経済システムとかメカニズムを把握するのに苦労していた。諭吉は、イギリスの議院法のアウトラインは、『西洋事情』をまとめるにあたってようやく納得できたというように難題に直面してきたし、また、郵便制度や保険会社とか銀行の仕組みというような経済事情で解釈に苦しむことが多かったらしい。それは、コピーライトを「版権」、リバティ・フリーダムを「自由」と諭吉が訳した翻訳語がいまでも生きている場合が多いが、ポストオフィスを「飛脚場」、ブックキーピングを「帳合」と訳していたけれど、やがて「郵便局」、「簿記」というように変わっていった語もある。が、なんとしても難解なのは、西欧の文物と日本の文物の違いで、諭吉自身がようやく『西洋事情』をまとめるなかで西欧の事物を会得していったようである。また、翻訳して一般に分りやすくするように工夫していったことはよく知られている。たとえば、テムズ河を淀川、江戸川と変えたように。

『西洋事情』は二編もふくめて、富田正文が指摘するように、「後年の諭吉の思想形成の源泉」となっていた。この書は、諭吉の眼をイギリスの資本主義・自由主義・民主主義・立憲主義等にひきつけただけでなく、ひろく啓発の意味ももっていたのである。

第四節　「時代」なりと「民情」の二側面

福沢諭吉はイギリスの近代をモデルに、不文律の憲法をはじめその政治経済事情、社会の仕組みと運用の輪郭をとらえ、理解するにつれ、近代日本の進路の設計図をつくりはじめていた。その一つが『英国議事院談』二冊本（一八六九年）である。(25)諭吉は、一八六九（明治二）年三月八日の日付で柏木摠藏宛に一通の書簡をだしていた。(26)この手紙は、柏木から伊豆の名産山葵《わさび》を贈られたことにたいする礼状であるが、わたしが注目したいのは謝辞に続く次の文章である。

扨旧冬より思立、議事院談と申書を翻訳開版仕、漸く一両日前製本出来候ニ付、一部拝呈いたし候。御一覧可被下候。方今之天下議事院なかるべからず。議事院を建んとするニハ、此珍書なかるべからず。此書を読む人にして、始て共ニ天下之大政を論すべし。実ニ古今未曾有、希代之良書ニ御座候。

この後に、大いにひいきにして評判にして欲しいという一文が続いているが、引用したくだりは、ユーモラスであるとともに諭吉の真意がこもっているとみなすことができよう。はっきりしているのはイギリス流の立憲君主制の青写真が諭吉の頭に焼きついていたということである。

諭吉の書簡を受けとった柏木は、持病の喘息が高じていたので、明治維新政府の会計官権判事の職を辞し故郷の伊豆に韮山県判事として帰郷していた。諭吉は、柏木が伊豆に帰るとき短い手紙と新製品の菓子を送別のしるしに贈っていたが、その年の暮れに『世界国尽《くにづくし》』も進呈していた。(27)この手紙は、江川太郎左衛門邸から柏木名で橙《だいだい》一俵を送ってきたことへの礼状も兼ねているが、目を引くのは諭吉が一〇部「売物」として発送していたことである。この本は、諭吉が、下層民衆の啓発のために執筆したものであり、手紙にも「下民教育之趣意」という表現を使っていた。

また、福井藩主の松平慶永（春嶽）の近習を務めた門野隼雄宛には一部贈呈したので本人はもとより「御小児様等御玩弄」にしてくれるようしたためていた。[28] この本は、子ども向けの意味もあった。諭吉が、世界の地理や風俗の大要をできるだけ多くの人に知らせようとしたこの本に賭ける意気込みは尋常ではなかった。世界を知り、西欧の近代を知る啓発書をひろめることは、諭吉自身が使命であると自覚していたようである。だから、柏木宛の書簡にも定価は一両壱分であるが、まとめて購入する場合割引きも考慮していたほどである。その割引率は「十部以上壱割引　百部以上壱割半引　弐百五拾部以上弐割引、五百部以上弐割半引　千部以上三割引」と手紙のなかで明記しており、さらに、「下民教育」のための販売価格も考慮するから、「周旋」を依頼していたほどである。

『世界国尽』を普及することは、諭吉にとってみれば、日本に「文明開化」をもたらす鍵になっていたのである。諭吉は、会う人ごとにこの本についての宣伝をくりかえし、本の定価の割引率のこともふくめて手紙に注文方を要請していた。たとえば、三田《さんだ》藩主ですでに三田藩知事に就任していた九鬼隆義に当てた一八七〇年一月の手紙のなかにも『世界国尽』を一部進呈しながら注文をとってくれるよう要望していた。この手紙のなかでも、諭吉は、部数により価格を割引してよいと書いていた。それは、『世界国尽』の藩内の学校での採択を要請していることに示されているが、このことに関連してか文面のなかでこうのべていた。

一身之独立一家ニ及ひ、一家之独立一国ニ及ひ、始而我日本も独立之勢を成し可申、所謂報告尽忠とハ是等之事ニも可有之哉ニ愚考仕候

諭吉がはじめて提示した一国の構想のしかたである。[29] この政治イメージこそ、西欧の「近代化」を基本原理として、「知識」と「学問」を諭吉は明治維新後の新しい時代をえがきなおそうとしていたのである。

この諭吉の考えかたは、くりかえしのべなければならない。諭吉は、イギリスをモデルにしていただけに、徳川幕藩体制からみて「非連続」の改革にほかならない。そして「一身之独立一家ニ及ひ」という論理は、諭吉の『学問のすゝめ』(岩波文庫)の三編にあたる一八七三年の「一身独立して一国独立する事」の原形となっている。九鬼への書簡と『学問のすゝめ』の関係について着目していたのは『書簡集』の編集委員たちであるが、諭吉が、執拗に言及している『学問のすゝめ』のなかの「独立」が「知」の蓄積、「人材」の育成の礎石になっていること、「独立」が新しい社会を形づくる基本であり手続きになっていたということである。諭吉は、「独立」とは「自分にて自分の身を支配し、他に依りすがる心なき」ことと断言し、さらに次のようにのべていた。(30)「自ら物事の理非を弁別して処置を誤ることなき者は、他人の知恵によらざる独立なり」。経済史家大塚久雄張りにいえば「近代化」の「人間的基礎」をつくりだしていく原理がここにある。もとより個人の自立は、思想レベルの自我の形成にかかわってくるが、しかしそれのみにとどまらない。諭吉は、続けてこうのべていた。「自ら心身を労して私立の活計をなす者は、他人の財に依らざる独立なり」と。

諭吉は、ここまでくるとあきらかに西欧近代(イギリス・フランス)の核である市民社会の政治経済事情の再構成を具体化しようとしていた。このことは、「一身独立して一国独立すること」のなかの「独立の気力」を養う三か条のうちの「第一条　独立の気力なき者は、国を思うこと深切ならず」にすべて示されている。諭吉は、アリストテレスの説く「哲人政治」、孔子流の「知者政治」にこびたり、またこれらを非現実主義として否定し、「主客の二様」を高いレベルで調和一致する理念を掲げようとしていた。しかし一般には「主」は主人で「智者」であり、「客」はなにも知らない「客分」のことである。この「客」は「主」によりすがり「国を患」うこともないから、諭吉はこれでは「一国の独立」は実現しがたいと説いていた。

そこで、諭吉は、「自由独立の気風」を全国にみなぎらせ、国内に「貴賤上下」「智者も愚者」もないようにするために、教育を重視していくのであった。諭吉の教育論が、なみなみならぬものであったことは、すでに周知の事実である。[31]『学問のすゝめ初編』（一八七二年）で小幡篤次郎とともに執筆した諭吉は、その文章のはじめの部分で、「人学ばざれば智なし」ときっぱりとのべ、「賢人と愚人との別は、学ぶと学ばざる」とによると論じ、「教育」のもつ重みを説いていた。[32]

この諭吉の現実味をしかと受けとめ、政治家《ステーツマン》として実行していたのが、柏木忠俊であった。柏木は、一八七二年一月に、廃藩置県後の県の改廃（三府七二県）により誕生した足柄県権令（知事）に就任した。この足柄県の四年余にわたる柏木の知事としての職責は、福沢諭吉の理念を政策として実行に移していった点で、いまあらためて注目してよい。[33]「上下協和民情暢達」を足柄県政のモットーとする柏木の治績は、県が明治政府の支配と指導を独自に人民の同意をつくりひろげ、さらに人民の政治啓発をはかっていく便法をとっていたことである。諭吉は、小田原藩の藩校集成館が明治の時代に入ってから文武館になり、さらに文武館から日新館（小学校）・共同学校（中学校）に再編されるなかで、書簡等をつうじて数々の助言や意見を寄せていた。そのなかで、足柄県になる前の小田原県時代に文武館に英学のコースを設けたのは、諭吉の力であった。

諭吉は、一八七〇年以来、箱根塔之沢にしばしば湯治に出かけ、足柄県のスタート以来、その際を利用して柏木と接見する機会があったらしい。二人の親密な関係のなかで、目にみえて教育内容の効果はあがっていた。[34]しかも、藩校の後身の施設だけではなく足柄県では相模国・伊豆国の全域にわたり、教育網を張りめぐらしていった。柏木県政は、小学校の就学率を高める努力を払い、[35]さらに「山間僻地《へきち》」にも小学校を設立し「頑愚蒙昧《がんぐもうまい》」の風はすこしづつ改善されていった。[36]柏木の教育施策は、もちろん小区の区戸長、学区取締の協力や父兄姉の義務感から発する子弟への愛情による効果であった。また、ともすれば不足がちな教師の人材確保に懸命になった成果のあらわれであった。

諭吉のえがく近代市民社会の青写真を新しい明治の時代に実現していく担い手として柏木の施策は、教育の普及にとどまらず、経済基盤づくり（勧業）と社会環境の創出ともいうべき「旧弊一洗」「百事御一新」のすべてにわたっていた。このことは、当時足柄下・上両郡等一円の第一大区の各小区会議でどのようなことが争点になっていたかをみると、「第一道路堤防橋梁之事付民費之事　第二地方警察之事　第三地方民会之事　第四貧民救助方法之事　第五小学校設立及保護方法之事」(37)となっていた。柏木がこれらの政策を円滑にすすめるうえで苦慮していたのは、相模国と伊豆国との二州に箱根山地が横たわり海岸線が走っていたことで、「各地ノ景状人情ノ厚薄」によって、実際の諸施設によっては便利や不便、利害得失を同一にすることは困難である(38)、とみていたことであった。にもかかわらず、柏木は、「下情ヲ暢達」し、「公同資益」（公共の福祉）を増進し、「民会」を重視し、これを実践してきた。これこそは、諭吉がつとに強調してきた代表制の観念にほかならない。

諭吉は、わたしのみるところ、ことのほか相模国に目を注ぎ、足柄県にコミットしてきた。諭吉は農作物の商品化と商業圏の拡大をはかろうとその振興に力を尽し、経済動脈でもある道普請の数々の提言をおこなっていた。わたしは、そこに諭吉の実像をみて「経済指南」役と呼んだことがある(39)。また、諭吉の意向を受けた柏木の諸施策をみて「開明知事」(40)と名づけた。諭吉―柏木を軸とする足柄県政の独自の運用も、それを支える地域の活力がみなぎっていたからである。この地域の底力を引っぱっていたのが「豪家の農商」たちであり、小田原、箱根界隈では二宮尊徳の四高弟のひとり福住正兄を中心とする人びとであった(41)。この受け皿があればこそ、代表制を制度化しつつ、民衆の知識水準を高め、民衆の権利を擁護するとともに、民間産業を奨励し、道路を新設し整備することが可能であったといわざるをえない。

ただし、足柄県の命脈は前述したように四年有余の短い期間にすぎなかったから、諭吉が青写真にえがき柏木が実践しようとした近代市民社会の原理による国づくりは、開花までにはいたらなかった。しかし、柏木県政の治績の原型は、相模国が神奈川県に管轄替えになっても継承されていったのである。一八八〇（明治一三）年の春、諭吉が、小宮保次郎、中川良知、杉山泰助、今福元穎、福井直吉等の意向を受けて「国会開設建言書」（「国会開設ノ儀ニ付建言」）を執筆したことがあるが[42]、諭吉自身がこの「建言書」を執筆したことは「自分の快挙」であったとのべているように自信があった。それは、この年の六月一八日付の江口高寛宛の手紙にはっきりあらわれている[43]。諭吉は、その書簡のなかで「相模国九郡ヨリ国会開設之建白、三百人斗之連署、本月初旬書面を奉呈いたし候。其周旋ハ専ら松本福昌なり、相州之建白者ニは最も富豪之者多し、他ニ異なる所なり」。本稿では「三百人斗之連署」とか「松本福昌」等の説明は省略して、諭吉が目をつけていた「富豪之者多し」ということに注目したい。ただし「最も」という副詞はどう解釈したらよいかなかなかむずかしいが、単に「まさっている」意味ではなく、ここでは、実態を重視して自由民権運動のシンパサイザーもふくめ最上級の「富豪」を指して使うことにしたい。

相模国の豪家の農商をリーダーとする幅広い富裕な豪農・豪商等の社会階層を中核とする社会構成に、諭吉の熱い眼は注がれていた。ここに彼は明治の自由と民権を基調とする日本型「ミッズルカラッス」（中産階級）を発見していたかのようである。いわゆる、やがて資本家に転化していく中産者的生産者層である。

諭吉の眼には、足柄県時代に築かれた実績を踏まえて日本の第二の明治維新の道を切り拓いていく可能性があると映っていた。

第五節　変革理念をどうとらえるか——結びにかえて

明治維新は一つの変革であった。いまや絶対主義の成立とかブルジョア革命という、どちらかというとマルクス主義の歴史認識に依拠する議論は、あらためて持ちだすまでもなく遠のいていった。ましてやこの論争とは異なる視点から論じられていた民族革命説も根拠をもたなくなっている。その過程については、実証をつうじて解釈しなおさなければならなくなってきて久しい。実証には、地域を掘り起して変動の質をあきらかにしていくか、中央の人物史料や制度史料をこと細かに分析して転換の過程をあきらかにしていくアプローチを積み重ねていかなければならない。事実、詳細で丁寧な実証研究がいくつもあらわれてきた。その一つとして『福沢書簡』のような書簡が重要な位置を占めるようになってきていると思う。諭吉は、一方では「最早武家奉公も沢山」であると徳川幕藩体制と訣別し、「わからず屋ども」の「コンナ古臭い」「コチコチ」の明治維新政府とも一線を画していた。

それだけに、幕藩体制を撹乱し破壊するために、無頼、悪党、不満分子をも動員して狂奔してきた古色蒼然とした明治維新政府も新しい社会秩序を創出し維持していく体制づくりにそれほど確固たる手があったわけではなかった。たとえば、一八七四（明治七）年の春、明治政府の最高指導者のひとりである大久保利通の殖産興業にかんする建議書をみると（『大久保利通文書第五巻』吉川弘文館）、あきらかにイギリスをモデルにすえていた。もっとも、この建議書は、「殖産興業」に限られていたので、イギリスの一九世紀後半の「富強ヲ致ス所以」を工業化に求めていた関係からか、大久保は、「工業ニ勉励忍耐セシムルハ廟堂執政ノ担任スヘキ義務」とのべていた。彼の眼には、「国ノ強弱ハ人民ノ貧富ニ由リ人民ノ貧富ハ物産ノ多寡ニ係ル」という三段論法が映っていた。この論法のたて方が、「人材」の育成をさきがけ教育を重視しようとする諭吉の論じかたとまったく逆になっている。大久保は、右の論から「物産ノ多寡」は、人民の工業化にどれほど勉励刻苦するかどうかにかかわっており、そのために「政府政官ノ誘導奨励ノ力」によらざるをえないとのべていた。大久保は後発型の日本を意識し、「政府政官」主導型（官営）の工業化をはかろうとして、日本の「地形及天然ノ利」と類似するイギリスをモデルにすえようとしていた。

たしかに、日本人の「気性」が薄弱であり、「智識」の度が劣勢であることを諭吉も大久保もともに認めているところではあるが、一方がその改革の具体的な手だてをこうじようとしていたのにたいし、もう一方は、政府の上からの主導による工業化によって人民の「殷富」を充していく、国づくりの違いは歴然としていた。この差異があるとはいえ、「国民国家」をどう構築していくかという点においては、政治・経済もふくめてすべて革新《イノベーション》であり、そこには、保守や反動は策としても入りこむ余地はなかったはずである。

その意味で、徳川幕藩体制を修正し改造していく面々までふくめて、幕末・維新の転換は政治的「非連続」のうねりの「連続」であった。この「非連続」の変動をどう選択して政治進路の舵のとりかたをどのように決定していくかが鍵になってこよう。その際、経済過程をみていくと、すでにのべたように資本主義経済は、土地領有制の解体とあわせて必然的な形をとっていた。このことは、国内外の商品市場の拡大とあいまって、あらためて確認しておく必要があろう。経済の資本主義化の法則は、政治上の「非連続」をうながしていく。ただし、その「非連続」の形態は、集権性を強めていくか、代表制の観念にもとづくか、その二極を結ぶ座標のなかでさまざまな形をとることになる。別の表現を用いれば、「上位下達」か「下情上達」のイデオロギーの制度づくりのいずれかにつながり、統一国家を建設する多様なコースをたどらざるをえなくなる。

一八七八（明治八）年四月、明治政府は元老院をおき、大審院を設け、地方官会議を開催して漸次「立憲政体」を立てるとの詔書をだした。太政官布告によるこの政治形態は、イギリス流の立憲君主制もどきであるとはいうものの、さきほどのべた政治を結ぶ二極の座標のなかでの模索が続いていることを伝えている。が、天皇制の土台固めを続け、太政官制の度重なる編成替えと「有司専制」の支配強化および政府主導の過程では、どうしても集権的にならざるをえなくなっていた。これでは、明治政権下の統一国家の道は、徳川幕藩体制の関係でいえば、「非連続」であるとはいえ、改革からほど遠い太政官制度創出という名の政変（チェンジ）にすぎなかった。

明治政府のこのような国家建設を、諭吉は「政府の明治維新」と呼び、「人民の明治維新」を実現しようとしていた。その実験場が相模国であり、諭吉は、日本型「ミドル・クラス」（中産者的生産者層）をリーダーとするもう一つの近代日本の道を発見したのであった。この道こそ地方経済の資本主義化を媒介にしているので、諭吉のとらえた社会関係のなかにこそ、「非連続」という名のブルジョア革命＝改革の動きをとらえることができる。「在村的潮流」に象徴される自由民権運動の推進とひろがりもこの社会関係に根ざしていたから一定の持続性を保っていたといえよう。また、諭吉にしてみれば、「国会開設建言書」を執筆したのにさきがけてこの年一八八〇（明治一三）年一月に交詢社を組織したのも、彼自身の体験にもとづく政治プランではなかったか。

わたしは、諭吉が交詢社を設立したのは、この組織に「社交倶楽部の法衣を纏わせその下に国づくりの鎧を着こんでいた」(44)と語ったことがある。やや独断めくが、日本型「ミドル・クラス」を社会的基盤とする国家構想であった。このようにみてくると、諭吉の日本での近代市民社会を創りだそうとする理想の青写真は、まさに「非連続」のなかから編みだされたものである。その構想を実際に生かしていこうとするとき、その担い手として日本型の「ミドル・クラス」に期待せざるをえない。となると、豪農・豪商の多くは、生活共同体としての村の地固めをたえずはからなければならないので、どうしても彼等の底辺での動きは「連続」性をおびざるをえなかった。事実、諭吉が、理念として新しい市民社会を「非連続」の観点から現実化しようとすればするほど、どうしても地域を覆っている「連続」性を重視しなければならない。

　この「連続」と「非連続」の接続は、「連続」かそれとも「非連続」かという命題の立てかたではなく、「非連続」の論理が村落共同体のなかに生きている「連続」の現実を包み込んでいくことである。そして「連続」をたえず「非連続」の政治作用が修正していく過程をたどっていくことに注目しなければならない。すこし、フィードバックするが、一八七三（明治六）年四月二日、諭吉は急遽湯本の福住正兄に次のような手短かな手紙をしたためた。[45]「拝呈。小生義今暫く逗留、湯本へも罷出可申存居候処、本日東京より急用申参、明早朝出立候積リ。遂ニ不掛御眼残念存候。両三日前宅ヨリ送参候拙著学問のすゝめ五冊、拝呈いたし候。御宿のかし本へ御供し奉願候。此段要用申上置候。若し御出府も御座候ハヽ御立寄奉待候也」。たいへん短い書簡であるが、「急用申参」、「御宿のかし本」とかコメントすべき重要な文言がいくつかある。けれどもここで指摘しておきたいのは、「結社的仕法」で報徳主義を説く伝統的思想（「連続」）の福住正兄に、諭吉が西欧思想を表現する『学問のすゝめ初編』[46]（「非連続」）を進呈している事実である。この書簡に、いみじくも「非連続」と「連続」の関係が転換期にもつ有効性をにじみだしていたといえよう。

（1）「掛け値のない『超一流』の日記資料」（『週刊読書人』一九九一年三月一一日号）。

（2）「原敬日記」を日記の史料的価値の観点からとらえたものとして黒羽清隆著・池ヶ谷真仁編『歴史を楽しむこと、歴史に参加すること』（明石書店、二〇〇五年）、一五八ページ以下参照。友人であった黒羽のこの文章は、学生向けの講義であるので、要旨の理解しにくい箇所があるが、ずっとまえにわたしもとりあげたが、「原対山県」の抗争を問題にとりあげ、この『日記』から両者の敵対的な関係と妥協—癒着の「複合的な一つの矛盾の構造をとらえた「最良の記録」として位置づけている。といっても、『日記』から分かることと分からないことの例として政治資金の問題をあげているし、本文で述べているように原敬の『日記』と松本剛吉の『日記』を「合わせ鏡」にして原と山県との関係に言及してもいる。黒羽は、いつものことであるが、眼のつけどころはすぐれているが、基礎資料をあまり用いないので資料考証のうえで難点がある。原・山県のつき合わせもそうである。ただこの場合、原と山県とのかかわりについて論じるとしても、山県の政治的態度の変化に論及する必要があるし、その動向をつうじて時代転換を読みとることも大切になってくる。ここにこそ『日記』のもつ価値がある。

（3）『原敬日記』の信憑性について、かつて四〇数年前に原と山県との政治関係を詮索しているときに調べたことがある。もちろん検討を重ねたとはいえ、独自の『日記』論までにいたらなかったが、その一端は、『大正期の政党と国民――原敬内閣下の政治過程』（塙書房、一九七三年）と「第一八代寺内内閣――『超然』と政党制のはざまで――」（林茂・辻清明編『日本内閣史録　2』（第一法規、一九八一年）、「『改造』の時代への開幕と議会――第三八回帝国議会〜第四〇回帝国議会――」（内田健三・金原左門・古屋哲夫編『日本議会史録　2』（第一法規、一九九一年）で、多少はふれておいた。

（4）「公私の備忘」として記録していた本来の『日記』にはじめて接したのは、新潟県南蒲原郡の自由党系の自由民権家で、星亨につらなる西潟爲蔵の回顧録『雪月花』であった。西潟については、わたしは、かつて彼の生いたちから民権期にかけて「〝草の根〟民権主義――西潟爲蔵と新潟自由民権運動――」（見田宗介編『明治の群像5　自由と民権』三一書房、一九六八年）でまとめたことがある。なお、回顧録『雪月花』（毛筆）にかんしては、江村栄一と共同執筆のかたちで『法学新報』誌上で紹介しておいた。雑誌では、全部を収録するわけにはいかなかったので、西潟のおよそ幕末の生いたちのころから自由民権期にかけての範囲とした。そのタイトルと雑誌の号数・年を掲げると、「民権運動家西潟爲蔵の回顧録『雪月花』」（上）（中）（下ノ一）（下ノ二）（『法学新報』七三巻二・三、四、五、六号、一九六六年）であった。

この二つの『日記』（『回顧録』も『日記』とみなしてよいが）に共通しているのは、そのソースとして小型手帳が存在していることであった。手帳にメモ書きしておくことは「備忘」の必須条件であるとはかぎらない。公開を戒しめながら直接『日記』風に記録する場合もある。原敬の『日記』もそうであった。『牧野伸顕日記』は広瀬順晧と編集した伊藤隆の「解説」によると、『日記』のソースになる鉛筆書き（一部墨書）の小型手帳九六冊が基本になっていたが、西潟の手帳と共通している面がある。

ただ、牧野の『日記』は編者が小型手帳を編集しているので、手帳の記事をどのように再検討したかどうか、問い合わせをしていないので分からない。西潟の『回顧録』は、本人が手帳からまとめなおしていたので、正確度を期すためにわたしたちは、無作為で手帳と『回顧録』をつき合せ、内容を検討した経験がある。

こうして、西潟の『回顧録』は新史実をいくつか伝えた意味があった。たとえば、板垣退助監修『自由党史』全三冊（岩波文庫、一九五七―一九五八年）が一八八四（明治一七）年の自由党の解党大阪大会で収監中の星亨をのぞいて全員一致で賛意をえたという叙述が、新潟代表として参加した西潟の『回顧録』で完全にくつがえった。

この事実をわたしはこれまで何回となく語ってきた。西潟は、板垣と膝詰め談判して解党に反対した人物のひとりである。新潟支部も組織をあげて、解党に反対していた。牧野の『日記』の場合も、ワシントン体制前後から日中戦争の勃発直後にかけての政治過程の起伏の激しい局面を再検討する手がかりになっている。

「備忘」の原則がつらぬかれている『日記』類は、とくに転換期を検証しなおす有力なデータになっている。

（5）「備忘」を基本とする『日記』類が「時代」考証の手がかりになるというとき、それにはあくまでも現在の文明転換期以前という留保をつけなければならない。具体的に時期範囲を広くとれば、「マイコン元年」とジャーナリスティックに語られた一八八〇年以前を指すことにしたい。というのは、いまや、ホーム・ページで『手記』や『日記』の文章が公開されるのが日常茶飯事になっているからである。もちろんなかには、自らのために『日記』をコツコツつけ続けている人びともすくなくないが、「備忘」と『日記』とを結びつける意識は、パソコンの普及の広がりとともに、薄れていく傾向にある。書簡もまた、同じような運命をたどることが考えられよう。

（6）『福澤諭吉書簡集』が完結した年の秋、慶応義塾福沢研究センターが「『福澤諭吉書簡集』完結記念講演会」をもった。もともと、わたしは『書簡集』の第一巻が届いて以来、割合丹念に福沢の手紙を読んできた。福沢の手紙に目を通すたびに、福沢の時代観や社会理念の真相を検討しはじめ、書簡のなかに福沢の公共観念の糸をみつけたような気がする。こうしたなかで、手紙をつうじて「時代」考証へのアプローチを考えはじめたのである。そして、慶応義塾の記念講演会では坂野潤治（東京大学）、佐藤能丸（早稲田大学）とともに話をすることになり、右のアプローチを加味して『福澤書簡』を検討しなおし、福沢自身を再評価してみた（「『近代』づくりを地域の水脈に求めて――いくつかの福澤書簡を手がかりに――」『近代日本研究』第二〇巻、慶応義塾福沢研究センター、二〇〇三年)。

(7) この種の書簡は、特定の人間の書簡の束とか系ではないので、多角的な証明が必要になってくる。そのさい『牧野伸顕日記』とか『木戸孝一日記』上(東京大学出版会、一九六六年)のような『日記』が有用になってくる。書簡と『日記』とのつき合わせ方、検討についての相乗効果については別個に議論する必要がある。なお、『岩波茂雄への手紙』に関して、福沢諭吉の著作刊行を中心に小泉信三とともに富田正文を加えた竹田行之「岩波茂雄、小泉信三、富田正文、小林勇――福澤著作の編纂・出版を中心に――」(『福澤諭吉年鑑33』福澤諭吉協会、二〇〇六年、一〇五頁以下参照)が参考になる。とくに「公正」さを旨とする小泉評価は、書簡の持つ意味合いからみても貴重である。

(8) 変革・改革のほかに革命から改良・改善にいたる日本語の用法には、すこし面倒な区分が必要になってくるが、ここでは revolution, reformation, innovation 等の語義もふくめて、Basic English 流の手法を援用して古くから用いられている change のイメージで使用している。この言葉は紀元前にまでもっていく必要はないが、一三世紀半ばごろに、「別なものを創りだす」、「変化する」という意味で使用している動詞を名詞語義に転用することにしたい(寺澤芳雄編集主幹『英語語源辞典』研究社、一九九七年、二二五―二二六頁)。これを英々辞典でとらえると、the act or an instance of making or becoming different にあてはめればよいわけで、revolution のところにでてくる any fundamental change or reversal of conditions とふれあうところがある(*The Concise OXFORD Dictionary of Current English*, Clarendon Press, Oxford, 1990)。いずれにしても、社会構成の面からの変化を重視すると change のほうが無理はない。

(9) 金原『福沢諭吉と福住正兄 世界と地域の視座』吉川弘文館、一九九七年、五九―六〇頁参照。なお、英龍から長崎に派遣された柏木については、ここでは省略しておく。柏木についてのプロフィル・略伝にかんしては、仁田桂次郎編輯『柏木忠俊小伝』『故正五位前足柄県令柏木忠俊履歴』(柏木俊孝家蔵)がある。柏木は、若い時から英龍に目をかけられ、英龍の鞄持ちをしていたこともあり、英龍が亡くなって後は江川家の後見人として英龍の政治意思を受け継いでいた。また、柏木は、前掲書等であきらかにしてきたように、福沢諭吉と懇意であり、福沢の政治構想や理念を短期日であったとはいえ足柄県の権令(知事)として施策のうえに反映していった。

(10) 「安政六年二月―三月 津久井県上川尻村組頭源兵衛神奈川表交易願から出店までの願書・請書」(『神奈川県史 資料編10 近世(7)海防・開国』神奈川県、一九七三年、五七〇―五七一頁参照)。

(11)「安政六年六月　横浜開港情況につき風聞書」（前掲『神奈川県史　資料編10近世(7)』五八一―五八三頁参照）。

(12) 福沢諭吉（富田正文校訂）『新訂　福翁自伝』（岩波文庫、一九七八年、九九頁）。なお、富田正文『考証福澤諭吉　上』（岩波書店、一九九二年、一五四頁以下参照）。なお、二回の洋行にかんしては一〇五―一三八頁参照。

(13) 慶應義塾編『福澤諭吉書簡集　第一巻』岩波書店、二〇〇一年、一二―一四頁。

(14) 高杉晋作「長崎互市之策ほか覚書」（田中彰校注『日本近代思想大系I　開国』岩波書店、一九九一年、二五九―二六〇頁）。

(15) この間の諭吉の西洋経験については、松沢弘陽『近代日本の形成と西洋経験』岩波書店、一九九五年、飯田泰三「福沢諭吉の日本近代化構想と西欧観・アジア観」（『福澤諭吉年鑑22』、一九九五年）参照。

(16)「福沢英之助　慶応三年十二月十六日」宛書簡（前掲『福澤諭吉書簡集　第一巻』八〇―八三頁参照）。英之助は旧姓和田で中津藩士。このときはイギリスに留学中であった。その事情は、当時幕府が幕臣の子弟を選抜してイギリスに留学させる際、幕臣になっていた福沢の弟という名義で留学した。英之助はその後も旧名に復さなかったという。

(17)『慶応義塾七十五年史』慶応義塾、一九三二年、二一頁参照。

(18)(19)(20) 前掲『新訂　福翁自伝』二〇二―二〇三頁参照。

(21) 福澤研究センター編『慶応義塾入社帳　第一巻』慶応義塾、一九八六年参照。

(22) 前掲『福澤諭吉書簡集　第一巻』一〇〇―一〇二頁参照。なお、山口良蔵という人物は一八三六（天保七）年大阪生まれで適塾で諭吉より一年後輩であったが、諭吉と親交を結んだ人物である。山口は、一八七〇（明治三）年ごろまで紀州藩（和歌山）に洋学者として出仕し、情報収集や藩士教育にあたっていた。

(23) 前掲『福澤諭吉書簡集　第一巻』一〇三頁。堀は小田原藩士堀秀盛の長男で、藩校集成館の助教授を経て、前年八月四日藩主大久保忠礼の推挙で「西洋学修業」のために小野毎太郎とともに入塾した。しかし戊辰戦争の最中に帰藩せざるをえなくなり、藩内は佐幕派と倒幕派の抗争で藩論は二転三転して定まらず小田原箱根戦争までくりひろげた。この事情については、わたしは「明治期の小田原地域と民衆の足跡をめぐって」（片岡永左衛門編『明治小田原町誌（上）（中）（下）』小田原市立図書館、一九七八年）の解説でふれている。

(24)『西洋事情　二編』四冊（一八七〇年）もふくめてこの本を意義づけた手際よい概観については、前掲の富田『考証福澤諭吉　上』二六三―二六九頁参照。以下は、私見を交えながらこの叙述に依拠している点が多い。
(25)この書物は、W・T・ブランドとG・W・コックスの *A Dictionary of Science, Literature and Art* のうちの「議事院」の部分を訳出し、イギリスの議会制民主主義に関連して、B・ブラックストーンのイギリス法とD・ビールのイギリス史、その他を抄訳して構成したものである（『福澤諭吉全集　第二巻』岩波書店、一九五九年、四八四―五三五頁所収）。（注18）に関連して、ウェーランドについては、藤原昭夫『フランシス・ウェーランドの社会経済思想――近代日本、福沢諭吉とウェーランド――』（日本経済評論社、一九九三年）がくわしい。なお、福沢諭吉の『英国議事院談』を専門書として位置づけ、福沢が重視しているブランドの説を批判まじりにはじめて紹介したのは、浅井清『明治立憲思想史に於ける英国議会制度の影響』（厳松堂、昭和一〇年）である。浅井は、戦後高度経済成長と明治一〇〇年を記念して一九六八年に改訂版を有信堂から刊行していた。旧版を読んでいても「国体明徴運動の最盛期」であり「イギリスを仇敵視」している時に刊行し「今昔の感」に耐えないとさりげなくのべているが（改訂版序）、客観的で好感が持てる書である。
(26)前掲『福澤諭吉書簡集　第一巻』一二四頁。柏木については注(9)を参照のこと。
(27)「柏木摠藏　明治二年十二月二十五日」宛書簡（前掲『福澤諭吉書簡集　第一巻』一五三―一五四頁参照）。
(28)「門野隼雄　明治二年十二月二十三日」宛書簡（前掲『福澤諭吉書簡集　第一巻』一五一―一五二頁参照）。
(29)「九鬼隆義　明治三年一月二十二日」宛書簡（前掲『福澤諭吉書簡集　第一巻』一五六―一五七頁参照）。
(30)(32)　福沢諭吉『学問のすゝめ』岩波文庫、一九八八年、二九―三〇、一一頁。
(31)山住正己編『福澤諭吉教育論集』岩波文庫、一九九一年参照。
(33)金原「福澤諭吉と柏木忠俊――明治初年の「国政人《ステーツマン》」をめぐって――」（『近代日本研究』第九巻、一九九二年）二四頁以下参照。同じく前掲『福沢諭吉と福住正兄』五五頁以下参照。
(34)日新館の洋学傾向を重視したカリキュラムの構成と教則・学規、共同学校の職員の顔ぶれ、教則学規の内容については、前掲『福沢諭吉と福住正兄』六六―七一頁参照。
(35)明治初年の就学督励と就学率について、わたしは『小田原市史　史料編　近代Ⅰ』小田原市、一九九一年、三一一、三一六頁に掲げ、さらにすこし後年になるが、『小田原市史　通史編　近現代』小田原市、二〇〇一年、一五一頁以下で叙述しておいた。

（36）相模国で「神奈川県の屋根」と長年にわたり呼ばれてきた県下で横浜市、相模原市に次いで三番目の広大な面積（二二四・七平方キロメートル）をもちそのうち九〇パーセント以上が西丹沢、足柄の山々である山北町が教育に意欲的であったことを、学校の寺院等の借地・借家、学校経営、運営費用の捻出のしかた、通学手段等の面からあきらかにすることができた。その点については、『山北町史　史料編　近代』山北町、二〇〇二年、一〇四頁以下、および『山北町史　通史編』山北町、二〇〇六年、六〇六―六一二頁でそれぞれ確認しておいた。

（37）（38）前掲「福澤諭吉と柏木忠俊」（『近代日本研究』第九巻）三五、三四頁参照。

（39）（40）岩崎宗純・内田哲夫・川添猛編『西相模の史話を探る』西湘リビング新聞社、一九九二年、一七〇―一七一、一六八―一六九頁参照。

（41）金原「〝福沢ビリーヴァー〟はいかに輩出したか」（『福澤諭吉書簡集　第四巻月報4』岩波書店、二〇〇一年）参照。

（42）この「国会開設建言書」については、金原「福沢起草の『国会開設建言書』と小田原有信会文庫」（『福澤手帖』八四号、一九九五年）、同「福沢諭吉と相州自由民権家」（『福澤諭吉年鑑』22、一九九五年）をそれぞれ参照のこと。署名者数は、九郡五五九町村で二万三五五五名にのぼっていた。署名者数の多さは、日本屈指のなかに入る。

（43）前掲『福澤諭吉書簡集　第二巻』三七一―三七二頁参照。

（44）金原「百二十五年前の交詢社」（『交詢雑誌』復刊四八二号、二〇〇五年）。ただし諭吉の交詢社にかける動機はかならずしもはっきりしないが、クラブ論の系譜に立つ説もある。さしあたり、井上琢智「明六社・日本学士院と共存同衆・交詢社――福沢諭吉・小幡篤次郎・馬場辰猪――」（第二回福沢研究センター講演会、二〇〇五年七月六日）および『近代日本研究』二二巻、二〇〇五年、の特集「交詢社創立百二十五年」を参照のこと。

（45）前掲『福澤諭吉書簡集　第一巻』二五九頁。

（46）「非連続」と「連続」との関係をやや対立した観念からとらえるよりは、本文でふれたように相互媒介（融合）の角度から再検討すべきである。この二つの用語は、「発展」（飛躍）と「停滞」、「近代化」（西洋化）と「伝統」という言葉に置き換えその間連を考えてもよい。とくに転換期においては、前者の論理がつねに優位に立っていることを検討する必要があろう。

第五章 『ジャパン・クロニクル』における言論と報道の自由の問題

――米騒動期を中心に――

海老澤 智士

第一節 はじめに

日本国内で発行されていた英字新聞に関する研究は極めて少ない。先行研究によれば、明治初期から一九八五年までに発行されていた英字新聞紙は、その発行の期間を考慮に入れなくとも、およそ五〇紙に及んでいるという(1)。これらは吸収や合併を経ているものも多い。また、実際には英語だけではなく、その他の外国語で発行されていた新聞紙もある。それらも含めて、外国語で発行されていた新聞紙の実態は、すでに消長という点からしても十分に解明されているとはいい難いのであり、その研究は未開拓の分野であるといってよいであろう。

本稿はそのなかの一紙であり、一八九一年一〇月二日から一九四二年一月三一日まで(2)、神戸の外国人居留地において発行されていた新聞紙である『ジャパン・クロニクル *Japan Chronicle*』(一九〇四年一二月三一日付までは『コーベ・クロニクル *Kobe Chronicle*』として発行)について考察するものである。そこでまず『ジャパン・クロニクル』(以下特に必要のない限り『クロニクル』と略記)の初代の編集長兼主筆であったロバート・ヤング(Robert Young)の思想形成を瞥見する。その上で、一九一八年八月に発生した米騒動期の報道について、考察を試みるものである。これらの作業によって、日本のジャーナリズム史において、『クロニクル』がユニークな存在であったことが理解されるであろう。

『クロニクル』は、同時代的にも注目されていた新聞紙であった。大山由朗は「外字新聞及び其記者」において『クロニクル』を筆頭に掲げ、積極的な評価を行っている(3)。

研究論文においては、掛川トミ子が大正期の『クロニクル』の論調について、言論の自由を堅持し続けたもの、すなわち「ジャーナリズムのあるべき姿」を持っていた新聞紙であるとして高く評価している(4)。山泉進も、明治後期の初期社会主義運動、特に大逆事件との関係から『クロニクル』に着目している(5)。この掛川並びに山泉の論稿に共通するのは、『クロニクル』が「言論の自由」、「報道の自由」を基礎にし、行動していたという指摘である。すなわち『クロニクル』の行動原理といったものを解明する上でロバート・ヤングの思想形成を取り扱うことは重要である。

一方、米騒動期の報道を取り扱う理由とは何か。ここで事件史としての米騒動を改めて取り上げる必要はないであろう。ここで指摘するべきは、米騒動は、食糧問題に端を発したものでありながら、その背後には政治的な、並びに社会的な問題が横たわっており、そこには明治維新以降の近代日本における様々な矛盾が噴出していたという点である。またそれは近代日本の政治史において、民衆自身がその解決を強く求め、働きかけたという点で特筆するべきものがある。その米騒動について、駐日アメリカ大使館商務官として、日本の米価問題について調査を依頼されていたジェームズ・A・ラビットが、『米と社会政策』(宝文館)を発表したのが一九二〇年四月のことである。そのなかで参考資料として挙げられている「外字新聞」の筆頭に「ジャパン　クロニクル」を見ることができる(6)。そして政府の側から米騒動を調査、分析したものとして、現在でも利用されることの多い、吉河光貞『所謂米騒動事件の研究』(司法省刑事局、一九三八年）には、この『米と社会政策』の記述が多数引用されている。(7) さらに戦後、それまでの資料を総合したものとしての『米騒動の研究』（有斐閣、一九五九―六二年）が存在する。米騒動の研究の資料として、『クロニクル』は見えざる形で貢献をなしているのである。

また米騒動期にあって、邦字のジャーナリズムは、報道のあり方をめぐって時の政治権力と鋭く対立していた。結果としてこの時期、寺内正毅内閣とジャーナリズムとの対立は一つの極相を迎えていたといってもよい。この時期に日本のジャーナリズムにおいて展開されていた言論の自由や報道の自由といった問題とその帰結は、その後の日本を方向付けたものといえよう。この米騒動期において邦字紙が行った報道を、『クロニクル』はどのように理解したのであろうか。

これらを明らかにしようとするのが、本稿の目指すところである。

第二節　ロバート・ヤングの思想の基底

一　ロバート・ヤングの人物像

ロバート・ヤングの思想的な特徴が「自由思想」、並びに「合理主義」にあったという指摘は、先行研究の共通して述べるところである。また先の大山は、ヤングが「我国に合理協会（ラシヨナリスト・アッソシエイション）の事業を創始した元祖」（引用文中の丸括弧、並びに仮名遣いは原文のまま。以下同じ）であると記している。(8) 同時代の人々においても、ヤングが「宗教嫌い」であること、宗教的な、特にキリスト教的な儀式や形式に拘らなかった点はよく知られていた。(9) その点は先の大山をはじめ、他の資料においても散見される。(10) その「非キリスト教徒的」な態度は、神戸の外国人居留地における宣教師たちとの軋轢を生むほどであったという。[11] ではなぜそのようになったのか。本節ではヤングの思考の形成について考察を行う。のちに述べるようにヤングの思想構造を知ることは、『クロニクル』の論陣を支えたものを知ることにほかならないからである。

先行研究も述べているように、ヤングの生涯は、二つの時期に分けることができる。すなわち、一八五八年一〇月五日にロンドンのウェストミンスターで誕生してから、一八八八年に『ヒョーゴ・ニューズ *Hiogo News*』の募集広告に応じて神戸に渡るまでの前半生と、『ヒョーゴ・ニューズ』を退社してから『クロニクル』の前身である『コーベ・クロニクル』を一八九一年一〇月に創刊し、一九二二年一一月七日深夜に心臓発作で死亡するまでの、ジャーナリストとしての後半生である。むろん、この両者は断絶をしているわけではない。ヤングもまた当然のごとく、前半生が後半生を強く規定しているといえるのである。

ヤングの死後『クロニクル』に掲載された記事「ロバート・ヤング　回想」[12]（一九二二年一一月九日付。以下「回想」と略記）などをもとに、掛川は「この時期にキリスト教が民衆の魂に絶大な影響力を及ぼした事実を到底否定するわけにはいかないけれども、ヤングが生まれ育った英国は周知のように産業革命が惹起した大規模な政治・経済的基盤の変化と社会的変動に見舞われた「転換期の社会」であった」[13]として、ヤングの育った、一九世紀イギリスの時代背景や、若くして年季奉公に出なければならなかったという生活環境が、彼に社会的な自由の欠如を自覚させ、その回復を志向させたと捉えている。

「回想」によると、ヤングは敬虔なキリスト教徒の家庭に生まれている。彼は日曜学校や奉仕活動に参加する子供であったという。その後ヤングは植字工として、ロンドンにあった印刷会社であるスポティスウッド商会（Messrs. Spottiswood & Co.）に年季奉公に出ている。この商会においても、当時のイギリスにおける産業社会の例にもれず、苛酷な長時間労働を職工達に強いていた。他面でこの商会は徒弟としての職業訓練のほかに、一般的な教養を授けることにも熱心であったという。そこでヤングは、商会の共同経営者の一人、老ジョージ・スポティスウッドなどの率先のもと、基礎的な教養やフランス語などを学ぶ機会を得た。また彼は熱心に独学し、とりわけ歴史に興味を有していたという。この態度は生涯にわたって持たれ、のちに彼は日本の政治史についての権威として海外に知られることになる。

山泉も「回想」を引きつつヤングの来歴を紹介したのち、「……ともかくも、来日前のヤングは、「自由」を思考の原理とする合理主義者であり、政治的には自由党の熱心な支持者であったと考えてよいのではないかと思う」(14)と述べている。この両者とも、ヤングの思想は、幼少年期に受けたキリスト教からの影響と、その時代のもたらす環境を基にし、そして青年期に彼を取り巻いた一九世紀以降のイギリスの社会的な状況並びにその当時隆盛をみた学問的な潮流によって、その完成をみたと捉えているものといえよう。

二　南部倫理協会と二人の師

先ほど挙げた山泉の論文においては判断は保留されているのだが(15)、ロバート・ヤングが「自由思想」や「合理主義」を奉じて活動していたとされているにもかかわらず、それらがどのように得られえたのかについては十分な解明がなされていなかった。本節ではこの点について検討したい。ここでは一つの組織と、二人の人物に着目する。すなわち南部倫理協会とモンキュア・コンウェイ、そしてチャールズ・ブラッドローである。

ヤングが参加したとされる南部倫理協会の前身は、ロンドンにあったキリスト教ユニテリアン派の南部教会(South Place Church)である。この教会は一八六〇年頃に、四〇年ほど説教師を務めていたフォックス(William

Johnstone Fox）の引退の後、勢力が衰え、一時は解散の危機に瀕していたという。だが一八六三年七月頃から、コンウェイが渡英し説教師の任にあたると、その勢力を再び増している。その後チャールズ・ブラッドローなど、いわゆる社会改良主義を持つ人々にも門戸を開放し、その後名称を南部倫理協会（South Place Ethical Society）と改めたという。この経緯については、ヤングが書き残したものがある。[16] それによると、サウス・プレイス教会は信仰の篤い男女によって組織されていたといわれる。フォックスの指導は「コンウェイの助力のもと、協会はより明確な理神論から、一神論的な、或は汎神論的な考え方へと進み、最終的には率直に合理主義を標榜するに到り、その名称をSouth Place Religious SocietyからSouth Place Ethical Associationと改め」ることになったという（その日付については記されていない）。そこにはカーライル（Thomas Calyle）らの影響があったといわれている。この名称の変更は、それまでの宗教的組織という色彩を弱める結果となったといえるだろう。だが一方で、宗教という視点のほかに、広く社会の問題に目を向ける人々を集め、連帯を獲得したことは、チャーチスト運動が衰退して後の、イギリスの社会運動に大きな進歩と発展の契機を与えることになったと考えることもできる。[17] それは確かに一つの転回点であったといえよう。そして南部倫理協会は一九二〇年代頃までイギリスにおけるキリスト教ユニテリアン派のいわば総本山のような地位にあったという。[18]

ここでユニテリアン思想とは何かについて、ごくわずかに言及しておく。この思想を支える大きな柱は、キリスト教の権威からの「自由な思想」、並びに「合理主義」であるといわれる。ヤングの関係したユニテリアン思想は、イギリスやアメリカ大陸で大きく発展したカルヴィニズムに抗して唱えられたものである。カルヴィニズムの教義は主に「三位一体の神の絶対的な主権」、「予定救済説」、「聖書中心主義」、そして「神への絶対服従」を挙げることができる。一方ユニテリアン思想の場合も、もちろん真理は神にある。だが、その真理を現世的に実現させるのは、人間の努力にほかならないという思考法に特徴があるといえるだろう。この点からすればユニテリアン思想の淵源は深く、また思想の示す範囲も広い。むしろユニテリアンは、人間の思考に内在するそれぞれのずれを認識し、対話によってその思考の内容を深めようとする傾向があるとすら考えられるので、そのすべてを網羅することは大変難しいといえる。ここでは特にヤングが関係したユニテリアンの思想、すなわちコンウェイのそれについて述べることにしよう。

ヤングがロンドンで直接に参加していた時期の南部倫理協会は、先述の通りモンキュア・ダニエル・コンウェイ（Moncure Daniel Conway, Mar. 17, 1832–Nov. 15, 1907）が説教師の任にあたっていた時期に重なる。コンウェイはバージニア州スタンフォードに生まれている。彼はディッキンソン・カレッジに一七歳で入学し、メソジストとしての教育を受け、卒業後に説教師となった。しかしクゥエイカーや、奴隷制に反対する農場地帯のキリスト教徒との接触によってメソジストの教えに疑問を抱き、聖職を退き、新たにハーバード大学へ進んだ。そこでコンウェイはロマン主義的ユニテリアンであるエマーソン（Ralph W. Emerson）などと親交を深めた。そこで彼は Master of Arts の学位を取得し、ユニテリアン説教師として再出発したのである。このコンウェイが得たハーバード大学を中心とするユニテリアニズムは、アメリカ・ユニテリアンの理論的な中心をなしていたといわれる。その理論は「キリストの救いについても、刑罰代償説ではなく、人間は自己の自由意志と道徳的能力のゆえに神の感化をうけ、自己の神性を進化発展させるという見解を唱えた。そうなると伝統的な三位一体論、キリスト論は成立せず、唯一の神の道徳的人格性、神に遣わされたキリストの人間としての神性が高調されることになった。〔……中略……〕彼らは、その人間主義のゆえに、人類同胞主義や人類愛を唱え、都市改良、監獄改良事業、奴隷制反対運動にとりくんでいった」[19]（〔　〕は海老澤挿入。以下同じ）というものであった。また彼らは、神の理念を重視するという立場から聖書の無謬性を信じないという態度も有している。[20]

コンウェイは、このユニテリアンの思想に非常に忠実な人物であった。彼は平和主義を主張し、南北戦争に反対している。また奴隷制反対論者としても先頭に立ち、奴隷を解放するために、彼らとともに汽車での移住旅行を先導するなどした。この奴隷制反対に関する強硬な姿勢のために、彼は担当する教区の説教師の任を解かれるなどしている。また、行動と同時に彼は、その人間主義的な観点から、生涯を通じて積極的に手紙、講演、そしてパンフレットなどによって根気強く啓発活動を行い、支持者を増やしていった。彼は奴隷制反対の講演をするためにイギリスに招かれ、結果として延べ三〇余年、南部教会の説教師として活動することになる。一八九〇年頃には『ニューヨーク・ワールド』の通信員としても一時期活動をした。また学術的な執筆、著述活動も行い、多数の著作を残している。彼は特にトマス・ペインについての伝記や著作集の編集でも知られている。

このようなユニテリアン思想の系譜を有する南部倫理協会と、ヤングとの関係について知ることのできる資料がある。それは南部倫理協会の会計係をつとめていたという William Rawlings なる人物が、南部倫理協会の一九二二年一二月号の会報に寄稿した手記である。これは『クロニクル』の一九二三年一月一日付の紙面に転載されている。それによると、ヤングは少なくともコンウェイが南部倫理協会の会長であった時期には、協会の会員であったという。そのなかで Rawlings は「私はヤング氏について、つねにコンウェイ博士の真の門弟であると考えている。〔……中略……〕ヤング氏は自由への熱烈な愛情を持っていた。つまり思想、言論そして行動の自由〔への愛情〕である。彼は、対立者、国、政府、宗教或は社会のすべての形式に対して率直な批判を行った存在であった。彼は国際平和への意欲において熱烈な存在であった。実際に「どんな状態でも平和を」という人であった」(21)と述べている。これはヤングがコンウェイから薫陶を受けたことを示唆するものではあるまいか。

また、ヤング自身も、コンウェイの死後、一九〇七年一二月二二日付の『クロニクル』に追悼記を記している。このなかで、コンウェイと社会改良主義者とは交流があったことが述べられている。また、一方でコンウェイが、後述する社会改良主義者であるチャールズ・ブラッドローの哲学的な立場とは必ずしも合致していなかったという点が指摘されている。だが「コンウェイは友情を損なうことなしに、宗教や政治の間での完全に自立した立場を維持することのできる幸福な能力を有しており、友人たちとはその点で彼は異なっていた。彼は、不正義が行われていたと考えたとき、あるいは良からぬことが放置されている時、決してたじろぐ事なく意見を述べ」、「不正義を激しく責めたてること、思想と言論の絶対的な自立、〔……中略……〕について真っ先に挙げられる人であった。彼はその時代と人々との間にあって、偉大な影響を及ぼしたのである」と、好意的な評価をしている。コンウェイは、思想と人格とを分離し理解することができる人物であったようである。

また死去する一年前の一九〇六年に、パリでの最新の著作を仕上げつつあったコンウェイは、イギリスへの短い旅行をした。この時、休暇でロンドンに帰国していたヤングは、ケント州に住むお互いの友人への訪問に、彼とともに旅行をする機会を得た。ヤングにとってそれはとても喜ばしい経験であったようである。「旅の途中、またそれどころか一日中、老練な教師と学徒は機知とおかしみをちりばめながら、そして彼が長い人生のうちで接触を持った人々の活き活きとした姿を述べながら、想い出話や逸話をし続けた」と懐述している。これはコンウェイとヤングとの交流の深さを物語るものといえよう。

次にヤングとチャールズ・ブラッドローとの関係に移ろう。[22]

ブラッドローの評伝によると、[23] チャールズ・ブラッドロー（Charles Bradlaugh, Sept. 26, 1833–Jan. 30, 1891）は、ロンドンのホクストンにおいて法律事務の書記をつとめる父と、家政婦である母との間に生まれている。彼は初等教育を受けた後、一二歳で父の職場に勤めた。後年「自由思想家」、「無神論者」などとして、社会的な迫害といってもよいものを受けるブラッドローではあったが、幼少年期には一般的なイギリスの家庭の子弟と同じく、日曜学校などに通う学問好きな、ごく普通の少年であったという。その彼の宗教的な思想を転回させたのは、自由思想家たちと一八四九年に行った聖書についての直感（Inspiration of the Bible）の問題についての討論であるという。そのような経験をした後、一八歳の頃、彼は軍隊に入隊するが、ブラッドローはそこでも自由思想を奉じ、上官からも疎まれる存在となった。除隊後、さらに学問を進め、数々の妨害を受けながらも着実に自由思想者としての思考を深めていった。自ら「因習の打破者（Iconoclast）」と名乗り、執筆活動や講演を通じて自由思想の普及に努めている。

ブラッドローに対しては、キリスト者ではもちろんなく、単なる破廉恥な人物であるというものと、自らをして無神論者としてはいるが、実はキリスト者であり、キリスト教的な精神を持つ人という評価があったとされている。この点について一八六三年頃にブラッドロー自身は、「私は聖書を攻撃はしたが、決して字句を問題にしているのではない。教会を攻撃はしたが、少なくともその実践についての攻撃に限定したのではない。私は人間性の完成を主張することにおいて最上であるとする理論を攻撃したのである。私は因習の打破者というのを、その意味で考えている」[24]と語っている。彼は人間の完成の理論といったものを、特定の立場の、ここでは特定のキリスト教徒があたかも占有をしているかのような状況について抗議をしたのではあるまいか。理論を重視し、その点から事象を見つめ、その上で批判をするという点で、それはまさしく合理主義的といってよいであろう。ブラッドローは、その生涯において、思想としてのキリスト教を相対化し、様々な価値の一つとして取り扱うことができた、当時としては稀有な人物であったといえよう。だがそれは、従来のキリスト教徒をしてブラッドローを異端視せしめるのに充分であった。彼は一再ならず非難や物理的な暴力に晒されもした。彼を襲った暴漢の多くが、敬虔なキリスト教徒であったという。[25]

一八七六年に彼はアニー・ベサント（Annie Besant）とともにマルサスの著作を復刻したことにより告訴されてい

た裁判に勝利する。この裁判は、表現の自由について人々に深く考えさせる契機となった。一八八〇年に彼は下院議員として当選を果たすものの、聖書による宣誓を拒否し、議会から着席を拒否されている。なお、この事件についてコンウェイは、議会を支持し、ブラッドローを非難したという。ブラッドローの後半生はその執筆した記事や、講演の内容などによって、いくつかの訴訟に巻き込まれ、そして多くの財産を浪費した。だが彼の行動が、社会改良への意思を啓発したという側面は十分にあったといえよう。晩年は実際の運動よりも、教育活動などを熱心に行っていたという。

ブラッドローの死は『コーベ・クロニクル』創刊のおよそ八ヶ月前のことであった。彼の死について、ヤングが残したものは残念ながら発見できなかった。しかしながら彼らの関係については、ヤングの死後に書かれたチャールズの娘であるブラッドロー・ボーナー（Bradlaugh Bonner）の回顧が、『クロニクル』に転載されている。それによって彼らの関係の一端を知ることができる。それによれば、ヤングとチャールズは、互いに知己であったという。ヤングは自身をして「チャールズの支援者」と目していたこと、また彼女は一八八〇年代後半には、ヤングとその兄弟ジョージが南部倫理協会に参加していたことを述べている。(26) この記述は、ヤングが少なくとも二〇代の後半には協会に関係していたことを示すものといえよう。

ここで注意したいのは、ブラッドローとヤングの幼少年期における経験の類似性である。ブラッドロー、並びにヤングも、キリスト教を「棄教」して合理主義者となった、というよりはむしろ、キリスト教に対するより一層の理解を得ようと自らに課した懐疑によって一種の合理主義に到達したものと考えることはできないであろうか。自己の思考を相対化し、再構成し得る思考力は、どのような人間にも備わっているものではない。資料が乏しいため、推測の域を超えないのが残念だが、ヤングはブラッドローに自身の前半生を重ね合わせたからこそ、彼に強く共感を覚えたのではなかろうか。

このようにヤングにとって師ともいうべきコンウェイとブラッドローは、彼らを取り囲む批判に対し、暴力によらず、講演や執筆によって自説を主張している。これはユニテリアン思想の持つ倫理的な性格と、合理主義による人間主義的性格が、ともに人間性への信頼を重視するものであったためであろうと考えることができよう。[27] そしてこれまで述べたように、コンウェイやブラッドローの思考法は、個別の事象を、その測るべき理念によって普遍化、並びに抽象化することで、問題の本質を探り、提示するというものであった。それは優れてジャーナリスティックな方法であったといえよう。

この態度はヤングに強く受け継がれていたといってよいであろう。大山由朗は、『クロニクル』における、或いはヤングにおける宗教批判、殊にキリスト教批判は、「古代の基督教徒が当時の科学者に加へたる如きものとは全く揆を異にし、宣教師及び牧師に対する攻撃に非ずして、其の教理並にドグマに対する攻撃である」[28] としている。山県五十雄による追悼文「Robert Young 氏の追想」のなかでも「私〔山県——海老澤注〕は Seoul Press の主筆として一四年に近く働いて居る間に、朝鮮の問題について幾度 Young 氏と論戦したか分らぬ。殊に前には寺内総督暗殺陰謀事件の起つた時、後には独立騒擾事件の起つた時には殆ど毎日の如く氏と controversy を carry on して、氏と私との関係は犬と猿とのやうであつた。其間私は幾度か氏の巧妙なる駈引に悩まされ、容赦なき攻撃に閉口せられ、其度毎に立腹したり、苦笑したりしたと同時に氏の controvertist としての非凡の才能を admire し envy した。殊に私が氏に敬服した事は、其態度が gentlemanly であつたことで、我等の論戦が白熱的に bitter となり、互に皮肉の言ひくらをするやうになつた時でも苟しくも人身攻撃にわたるやうな事は少しも無かつたことである」と述べている。[29] 議論をすること、またその過程のなかで、知を啓くこと。この思考法をヤングはその前半生において受け取ったのではあるまいか。ヤングが接した南部倫理協会、ユニテリアンであるモンキュア・コンウェイ、並びにチャールズ・ブラッドローをはじめとする自由思想家、社会改良主義者たちとの交流は、ヤングにジャーナリストとしての道を必然的に選択させたように思われる。

第三節　『クロニクル』における米騒動期の報道

これまでの議論を受け、本節ではロバート・ヤングの実践的な活動、ここでは特に『クロニクル』の米騒動期の報道について検討をする。

一　米騒動に対する『クロニクル』の見解

さてクロニクル社のあった神戸では、米価の暴騰に労働者の賃銀が対応することができなくなってから、社会的な不安は急激に増大し、八月一一日の深夜には最初の暴動が発生した。また労働者は罷業によっても不満を表明している。『クロニクル』は、八月一六日付の「米騒動」のなかで「西洋の国々においても、人々が平和的な手段によって政府の進路を誘導できないと判断した場合、公的な示威運動の様々な形式に訴えるというのは、稀なことではない。しかしながら、そのような場合に秩序や原則といったものは、示威者の間でも維持されているのである。立憲的に治められた国々の気品が最もよく示されるのは、そのような非常な状況においてなのである」[30]と述べ、米騒動には、立憲的な市民の気品が欠けているとして、これを一種の暴動であると評価している。政治的な配慮によって救済を求める示威的行動であるならば、それは可能な限り平和裏に行うべきであったとしているのである。

米騒動がある種の暴動であったとする見解は、ヤングの死後、『クロニクル』の第二代の編集長となったアーサー・

モルガン・ヤング（Arthur Morgan Young, 1874–1942）ものちに述べている。彼はその著書において、「騒動は大きな困難もなく鎮圧された。それらは自然に発生したものであり、また計画的なものではなかった。組織化されることなく騒動をなした人々が、訓練の行き届いた軍隊と向き合ったのである」[31]としている。これには異論もあるであろうが、クロニクル社の人々においては、米騒動は後年にわたるまで、それのみでは社会運動とは映っていなかったということについては、心に留めておいてもよいことであろう。

もちろん米騒動の暴力性は、民衆にのみ責任があるわけではない。八月二二日付の社説「日本における労働争議」において、『クロニクル』は、この時期に発生した労働争議の方法の拙劣さを指摘している[32]。その主な原因に、労働組合、労働者政党の未発達、並びに労働者階級に投票権がないことなどを挙げている。『クロニクル』は、民衆の政治的発言力の欠如が、一気に暴力的な動きへと移行したものと捉えているようである。このような日本の状況が発生した理由について、「封建主義から無責任な産業主義への、このような急速な移行を誰も見たことはないのであるが、〔移行そのものは〕他の国々も経験してはいる。また、それを成し遂げるのにヨーロッパは五世紀を費やしたのに、日本はいくつかの点では、〔それを〕一五年で行ったのである。日本は社会の発展の重要な面を忘れているのである」としている。米騒動は、日本の封建社会から資本主義社会への発達の速度に、人々の意識の成熟が追いつかなかったことによって発生したものという理解がここにはあるのであろう。

また、この社説においては社会問題、労働問題という点についても述べられており、「状況のより恒久的な改善のためには、より大きな自由が、その固有の利益を守るために労働者に許されることが必要であるし、そして政府にあっては、より知的な関心が労働問題に払われることが必要である」と総括している。このような事態については、何より市民としての成熟度が問われていると『クロニクル』は捉えていたのではあるまいか。

また、米騒動は社会階級における矛盾をも表面化させた。それはいわゆる被差別部落の問題である。『クロニクル』もこの問題を取り上げている。八月二九日付の「穢多と騒動」において、それまでの日本国内の、特に帝国公道会の動きを中心とした報道がなされている。この記事は、邦字のジャーナリズムの報道をまとめたものである。そして翌三〇日付の紙面には、社説「穢多と米騒動」が発表されている。この社説は日本における一つのカタルシスとしての被差別階級の実態を描き出したものであった。この社説において、法的平等が保障されたとはいえ、社会的な平等、すなわち人権意識が充分に育っていない日本社会での「新平民」の地位の低さが強調されるのである。そのような社会構造のなかでの「抑圧者」が、いわば「鬱憤晴らし」を行ったという点は確実に存在していたと、『クロニクル』はいう。そして、暴動を働いたもののなかに被差別階級が多く存在したということによって、人権の問題が、人々に自覚的にではなく、いわば外的要因によってようやく問題化されたということを『クロニクル』は指摘しているのである。ここでも『クロニクル』は、近代日本社会の過渡的性格とその欠陥を指摘しているのである。被差別階級の問題に対して社説を展開するという態度は、それまでに獲得された彼の人権意識によるものと考えることもできるのではないだろうか。(33)

二　言論の自由と報道の自由の問題

一方、社会的な事件としての米騒動は、為政者にその伝播性を恐怖させずにはおかなかった。寺内正毅内閣は米騒動が発生すると、八月一〇日付で東京府知事を除く庁府県長官に対し、「米価騰貴ニ関スル各地ノ状況ニ付事実ヲ誇張シ又ハ煽動的ノ記事ヲ掲クルハ此際公安ヲ害スルノ虞有之充分注意ヲ要スル儀ニ付左様ノコト無キ様各新聞社へ懇篤御諭示相成度」との「新聞記事ニ関スル依命通牒」を発している。(34)これは神戸では一二日の朝に公式に発表されている。さらに内務省は同日に広島、岡山、富山、和歌山、愛知の四県知事に同様の内容を伝えている。その後、一四日には「米ニ関スル各地ノ騒擾ニ関スル記事ハ当分ノ間安寧秩序ヲ紊スモノト認免ニ付一切掲載セサルヤウ各新聞通信雑誌社ヘ厳達セラレタシ若シ掲載シタルモノアルトキハ直チニ差押執行ノ上報告アレ」との「庁府県長官ヘ電報案」を発し(35)、警察の警告以前に印刷されたものについても検討するようにと指示したのである(36)。

寺内内閣は米価問題という、一般市民が最も必要としている情報をジャーナリズムが報道することは治安や民衆心理の悪化を招くものと判断し、掲載を許可しなかったのである。これらの通達は事実上、言論活動の統制を目的としたものであった。これらの通牒が各新聞社に出されたことによって、もとより政治家としては武断を旨とし、首相となった一九一六年一〇月からも、その非立憲的性格を遺憾なく発揮していた寺内内閣と、彼の政治手法を批判していたジャーナリズムとの関係はさらに険悪さを増したのである。新聞各社は寺内内閣への弾劾を一層強めることとなったのである。この間、寺内内閣打倒の急先鋒であった『大阪朝日新聞』は、八月一四日、一五日付朝刊の一部が発売禁止の処分を受け、また削除が行われる事態となっている。

もちろん各新聞社は社説などによって寺内内閣への不満を表明した。また団結しても行動が起こされている。すなわち一四日の通達に対し、東京では春秋会がその撤回を要求した決議を採択し、これを内務大臣水野錬太郎に提出し、一六日午後三時までに回答するように要求している。水野は一六日午後一時に「当局者としては此際諸新聞紙に煽動的誇大的記事の現はるゝ事が各地に悪影響を及ぼすべきを慮り治安維持上已むを得ず一時右禁止令を施行したるに過ぎず而して当局者としては各新聞通信社に於ても各地の騒擾が速かに鎮静するを希望せらるゝを信ずるが故に協力を得んことを望む乃ち右禁止令を取消し今後は内務省発表の公表及之を基礎としたる事実は之を掲載し得る事とせり」(37)と回答した。この発言の内容は同日のうちに公布され、これにより騒動に関する情報の発表は、内務省から一日に二回行われることとなった。むろんこれは、政府の発表に依拠しなければならないということを意味し、結果としては問題が解決したわけではなかった。この回答に不満のあった春秋会は、報道について再度「全然解禁の交渉を為すべく」水野と会談し、水野は内務省に諮り一七日午前中に回答する旨を述べるに至るのである。[38]

その一七日を迎えると内務省は「米価騰貴ニ由ル騒擾ニ関スル記事ハ公表シタルモノ又ハ公表ヲ基礎トシタル事実ヲ掲載シ得ベク尚公表以外ノ事実ノ記載ニ就テハ苟モ誇大ニ亙リ若クハ煽動的ナルモノハ目下ノ状態ニ於テハ安寧秩序ヲ紊スノ場合多カルヘキヲ以テ此際特ニ厳重発売禁止処分ヲ為スノ要アルヘキニ付此ノ趣旨ヲ懇篤各社ニ通達セラレタシ〔……中略……〕八月一六日右ニ関スル電報ハ廃止ス」との通達を発したのである。[39]これは前日の水野の回答を繰り返したものにすぎなかったが、新聞社としては一定の成果を挙げたものといえる。この成果に勢いを得た新聞各社は、同日には大阪市中之島の大阪ホテルに新聞社や通信社が集会し抗議を行うなど、[40]反寺内内閣の行動や論陣をさらに強めるのである。

さて、これらの事態に対する『クロニクル』の反応は邦字新聞紙と比較しても速かった。『クロニクル』は八月一四日付の社説「人々の食糧」においてこれまでの経緯を言論と報道の自由に対する挑戦として扱っている。

この社説は、大きく二つの内容を持っている。第一は、今回の米価の高騰について、日本において米が特殊な地位を持っていることが指摘されている。政府においては、米が日本における代表的作物であり、農業における根幹をなしているという「伝説」が存在していると述べる。また仲買という制度が、価格を調整するという機能をはるかに越え、投機的な側面を見せたという点を指摘する。今回の高騰は、米が不足しているのではなく、死蔵され、投機の対象になっていることが問題であると捉えている。この点では、農商務大臣仲小路廉の発言に同調するのである。さらに米騒動の遠因として『クロニクル』は、政府が米価の高騰に対して十分な手段を取り得なかった点が、職工や給与労働者の生活の困窮を生み、世情は悪化し、それが資本家や有産階級への憎悪となったと述べている。これらは邦字紙の記事の総括であるといえる。

第二の議論は、ここでの問題関心につながっている。政府は、米の高騰とそれに伴う米騒動の発生の主要な原因の一つが新聞紙や雑誌の存在、すなわち情報が公開されることによって引き起こされたものであると判断していたのである。そうして発せられたのが、これまでの一連の通達であった。それはこの時期の言論並びに報道の自由が、きわめて脆弱なものであったことを意味するものといえよう。これに対し『クロニクル』は論評を行うのである。

この部分については、『大阪毎日新聞』が八月一六日付夕刊の第一面に「誤れる新聞記事差止ジヤパン・クロニクル紙社説の大要」という記事を掲載している[41]。この記事は『クロニクル』の米騒動への捉え方、並びに言論、報道の自由の問題について、興味深い論点を示している。その要点を以下に述べる。

この社説はまず、政府が一二日に発した前述の通達を検討している。政府のいう「誇張」や「煽動」を「禁止」するという文脈には、報道の自由をその権力下に置こうとする意図がうかがえる。むろん新聞社も、事実を歪めることには細心の注意を払う必要があるのは当然である。「如何に煽動的な新聞紙でも事実を誇張してはならないといふことは心得て居る、併し自律と禁止との間には格段の差異がある」のであって、この通達を容認することは、言論・報道の自由が権力によって蹂躙されることを意味する。それこそ政府の「誇張」や「煽動」の思うままとなってしまうのである。「之を要するに斯の如き警告は報道機関を徳川時代と相距ること遠からざる状態に陥らしむるものであって周知を待望しつゝある事実さへ恰も過去の歴史の如き粉飾を施さなくてはならなくなる」のである。

また、新聞報道が禁止されたとしても、社会的な危機に対して十分な措置が講じられていない限り、米騒動のような危機は何度でも発生する可能性があるであろう。社会状況や経済状況が前近代性を打破しつつあるなかで、ひとり情報のみが閉塞状況にあり続けることができるものではない。この状況にあっては、言論や報道の統制はかえって流言を助長し、社会を混乱させてしまう可能性がある。「過去数百年の伝統であつた農業本位を打破して新しい経済関係を迎へつゝあるといふ時に際して此種の記事を抑圧する政策は最も拙なものといはなければならぬ、吾人は此禁圧の結果却て潜在勢力を新聞紙が報道する以上の危険に導く風説を生みはしないかを危むものである」。むしろ情報こそ公平な公開が求められるのである。

さらに『クロニクル』は、一六日付で「新聞と騒動」という記事を掲載し、これまでの寺内内閣における言論政策の総括を行っている。

「新聞紙における定期物の発行に関する、とても多くの指導や禁止が行われた。ジャーナリストの間での不満は、これら制約に対して声高なものになっている。政府によってすぐさま発布された米騒動に関するすべての情報の発禁は、最後の藁〔the last straw：訳注――負担に耐えられる最後のところ。限界すれすれのもの〕なのであり、新聞紙のすでにひどく悩まされている忍耐を屈服させたのである。」「内務大臣の水野博士は、あまねく広がった米騒動を心から残念がっていると、『大阪朝日』には述べたとされている。だが、この二、三日の間に騒擾に関する新聞記事が、その論調において扇情的であり、一般の興奮をあおる目論見を有していたという見解をとっている。」「富山県の漁村で女性たちによって発生した騒擾が、新聞によって報じられた時、これらの事件がただ小さな地方の出来事であるが故に、内相はこの事実に目をつむったのである。」「たとえ仮に新聞記事が誇張されたものでもなく、また扇動的なものでもなくて、ただ単に事実の信ずべき記録であると認めたとしても、今現在起こりつつある出来事の発表をすることにおいて、公の平和と秩序の妨げとなっている限りは、新聞紙はそれでもやは望ましくないものなのである。」「立憲的な政治家によって推し進められる新聞政策と、官僚的な政治家におけるそれとの差異は、前者が自らの政策の効果的な支援のために新聞を利用するのに対して、後者は新聞紙を最大限にひどく嫌っており、もっとも苛酷な圧力をそれに向けて加えようとしているという事実において存在する。」「何が実際にこの国で起こりつつあるのかについて十分に知らせ続けようとするのは、一般公衆にとって道理にかなっている。つまり起こり得るものとしての、その困難の実際上の主な原因は何であるかを発見しようとするのである。そうして、その原因の除去によって状況の改善への努力をしようとするのである。しかしながら寺内内閣は、国内状況についての真実に関して、人々を暗闇のなかに引き留めようと試みている。それ故にこそ〔寺内内閣は〕、行政の長所や短所を判断するための情報の公開を拒んでいるのである。」

ここにおいても『クロニクル』の筆致には鋭いものがある。ジャーナリズムと政治的権力との関係には、緊張関係がつきまとう。ジャーナリズムにおける言論と報道の自由の使命とは、事実を知るということによって政治権力の自己目的化、並びに自己正当化への過程を明らかにし、市民に判断と検証の場を提供することにある。この点では寺内内閣のジャーナリズムに対する態度は、人々の知る権利という点からいえば、挑戦とすらいえるものであった。

米騒動期における寺内内閣に対するジャーナリズムの闘争として重要なことは、それが立憲制の維持や、言論、並びに報道の自由の擁護を旗印に行われた一大キャンペーンであったということである。それは近代社会を支える普遍的価値を奉じて政治的状況と対峙したという点で、日本の政治史の中でも特筆すべき画期となり得たのである。八月二三日付の『クロニクル』の社説「言論の自由の責任」はいう。

「寺内伯爵が二年足らず前に自らの内閣を組閣してこのかた、事実の発表や、政策の議論を禁じて発表された警察指令の数はとても多い。かろうじて警察指令が発布されていない一週間が経過した。目下交渉中の、或いは協議中の外交上の条約、不確実な判決への言及は禁止されている。米騒動のような国内問題でさえ、発行禁止〔の指令〕が出されているのである。」「もし単に議論が避けうるのであるならば、何も起こりはしないし、この国が平穏なままであるということは、当局者によって明白に信じられている。そうであれば、無知なことはこの上ないよろこびであり、〔議論をするということが〕それが当然罪を犯すものとなろうことは、仕方のないことなのである。いかにこのような理屈が間違っていたかは、米騒動でも見ることができる。このニューズに際して発禁を出したからといって、その拡大を抑えることはできなかったのである。」「〔大日本帝国〕憲法は「日本臣民は、法律の範囲内で言論、著作、出版、公的会合並びに結社の自由を享受している」と表明している。この条文を解釈すると、いずれの立憲国家においても「完全な自由がこれらの点のすべてに保障される」と述べているのである。」「現在の内閣の行為が、伊藤公爵によって規定された〔憲法上の〕基準と合致していないことは明白である。新聞紙法が当局にとても大きな権限を与えたのは事実である。それは議論が禁止されるであろうものの中で、とりわけ外交の問題を言及する際に〔与えられ〕、そして公共の不安をもたらすニューズの発行禁止をする際に〔与えられた権限なのである〕。新聞紙法の文言が、〔……中略……〕政府の行動を覆い隠すために拡大しうるかどうかという疑いはまさにその通りで、〔新聞紙法の文言の適用が〕我々が治安妨害を扇動している、或いは暴力の教唆を目的としていると、暗に言及しているという実情は明らかである。そのような告発が、この米騒動という事例では新聞紙に対してもたらされるはずがない。新聞紙についていえば、公的不安を生み出した責任を騒動者の側が担っているとする政府の態度を、政府に対して咎めている一方、実際には騒動者を非難することにおいては協

力をしていたのである。」(42)

このように述べて、寺内内閣の態度が、ジャーナリズムを目の敵にしたものであることを指摘する。そして寺内内閣の態度が近代的な立憲制の建前を大きく逸脱していると指摘するのである。静的な、あるいは固定的な社会の状況を確保することで、現状の改革を恐れた寺内内閣の独断的性格に対し、筆鋒を以って対抗した米騒動期の邦字ジャーナリズムの行動は、評価に値すると『クロニクル』は判断しているようである。

ところで言論の自由、報道の自由といった普遍的な価値によって状況を判断するということは、その普遍性を失わせる妥協的な判断を拒否することを意味する。その意味でこの社説の後半における邦字のジャーナリズムへの批判は痛烈である。それは、米騒動の約一〇年前、すなわち一九一〇年の日韓併合に対する邦字ジャーナリズムにおける態度である。本稿においては、もはや韓国併合問題について論じる紙幅がない。そのため一般的な論及に留まるより他はないが、韓国併合時の韓国内の報道機関は、寺内正毅の弾圧政策、並びに長谷川好道らの統制政策によって、その独自性を完全に剝奪されていたのである。

日本国内の新聞紙、雑誌ジャーナリズムは、寺内総督の武断的な統治の手法に対しては、批判を加え得た。だが一方、併合による属領としての統治そのものについては、大筋でこれを認めるものや、さらには当然のこととして支持する論調もあった。統治に反対するものも、統治経営の得失の点から論ずるに留まるものが多く、韓国の人民の心痛や苦労に思いを及ぼすものはほとんど見られなかった。そしてその態度は結果として消極的に統治政策を肯定するものとなっていたのである。

韓国併合に関する寺内総督への言論政策の批判も、もちろん行われはした。しかしながらそれは、邦字のジャーナリズムに対してとられた政策に対する批判でしかなく、韓国内のジャーナリズムを視野に入れたキャンペーンとはなりえなかったのである。[43] この点について、『クロニクル』は、先ずは米騒動期の、政府によって行われた『クロニクル』への不満から説き起こすのである。「なおまた『ジャパン・クロニクル』の流通ですら、発行停止というご馳走をいやいや食べさせられている、すなわち警察による管理を受けているのである。教養のある韓国人には、「立派な」新聞ではないと〔『クロニクル』は〕報知されているのである。[44]」その上で韓国併合期についてこのようにいう。「韓国の新聞紙が事実上発行禁止を受けていた時に、日本の新聞紙は沈黙をしたままであった。我々は言論の自由や出版の自由の原則を守るために、この国において一致団結した意見が挙がった、ということを思い出すことができない。[45]」

言論、並びに報道の自由とは、ジャーナリズムにおいては、いわばその行動を規律する道徳律である。米騒動期のジャーナリズムの状況は、それが為政者によって圧迫され、充分発揮できない状況であった。だからこそ、ジャーナリズムとしての立脚点を回復するための新聞社の行動は華々しく我々に映るのである。しかしながら、韓国併合問題については、どのようなものであったのかと、『クロニクル』は論難するのである。

道徳律とは、自己を超え、普遍的な他者を措定するもの、ということができる。言論、報道の「自由」が、あるものには認められ、あるものには認められない価値であるということは、少なくともここまで見てきた邦字のジャーナリズムの論拠としては用いることはできない。もし、用いることができるとするならば、それは論理矛盾でしかない。

「この時にあたって我々は、日本の新聞記者からの抵抗もなく、隣の半島に注がれた政府の独裁的な、そして非立憲的な方法は、とてもたやすく日本本土に移されてしまうであろうということ、そして又、日本の属国において独裁政治の手段を用いたような当局者が朝鮮海峡を再び横切って、民主主義の希薄な形態へと改心するのは、まったくありそうもない、ということは日本の新聞紙に思い切って指摘しておきたい。もしも日本の新聞紙が、韓国の新聞に関する寺内伯爵の処置に対して抵抗していたならば、この国の新聞紙につい先ごろまで課せられていた夥しい数の制約や、発行禁止、或いは、いずこかでは合法的な論評や批評と考えられるであろう記事に関して新聞記者を訴追するという根拠となったのは、信じられないことなのである。」「日本の新聞紙は、韓国、台湾における日本当局の用心を続けていなかった。〔……中略……〕日本の最近の出来事は、この考え方が誤りであることを示している。抑圧に寛大な態度をとったり、許したりするのは、そのわざわいがもたらす影響を拡大する道なのである。[46]」

このようにして『クロニクル』は、韓国併合期の日本国内の邦字のジャーナリズムの態度を強く批判している。そしてその態度が現在の状況を生んだと指摘するのである。言論と報道の自由は、ジャーナリズムがその立脚点として守りぬかなければならない価値である。結果としてその価値を、邦字の新聞ジャーナリズムは自身の保身のために用いたのではないかと『クロニクル』が述べているとするならば、我々にとって考えるべき課題は多いのではないか。

事実、この八月二三日の社説の直後、二五日に発生した『大阪朝日新聞』の筆禍事件である白虹事件は、日本のジャーナリズムにおいて、いかにこれらの価値が受肉化されていなかったことの証左といえるであろう。この事件に対してジャーナリズムは、再び共闘することはしなかった。むしろこれを大阪朝日新聞社一社の責任と捉え、沈黙をする。この事件に対して発言を続けたのが他ならぬ『クロニクル』であった[47]。この事件の後、戦前日本における言論は矮小化の一途をたどり、その批判能力は著しく低下し、日本の歴史は暗転するのである。『クロニクル』の発言は、最もよくない形で的中することになるのである。

第四節　むすび

以上のように本論稿では、神戸外国人居留地において刊行されていた『ジャパン・クロニクル』の主筆兼編集長であったロバート・ヤングの思想形成を瞥見したのち、米騒動期になされた論調を考察してきた。そのことによって、ヤングの思想並びに『クロニクル』の記事や社説の持つ特徴が、従来いわれていたような近代主義の一つの成果である「自由主義」や「合理主義」をその表現の形式としてとりつつ、その根底にはユニテリアンの思想構造を伴った上での「自由思想」や「合理主義」すなわち「社会的な正しさとは何か」という視点から形成されていたことを理解することができた。それによって、近代日本において『クロニクル』がユニークな存在であったことが理解されたものと思う。戦前の日本において、このような新聞紙が発行されていた事実は、我々に何を示すのであろうか。

一九一〇年から二〇年代にかけて邦字の新聞紙の多くは、その販売部数を飛躍的に増大させた。それは情報の伝達という点においては、目覚ましい進歩であるといえた。しかしながら日本の場合、発行部数の増大が必ずしもジャーナリズムにおける言論的な側面を伴わなかったこともまた事実であろう。新聞紙の性質について、すぐれた思想を展開した長谷川如是閑が「新聞は対立意識の表現である」として、新聞紙の言論的な性格を重視し、理論的に分析を行ったのは、白虹事件のために、自らが『大阪朝日新聞』を退いて後のことである。発行部数という点では、邦字のジャーナリズムに及ぶべくもなかった『クロニクル』が、神戸外国人居留地という限定された域内で発行されていながら、明確な言論を掲げてものごとを批評し、それが輿論において注目を集めていたことは、記憶に留めておいてもよいことであろう。それを可能にしたのは、ヤングがイギリス人として国際政治上の「力学」のなかで優遇された存在であったなどというものではなく、あくまで新聞人としてのヤングの存在が、それを可能にしたと捉えるべきである。

本稿では論及し尽くせなかったが、ヤングは日英の関係における治外法権や領事裁判権などについて、対等な立場によって締結されていないものとして、これを撤廃するべきであるとしていた。また軍事同盟的な性格を有する日英同盟にも反対し、より平和的な通商条約の締結を願ってもいた。自由、平等そして寛容などといった対等な関係を措定し、重視していた彼は、常に対話の可能性を信じ、言論人としてだけではなく、普遍的な意味でも自立した存在であろうとしていたのではないだろうか。ヤングは自ら培ってきた価値観、あるいは見識によって時代を見つめた人物であった。

ジャーナリストとは、歴史を記す人でありながら、同時に歴史を作る人でもある、そこには確固たる理念と柔軟な知性とが要求されるのではないだろうか。ヤングの場合、それを支えたものが、ユニテリアンの思想のもたらす思考と近代的な学問並びに思潮との有機的な結合であったということができるであろう。米騒動期の邦字ジャーナリズムにも、確かに社会的な変革への情熱は存在していたといえる。しかしながらジャーナリズムにおいて、社会的な変革への情熱は、持ち続けること、そして語り続けることに意味があるのではなかろうか。邦字のジャーナリズムの報道には、この点について十分なものがあったであろうか。

邦字のジャーナリズムが、米騒動期の自らの成功と失敗を、単なる事実の断片とするのではなく、その歴史の連続性に着目し、言論空間を支えるものとして、一貫して民衆の立場に立ち、働きかけをしていたならば、その後の日本の政治状況はどのようなものになっていたであろうか。『クロニクル』は、言論的な側面を持続しえなかった日本のジャーナリズムにとっての一つの試金石として、現在でもその価値は失われていないように思われるのである。

（1）鈴木雄雅「欧字新聞群像」『近代日本のジャーナリスト』お茶の水書房、一九八七年、三四—三七頁参照。
（2）『クロニクル』終刊の日付について筆者はそれを確認しているが、創刊の日付については掛川トミ子の研究（「『ジャパン・クロニクル』とロバート・ヤング（一）」『内村鑑三全集』岩波書店、一九八三年、月報三一、六頁）によった。
（3）大山由朗「外字新聞及び其記者」『日本及日本人』一九一二年四月一日号、五七—六一頁。
（4）掛川トミ子「『ジャパン・クロニクル』ノート——あるべき新聞を求めて——」『コミュニケーション・行動と様式』東京大学出版会、一九七四年、二四九—二八六頁参照。
（5）山泉進「大逆事件の国際的影響——ロンドンにおけるロバート・ヤング——」『明治大学人文科学研究所紀要』（第四三冊）一九九七年、八一—一〇七頁参照。
（6）本稿では、農山漁村文化協会版のJ・ラビット『米と社会政策』（明治大正農政経済名著集二三、一九七七年）を用いている。
（7）吉河光貞『所謂米騒動事件の研究』（復刻版、農民運動研究会、一九五九年）の例えば四九頁を参照せよ。
（8）大山、前掲五七頁参照。
（9）ヤングの死後、その葬儀はキリスト教式で行われはしたものの、参列者は礼服ではなく、ミサ用の服装で参列したという（*Japan Chronicle*, "The late Mr. Robert Young. Funeral arrangements.", Nov. 10, 1922. p. 5. 以降 *Japan Chronicle* の引用に際しては、*J. C.* と略記）。また、『大阪毎日新聞』（一九二二年一一月一四日付朝刊）には「この間死んだジヤパン・クロニクルのヤング氏、あれで大の基督教嫌ひの人でその葬式も氏の友人がみんな棺を取囲んで、親友のジヨルダン博士が友を悼む言葉を陳べたきり、近頃にない気もちのい、お葬式だつたさうな」と記されている。
（10）大山、前掲参照。また、ヤングの死後に『ジャパン・エバンジェリスト』なる雑誌の記事が『クロニクル』に転載されている。それによると、ロバート・ヤングは確かに宣教師たちに対して強い批判を行っていたが、同時にその率直さ、理路整然であることの故に、尊敬を勝ち得てもいたという（*J. C.*, "The late Mr. Robert Young. A missionary tribute.", Feb. 16, 1923. p. 5）。
（11）「回想」によると、ヤングの娘が夭折した際、ヤングはキリスト教式の葬儀を出すことに難色を示し、居留地の宣教師たちと対立したという。

(12) *J. C.*, "Robert Young. A Memoir.", Nov. 9, 1922, p. 4.
(13) 掛川、前掲二五四頁参照。
(14) 山泉、前掲論文八四—八五頁参照。
(15) 同右。
(16) *J. C.*, "Dr. Moncure D. Conway. An Appreciation.", Dec. 22, 1907, p. 5.
(17) 確かに一九世紀初頭のチャーチスト運動などの社会改革運動は、十分な成果を挙げ得なかったかもしれない。しかしながらこれらの運動は「目的を達成できなかったことにおいて失敗であったが、支配階級に大衆の力に対する恐怖心を植えつけた点で、その後の政治の動向に少なからぬ効果を及ぼした」（石上良平『英国社会思想史研究　増補版』花曜社、一九七四年、三〇七頁）ということは忘れてはならない。ヤングは、この時代のなかで成長したのである。
(18) Moncure Daniel Conway, *Autobiography : Memories and Experience of Moncure Daniel Conway*, A Da Capo Press ed., New York, 1970, vol. 1, pp. 433-451.
(19) 土肥昭夫『日本プロテスタント・キリスト教史』新教出版社、一九九四年、二二一—二二三頁参照。
(20) ユニテリアンの思想やその実態については、鈴木範久『明治宗教思潮の研究』東京大学出版会、一九七九年、四六—四七頁。杉野徹「S. T. Coleridge の初期宗教思想——特に Unitarianism との関係について——（上）」『同志社大学英語英文学研究』一九八二年、二一—五八頁。藤良已治「William Ellery Channing and American Unitarianism : Growth of Reason to Infinity」『名城大学人文紀要』一九八九年、三七—四七頁。Toshihiko Ogawa, "Emerson and Unitarianism",『仏教大学文学部論集』一九九六年、一〇七—一二八頁。土屋博政『ユニテリアンと福澤諭吉』慶應義塾大学出版会、二〇〇四年。並びに注（19）の土肥の研究なども参照されたい。
(21) *J. C.* "The late Mr. Robert Young.", Jan. 1, 1923, p. 5.
(22) いわゆる「自由思想家」との関係については、掛川、前掲「月報三二」六—九頁も参照。
(23) *Champion of Liberty : Charles Bradlaugh*, C. A. Watts & Co. LTD., London, 1934.
(24) *Ibid.*, p. 16.
(25) *Ibid.*, p. 9.

(26) 二人は、「科学学級」とよばれる会合に参加していたという。*J. C.*, "The late Mr. Robert Young. Mrs. Bradlaugh Bonner's tribute.", Jan. 11, 1923. p. 5. また、前掲のチャールズ・ブラッドローの評伝によれば、ブラッドローは、Hall of Science を営んでいたというが（p. 38）、これは同一の性格のものなのだろうか。いずれにしろ、社会教育には熱心であったことがうかがわれる。なお、第一次世界大戦においてアイルランド歩兵連隊（the Royal Irish Fusiliers）の将校となり、一九一七年八月、フランスの戦場において二六歳で戦死したヤングの長子であるアーサー・コンウェイ・ヤング（『クロニクル』の第二代編集長とは別人）も、南部倫理協会に参加していたという。

(27) 例えば明治期の日本において行われた、いわゆる新宗教運動のなかで、ユニテリアン宣教師が発行した雑誌『ゆにてりあん』においても、クレイ・マコーレーや、アーサー・メイ・ナップなどによって、ユニテリアン主義の社会改良的な性格、そして道徳的な性格が説明されている。また、矢野文雄も『郵便報知新聞』においてユニテリアンの性格を説明している。詳しくは注（20）における先行研究などを参照せよ。

(28) 大山、前掲五七頁参照。

(29) 『英語青年』英語青年社、第四八巻第七号、一九二三年一月一日、二二四頁参照。

(30) *J. C.* "The Rice Riots.", Aug. 16, 1918, p. 5.

(31) Arthur Morgan Young, *Japan Recent Times 1912–1926*, Greenwood Press, 1973, p. 117.

(32) *J. C.* "Labour Troubles in Japan.", Aug. 22, 1918, p. 4.

(33) これらについては拙稿「『ジャパン・クロニクル』の報道姿勢――ロバート・ヤングの思想形成を中心に――」『中央大学社会科学研究所年報』第九号、二〇〇五年、六一―八〇頁参照。

(34) 粟屋憲太郎ら編『内務省新聞記事差止資料集成』第一巻、日本図書センター、一九九六年、一二七頁参照。

(35) 同右、一三〇頁。

(36) 同右、一三二頁。

(37) 『東京朝日新聞』一九一八年八月一七日付、第二面。

(38) 同右。

(39) 前掲『内務省新聞記事差止資料集成』一三六―一三七頁参照。

（40）『大阪朝日新聞』一九一八年八月一八日付朝刊。

（41）この記事は原文を忠実に訳出している。本論考では初出に従ったが、毎日コミュニケーションズ（『大正ニュース事典』第三巻、一九八七年）二三五頁にも所載。

（42）*J. C.*, "The Responsibility for Free Speech.", Aug. 23, 1918, p. 4.

（43）姜東鎮『日本言論界と朝鮮』法政大学出版局、一九八四年、一一一―一一二頁。李錬『朝鮮言論統制史』信山社、二〇〇二年、一三四―二一〇頁などを参照。

（44）*J. C.*, *ibid.*, Aug. 23, 1918.

（45）*Ibid.*

（46）*Ibid.*

（47）これらの点については掛川、前掲論文、並びに有山輝雄『近代日本ジャーナリズムの構造』東京出版、一九九五年、三二一五頁もあわせて参照せよ。

第六章　可能性としての直接軍政

——戦闘の連続としての日本本土進駐——

栗田尚弥

第一節　はじめに

一九四五（昭和二〇）年八月一五日、日本はポツダム宣言を無条件で受諾、アメリカ、イギリス等連合国に降伏した。二週間後（八月二八日）、アメリカ太平洋陸軍総司令部（General Headquarters, United States Army Forces, Pacific）のチャールズ・テンチ（Charles T. Tench）大佐に率いられた連合国軍の先遣隊百数十名が神奈川県の日本海軍厚木飛行場に到着[1]、三〇日には連合国軍最高司令官（Supreme Commander for the Allied Powers、略称ＳＣＡＰ）ダグラス・マッカーサー（Douglas MacArthur）元帥（太平洋陸軍総司令官を兼務）[2]が、幕僚および第一一空挺師団（11th Airborne Division）の将兵とともに厚木飛行場に到着した。同日マッカーサーと彼の幕僚たちは、横浜に移動、同所のホテルニューグランドに太平洋陸軍総司令部と連合国軍最高司令官オフィス（Office of the Supreme Commander for the Allied Powers）[3]を置いた。

このマッカーサーの到着以降、太平洋陸軍麾下の米第六・第八（6th Army、8th Army）両軍麾下・指揮下の部隊を主力とする連合国軍は、「日本政府や日本大本営が突然崩壊もしくは降伏した場合」(4)における日本本土進駐・占領計画であるブラックリスト作戦(Blacklist Operations)(5)に基づき、厚木飛行場(空路)や横須賀海軍基地(海路)、さらには横浜港(同)、千葉県館山海軍基地(同)、長崎県佐世保軍港(同)等から陸続として日本本土に上陸、九月から一〇月、一一月にかけて日本各地に進駐・展開し、占領軍として日本国民と対峙することになる。

今日、連合国軍の進駐・展開過程については、自治体史を中心に多くの論考が出されている。(6)しかし、占領軍が具体的にどのような対日認識を持って占領地に対峙し、どのような占領統治を考えていたのか、について論じたものは少ない。(7)そこで本稿の目的であるが、主として太平洋陸軍および連合国軍(占領軍)本隊の第一陣となった太平洋陸軍麾下の第一一空挺師団および第二七歩兵師団(27th Infantry Division)(8)の資料に基づいて、占領軍がいかなる対日認識を持って、いかなる占領統治を行おうとしていたのか、について明らかにすることにある。(9)

論文の構成であるが、まず第一一空挺・第二七歩兵両師団の「作戦命令」(*Field Order*)とその付属文書によって、占領軍戦闘部隊の対日認識と占領統治案について論じ、次いで両師団の上級組織である太平洋陸軍および米本国の対日統治策について論ずることとする。

第二節　平和的進駐への不安

まず、第一一空挺師団と第二七歩兵師団に与えられた任務から話を始めよう。一九四五年八月二四日付第二七歩兵師団の「野戦命令第八二号」(*FO*《*Field Order* のこと――筆者注》*No. 82*、以下 *FO. 82* と略記)の1―b―(2)には第一一空挺師団と第二七歩兵師団の任務について次のように記されている。

第八軍は、厚木飛行場に対する第一一空挺師団の上陸をもってこの作戦（＝ベーカー六〇［Baker 60］などブラックリスト作戦のうち第八軍に課せられた作戦［東日本への進駐・占領］――引用者注）を開始する。第一一空挺師団は、厚木飛行場及びそこを取り囲む地域を確保する。第一一空挺師団の移動が完成したとき、第二七歩兵師団は空輸により厚木飛行場に移動する。この二つの師団が、第一一軍団（11th Corps）と第一四軍団（14th Corps）の東京湾地区の上陸地点を確保する。(10)

両師団の役割は、「この作戦」を遂行する第八軍の前衛部隊として、後続部隊のための橋頭堡を築くことにあったのである。

ちなみに、第一一空挺師団の「野戦命令第三四号」（*FO No. 34*、以下*FO. 34*と略記）には、橋頭堡確保のための同師団の具体的任務として、①厚木飛行場に上陸し、付随的空挺活動のために厚木飛行場を確保すること、②すべての日本人を厚木飛行場から三マイル外の地域に立ち退かせること、③米太平洋陸軍総司令部および第八軍前線部隊および麾下司令部のために安全を確保すること、④横浜を含む第一空白地帯を占領すること、⑤北日本に対するさらなる占領作戦の準備、の五項目が挙げられており（*FO. 34*, 2-a）、さらに同師団麾下部隊の任務については、①厚木飛行場を押さえ、続いて実施される空挺作戦のために同所の安全を確保すること、②飛行場から三マイルゾーンを越える日本人の管理、③米軍当局によって許可されたものを除く日本人の三マイルゾーン内への立ち入りを禁止すること、④厚木から茅ヶ崎にかけてのパトロール、⑤厚木の管轄責任が師団砲兵隊司令官に交代したとき、茅ヶ崎―厚木ラインを占領し、確保すること、⑥日本北部への移動準備、などの項目が具体的に挙げられている（第一八八パラシュート歩兵連隊〔188th Parachute Infantry Regiment〕の場合、*FO. 34*, 3-a)[11]。

それでは、「この作戦」の目的はどこにあったのであろうか。*FO. 34* および *FO. 82* には、それぞれ次のようにある。

連合国軍は、日本人を管理下に置き、責任管轄範囲において降伏条項を課するために、日本を占領する。米第八軍は、東京地区の空挺堡を確保し、続いて高度な空挺・上陸作戦により本州北部・北海道に上陸する。その目的は、アジア地域からこれらの地域を隔離して、（占領地域における）より高度の統治梯体と全通信手段の管理を確保し、敵兵力の活動を停止させ、敵対要素に対する作戦を開始することにある（*FO. 34*, 1-a)[12]。

第八軍は、空挺及び上陸進行により、より高度な政治段階のコントロール及び通信のあらゆる手段を確保し、敵軍事力を無力化し、あらゆる抵抗要素に対する作戦を開始することにより、本州北部と北海道をアジアから孤立させる目的で本州と北海道に上陸する（*FO. 82*, 1-b-(1))[13]。

「この作戦」そしてブラックリスト作戦は、単なる進駐・占領計画ではなく「敵」=日本国内の抵抗勢力との戦闘を想定した武力進駐計画だったのである。今日では種々論議の分かれるところであるが、当時前線の米軍将兵は、「日本は連合国による無条件降伏の諸条項を受け入れた」（Japan has accepted the unconditional surrender terms of the Allied Nations）[14]と認識していた。それ故、「無条件降伏」に反対する日本軍残存勢力の抵抗を予想していたのである。さらに第一一空挺師団や第二七歩兵師団の将兵は、太平洋戦線において日本軍との激烈な戦闘を経験しており、日本軍将兵の戦闘能力とその狂信的とも言うべき行動を熟知していた。そして、日本国内には「本土決戦」に備えて「自らの祖国を守る頑強なまだ敗北を知らぬ将兵」[15]特に陸軍将兵が展開していた。第二七歩兵師団は日本陸軍の「脅威」について次のように分析している。

> 日本海軍はほとんど壊滅状態にある。空軍力は連合国軍よりも数で劣勢である。しかし、陸軍は戦力を維持したまま組織を保全しており、大きな脅威である。本州中央部における陸軍戦力は五五万と予測され、その大半は東京地区に集まっている。[16]

また、第一一空挺師団、第二七歩兵師団よりも少し遅れて（九月一一日）日本に上陸した第四三歩兵師団（43rd Infantry Division）[17]も、本土の日本陸軍の「戦闘力」の高さを次のように指摘している。

> 日本海軍は、弱体化し、もはやその義務を遂行し得ない。商船は戦前に比し多くが失われ、その数は戦前の二〇パーセント以下である。敵空軍は数の上では無視できないが、航空燃料の不足と作戦用飛行場に対する我が空軍の不断の攻撃によりほとんど役に立たない。（しかし）日本陸軍は依然戦闘力を維持している。約三五から四〇の師団が日本国内にある。それに加え、よく武装された対空・海岸および野戦砲兵隊、工兵隊、軍務部隊が存在する。[18]

さらに、米軍将兵にとって脅威であったのは、「狂信的」な民間人による敵対行動であった。たとえば ***FO. 34*** の「付属文書第一号（情報）」（*Annex No. 1 to Field Order Number 34, INTELLIGENCE*）、（以下 ***INTELLIGENCE34*** と略記）は、民間人による抵抗について「降伏条項のもとでの我々の占領に対する敵軍民のリアクションは予測できない。（敵の）軍事作戦は予測できないが、狂信的な民間人や秘密組織によるスパイ行為、サボタージュ、暗殺、地下活動の組織化等による抵抗は懸念される」[19]と分析している。また、*FO. 82* の「付属文書（情報）」（*ANNEX ABLE TO FO 82, INTELLIGENCE*、以下 *INTELLIGENCE82* と略記）は、日本軍民による組織的抵抗の可能性は低いとしながらも、「ファナティックな信念を持った」団体や個人による反米活動の「脅威」を指摘している。[20]

そして、日本本土進駐に際して、彼らが必須情報（ESSENTIAL ELEMENTS OF INFORMATION）としたものは、「我々が上陸・占領する最初の段階で日本軍が武力抵抗を試みるか否か、あるいは降伏条項に従うことを拒絶するか否か」「日本民間人は占領軍への協力を拒絶するのか否か？　拒絶するとしたら、どのような、どの程度の反抗であるのか」[21]といった日本軍民の抵抗の可能性や程度についての情報であった。

要するに第一一空挺師団や第二七歩兵師団の将兵たちにとって、太平洋戦線での戦闘と日本本土への進駐・占領は、断絶したものではなく延長線（連続線）上にあったのである。否、彼らのみならず、両師団の上級部隊であるアイケルイバーガー以下「第八軍の幕僚」も「日本への平和的進入の可能性を予想していなかった」[22]。八月二八日、占領軍本隊第一陣の尖兵として厚木飛行場に到着した第一一空挺師団の将兵は、「日本軍の巨大なわな」を想定して、「実際の侵攻のように完全武装」で輸送機に乗り込んだ。その輸送機のなかの「雰囲気は緊張していた」。何故なら、「（日本）本土への第一陣が本州の神聖な土地に足を踏み降ろした時、狂信的な日本人がどう反応するか、誰にもわからなかった」からである。[23]

第三節　戦闘部隊の情報収集と対諜報活動

上述した如く、ブラックリスト作戦は日本本土の「自らの祖国を守る頑強なまだ敗北を知らぬ（日本軍）将兵」や「ファナティックな信念を持った」民間人との戦闘を想定した作戦であり、占領軍第一陣の将兵は日本軍民との戦闘を覚悟していた。それ故、日本軍民の戦闘の可能性や程度についての情報収集が必須要件とされたのであった。そして、「情報資料の確保と保全、連合国軍（our force）による整然とした平和な占領にとって有害な個人や組織による、武装解除のがれを含む、あらゆる方法による抵抗に関する資料の確保、戦争犯罪人・テロリスト・破壊分子・ゲリラの逮捕」が、「作戦の第一段階」での戦闘部隊情報要員の「基本的情報任務（basic Intelligence mission）」とされたのである。(24)

第一一空挺師団、第二七歩兵師団など師団レベルの情報活動を束ねたのが、各師団の参謀第二部（G—2）である。*INTELLIGENCE82* によれば、第二七歩兵師団のG—2は、「特に、組織化されたグループあるいは個人による軍事的および非軍事的敵対行動に関する情報を探し出す」ものとされ、師団麾下部隊（unit）の情報要員は、個人およびグループによる公然たる敵対行動や日本軍の小隊以上の結集が見られた場合には、「時間、場所、性格、規模、原因」などについて「出来うる限り迅速な手段で直接G—2に報告」し、「不審な個人や団体」「破壊活動・サボタージュ・極端に体制批判的な活動などの地下活動に関する証拠」「危険人物、政治的に重要もしくは占領政策の遂行に重要と思われる人物」についての詳細を、あらゆる情報チャンネルを通じて収集するものとされた。(25)

この師団G—2および麾下部隊の情報部局（S—2という名称が多用された）と「共同・協力関係」(26)にあったのが、

ＣＩＣ（Counter Intelligence Corps）と称される特別部隊である。ＣＩＣは米陸軍の諜報・対諜報（防諜）・謀略部隊であり、今日日本では対敵諜報部（部隊）の訳語が屡々使用されている（占領当時は情報部）。第二次大戦中ＣＩＣ支隊（あるいは分遣隊、Detachment）は、陸軍航空軍（Army Air Force）を含む師団以上の戦闘部隊内と各戦域の司令部等に置かれた。マッカーサーが総司令官の任にあった南西太平洋戦域（South West Pacific Area）の場合について言うならば、軍、軍団、師団のすべてにＣＩＣが置かれ、その他南西太平洋戦域総司令部（太平洋陸軍総司令部と重複）には第四四一ＣＩＣ支隊（441st CIC Detachment）が置かれ、さらに同支隊の下に四〇〇番台ナンバーのＣＩＣ支隊が三五配置された（他に五つのＣＩＣ支隊が戦域に配置されている）[27]。なお、第四四一支隊麾下の四〇〇番台支隊は、大戦終結前後に二桁台ナンバーの地区ＣＩＣ（CIC Area、ＣＩＣ地区支隊［チーム］CIC Area Detachment［Team］という表記もあり）に再編成された。

第一一空挺師団と第二七歩兵師団には、それぞれ第一一ＣＩＣ支隊（11th CIC Detachment）と第二七ＣＩＣ支隊（27th CIC Detachment）が配置されていた[28]。太平洋戦線では両支隊にはそれぞれ一三名の要員が配置されていたが、日本進駐後師団司令部および麾下連隊ごとのチーム（team）に再編成されることになった。たとえば、第一一ＣＩＣ支隊の場合、第一一空挺師団司令部には、将校二名、エージェント（agent、諜報・防諜専門官か?）八名、通訳三名が、麾下の三つの連隊にはそれぞれ将校一名、エージェント四名、通訳が二名ずつが配置されることになった[29]。なお、*INTELLIGENCE34* に「第一一ＣＩＣ支隊と第四一地区ＣＩＣ支隊（41st CIC Area Detachment）は対諜報任務を遂行するためのチームとして活動する」[30]とあるように、進駐開始とともにＣＩＣ第四四一支隊麾下の地区ＣＩＣも各戦闘部隊に分派されることになった[31]。

各師団管轄範囲でのＣＩＣの役割は、「師団Ｇ―２の指示に基づいた重要情報目標の確保」、「『合衆国の政策と利益にとって潜在的脅威となる個人』『日本の情報機関の主要メンバー』『日本の情報組織の記録およびその他重要情報に関する記録・文書』等に関する調査」、「軍政部員および憲兵隊と充分な協力関係を保ち、軍政上のキーパースンとなりうる日本人公務員の調査と承認」、「個人および組織によるサボタージュ、スパイ行為、破壊活動などの調査」[32]、といった情報収集活動と対課報活動（counter intelligence）にあった[33]。

対諜報活動とは、敵の諜報・謀略・破壊行為を阻止する行動である。この対諜報活動について *INTELLIGENCE82* は、「（敵の）活動を制圧するために、情報提供者網を含む対諜報情報を収集する手段を確立する」[34]と、師団管轄範囲内における情報提供者を配置した対諜報ネットワークの確立を挙げているだけであるが、*INTELLIGENCE34* の「添付書類二（対諜報プラン）」（*Inclosure 2, COUNTER INTELLIGENCE PLAN*、以下 *CI PLAN* と略記）には、「予想される反抗グループによるスパイ・破壊活動を阻止する為、緊急治安査察を指揮すること」「民間の電話・電報施設に対する情報統制を実行に移し、管理すること」「上級司令部から概略を示された個人や施設を突き止め、確保すること」「その存在が師団の安全を脅かすすべての組織を調査し、制圧すること」「対諜報情報を確保するため、情報提供者のネットトを確立すること」「師団管轄内の日本人の情報活動を妨害すること」[35]など、武力による「制圧」をも含んだ積極的対諜報活動が挙げられている。要するに、少なくとも第一一空挺師団管轄下のＣＩＣ部隊は、占領地域における直接武力行使の可能性をも含んだ情報収集・対諜報活動を想定していたのである。

第四節　戦闘部隊の直接軍政計画

米軍にとって占領地域の敵国住民を管理するということ（民事管理）は重要な課題であった。何故なら、「（軍による）住民の適切な取り扱いは、占領軍が混乱を防止し、秩序回復を促進し、さらに労働力、役務、および必需品を調達するのに直接役立つ」からであり、「米国およびその連合国に対する、現在および将来の住民の態度によい影響を与える」[36]からであった。そして、「部隊指揮官」は「作戦行動が継続する限り」、「主要目的を達成するように非戦闘員の管理を実施したり、措置を講ずる責任がある」[37]とされたのである。

それ故、マッカーサー率いる太平洋陸軍も、日本が降伏せず日本本土に対する武力上陸侵攻作戦（＝ダウンフォール作戦［Operations Downfall］）が発動された場合には、「合衆国陸軍総司令官」の「自由裁量で設置」された「軍政機関」による軍政（＝軍による民事管理）を占領地域に施し、「目標地域における軍事作戦行動に対する妨害を阻止し、また労働力を含む現地手段を最大限活用」し、さらに「日本人民に関する合衆国政府の政策を自己の統制下の地域において履行する」ことを想定していた[38]。

また、大戦末期の一九四五年七月頃には、アメリカ本土のカリフォルニア州モンタレィの民政集合基地（Civil Affairs Staging Area、略称ＣＡＳＡ）において、日本各地の軍政を担当する軍政中隊（正確には軍政司令部・司令部中隊、Military Government Hq. & Hq. Company）と軍政グループ（正確には軍政グループ司令部・司令部分遣隊、H. Q. & H. Q. Detachment Military Government Group）の編成が開始された。

四五年八月五日、太平洋陸軍総司令部は、マニラ野戦命令によって総司令部内に軍政局（Military Government Section）を設置[39]、一〇日前後には太平洋陸軍の麾下にあり、日本全国に展開する米陸軍戦闘部隊および海兵隊を統括することになる第六・第八両軍内にも軍政局が設置された[40]。さらに、日本の降伏後の八月下旬からは両軍麾下の軍団や師団、連隊レベルの戦闘部隊内にも軍政担当部局が設置された。占領開始当初、日本各地の軍政を担当することになるのはこれら戦闘部隊の軍政部局である。

第一一空挺師団や第二七歩兵師団など師団レベルの戦闘部隊の場合、軍政担当部局とされたのは通常参謀第五部（G―5）であり、軍、軍団同様Government Section（邦訳では軍政部、占領統治局などが使用された）という名称も使用された。ちなみに、各師団司令部内にはG―5のほかG―1（人事）、G―2（情報）、G―3（作戦）、G―4（兵站）の四つの参謀部局が設けられた（GはGeneral Staffの略であろうか?）。また、連隊等のレベルでは、やはりMilitary Government Section（邦訳では軍政課）やS―5（Section 5）などの名称が使用された[41]。

米軍の一九四三年一二月二二日版の『米国陸海軍　軍政／民事マニュアル』*United States Army and Navy Manual of* ***MILITARY GOVERNMENT AND CIVIL AFFAIRS***（正式名称『軍政に関する基本的フィールド・マニュアル』〔*Basic Field Manual on Military Government*〕、別名『野戦便覧』〔*Field Manual ; FM 27/5*、海軍用ナンバーは*NAV 50-3*〕）の、第Ⅲ節（「軍政機構」）18「戦闘地域における軍政機構」には、「通常、軍政はその地域が占領軍の管理下に入りしだい戦闘地域で開始される。必然的に前線地区の軍政機構は、軍事的状況に適合するよう最重要の要素に限定される。……中略……住民の管理はしばしば軍隊によって直接なされることになる」[42]と、戦闘地域においては「直接軍政」が施行される旨が記されている。

これまで何度か述べているように、日本降伏後の日本本土への進駐・占領は太平洋戦線での戦闘の延長線上にあり、日本軍民との戦闘を想定したものであった。それ故、米軍の認識によれば、日本本土の米軍占領地域も「戦闘地域」となり、そこでは当然「直接軍政」が施行されることになる。

残念なことに、現在までのところ*FO. 34*および*FO. 82*の付属文書中にG―5（軍政部）関係の文書を見出すことはできない[43]。しかし、第二七歩兵師団の*FO. 82*のx―(7)には「街（towns）は、管理・治安目的で占領される」とあり、その(7)の(a)と(b)にはそれぞれ「統制を確立するには、（占領軍の）全布告の強制、市の建築物、電力・電灯・

ガス・水道・下水設備・道路・鉄道・通信センターの守備と査察が必要である」「治安の確立には、暴力・暴動・無許可集会・サボタージュに対する統制を支援するために必要とされるあらゆる手段が求められる」と記されている。(44)また、第一一空挺師団の*INTELLIGENCE34*は、ラジオ放送の一時的停止を掲げており、(45)*CI PLAN*は「民間の電話・電報施設に対する情報統制を実行に移し、管理すること」の必要を述べている（前述）。

さらに、*INTELLIGENCE34*は「軍事管理（military control）のもと、（日本の）軍人や個人の私的書簡の検閲は、戦域司令官によって出されている（あるいはこれから出されるであろう――原注）規則に基づいて続けられる」(46)と、軍事管理（軍政）を前提にした検閲について述べており、*INTELLIGENCE82*も「検閲は上級の司令部の管轄下にある特別検閲分遣隊（Special Censorship Detachmemt）によって行われる。ただし、そのような分遣隊が組織されるまで、当該地区における検閲は（第二七）師団G―2によって遂行される」と戦闘部隊による検閲に触れている。しかも、*INTELLIGENCE82*には「現在の規則は、上級司令部によって改編されるまで効力を有する。これらの規則のなかには先の攻撃任務（assault mission）に付属していたものも含まれる」とも記されており、(47)「先の攻撃任務」＝ダウンフォール作戦に盛り込まれた検閲規則が有効であることを示している。

まさに、第一一空挺師団も第二七歩兵師団も、日本本土進駐後はそれぞれの「戦闘区域」における「直接軍政」の施行を企図していたのである。しかもその軍政は、*FO. 82*に「この野戦命令は、我が諸部隊に対する最低限の敵対的行為があることを前提としている。そうでない状況が現出した場合（最低限以上の敵対行為が生じた場合――引用者注）には、上級司令部の指示により、全部隊は厚木飛行場に集結し、命令に基づき反攻活動開始の準備をする」(48)とあるように、非常事態における武力行使をも想定した「直接軍政」であった。

ところで、前記『米国陸海軍　軍政／民事マニュアル』は、その第Ⅰ節9（「民事管理の一般原則および政策」）―h

（「既存の法律、慣習、下級行政機関の存続」）において「被占領地の官吏および住民は、占領地の法律、慣習、および制度に精通している。行政の混乱を避け行政簡素化を促進するため、軍政目的に反するかあるいは軍政の最大利益に有害である場合を除いて、現地の法律および慣習、行政機関を存続させることが望ましい」[49]と述べている。また、9―i（「現地行政機関の存続および官吏の継続雇用」）―(6)においては、「有用な限り、現地行政機関の下級官吏および職員は彼らの職務に留まらせ、民事要員の指導および監督のもとで、職務を適切に遂行する責任を果たさせるべきである」[50]と指摘している。さらに、9―i―(8)は、「民事担当官は監督すれども執行せず」として、「民事担当官は可能な限り監督だけを行い、下級行政機関、あるいは行政部門の長の職務を引き受けないようにすべきである」[51]と述べている。軍政とはいっても、占領統治にあたっては「占領地の法律、慣習、および制度に精通」した現地（敵国）の人材や現地行政機構の積極的活用がすすめられていたのである。しかし同時に、「通常、政務担当の高級官吏を解任する必要がある」[52]（9―i―(3)）「現地の政治家および組織された政治集団の意見がいかに適切に思われても、彼らを軍政府の政策決定に関与させてはならない」[53]（9―i―(7)）とされ、敵国人は政策形成から一切排除されたのである。「軍政府」が政策決定を行い（いわば政府の役割）、軍政要員の監督・監視のもと現地行政機構がこれを執行する、というのが『軍政／民事マニュアル』中の占領地軍政のモデル・パターンであった。

第一一空挺師団の *FO. 34* や第二七歩兵師団の *FO. 82*（およびその付属文書）は、日本人や日本の行政機関の「積極的活用」について明確には論じてない。しかし、たとえば、*INTELLIGENCE82* の3―b―(6)には、「（日本の再建のために）鍵となる日本人や団体を明確化させる情報は貴重であり、（日本の）再建を推進するために提出さるべきであると考えられる」[54]とあり、CICの任務の一つとして「軍政部員および憲兵隊と充分な協力関係を保ち、軍政上のキーパースンとなりうる日本人公務員の調査と承認」（前述）が挙げられているところから、日本人や日本の行政機関の「積極的活用」は、前向きに検討されていたと思われる。なお、*INTELLIGENCE82* に「活動を制圧するために、情報提供者網を含む対諜報情報を収集する手段を確立する」（上述）とあり、*INTELLIGENCE34* に「連合軍側の語学要員に限りがあり、また膨大な日本語資料があるため、日本人現地語学スタッフが必要となろう」[55]とあることから判断して、日本人通訳・情報提供者の採用は積極的に考えられていたようである。

第五節　ブラックリスト作戦の直接軍政プラン

ブラックリスト作戦は、日本本土での日本軍民との戦闘を想定した、いわば太平洋戦線での戦闘の延長線上にある進駐・占領作戦であった。それ故、第一一空挺師団や第二七歩兵師団など日本上陸の連合国軍第一陣部隊は、敵情報の徹底収集と対諜報（防諜）のための綿密な計画を立て「戦域区域」における「直接軍政」を企図していたのである。そして、第一一空挺師団や第二七歩兵師団の上級部隊である第八軍司令部や太平洋陸軍総司令部も、同様の認識を有していた。否、より正確に言うならば、太平洋陸軍や第八軍司令部の認識を前提としたうえで、第一一空挺師団の *FO. 34* や第二七歩兵師団の *FO. 82* は作成されたと見るべきであろう。

ここで、太平洋方面における米軍の最上級司令部である太平洋陸軍総司令部の軍政プランを見てみよう。前述した如く、日本本土への武力侵攻作戦であるダウンフォール作戦は、太平洋陸軍総司令官（＝ダグラス・マッカーサー）による占領地域（＝日本）における直接統治（「直接軍政」）を想定していた。そして、「直接軍政」は米統合参謀本部（Joint Chiefs of Staff、略称ＪＣＳ）の方針でもあった。一九四五年五月三日、ＪＣＳは占領下日本の直接統治（「直接軍政」）を想定し、マッカーサーに日本に対する軍政責任を課し、以後も軍政計画のための細かい指示を発していく。

さらに、五月二三日、ＪＣＳは国務・陸軍・海軍三省調整委員会（State–War–Navy Coordinating Committee、略称ＳＷＮＣＣ）に連合国軍総司令官問題を提示、両者の間で「日本に課す条項を軍政機関を通じて充分に強いること」等が確認された。(56)

ＳＷＮＣＣは、一九四四年に設立された、文字通り国務、陸軍、海軍の三省間の調整を計るための機関である。このＳＷＮＣＣのもとで、対日占領政策の具体案づくりをしたのが、翌四五年一月に設置された極東小委員会（State–War–Navy Coordinating Subcommittee for the Far East、略称ＳＦＥ）である。四五年四月六日、米陸軍省民事部（Civil Affairs Division、略称ＣＡＤ）は、ＳＷＮＣＣに対し対日占領政策の基本方針の作成を要請、ＳＦＥは初期対日方針の要綱を作成し、さらに六月一一日、ＳＦＥは、対日占領案「敗北後における米国の日本に関する初期方針の要約」（*Summary of United States Initial Post–Defeat Policy Relating to Japan*）をＳＷＮＣＣに提出した（文書番号*SWNCC–150*）。***SWNCC–150***は、連合国軍総司令官を長官として組織された軍政府が、直接日本を統治するという占領方式すなわち「直接軍政」方式を採用しているが、これはＪＣＳとＳＷＮＣＣの上記確認事項を考慮したものと考えられる。(57)

六月一四日、ＪＣＳはマッカーサーに、「日本政府や日本大本営が突然崩壊もしくは降伏した場合」の米軍による日本本土進駐・占領計画＝ブラックリスト作戦の立案を命じた。同月二二日、マッカーサーはブラックリスト作戦の立案をも麾下幕僚に命じ、幕僚たちはダウンフォール作戦と平行してブラックリスト作戦の研究を行うことになった。そして、ブラックリスト作戦も、「直接軍政」による占領統治を想定していたのである。

八月八日、太平洋陸軍総司令部はブラックリスト作戦の最終版（第三版［*Edition 3*］）を策定した。その二日前（六日）、同総司令部は「ブラックリスト作戦軍政機関基本計画試案」（*BASIC PLAN FOR INSTITUTION OF MILITARY*

GOVERNMENT BLACKLIST OPERATION《*Tentative*》を作成していた[58]。この「試案」は軍政の「目的」を、「無条件降伏もしくは崩壊後に日本に課せられる宣言（ポツダム宣言――引用者注）の諸条項の強制」と「日本が再び世界の平和と安全への脅威とならないことを保証し、他国の権利と国際的な義務を尊重する日本政府が最終的に成立可能となる条件をつくりだすこと」にあるとしているが、これはポツダム宣言および *SWNCC–150* の内容に沿ったものと考えられる。そして、軍事法廷、賠償、政治・行政の再編成、武装解除、戦犯逮捕、検閲、広報、教育、配給、経済など占領下の施策全般に渡っての指針が示されている。

また、太平洋陸軍総司令官は軍政官（Military Governor）として、日本全体に対する行政上、立法上、司法上、すなわち三権のすべてにおいて最高の（supreme）の権力を有するとされ、総司令官麾下の各司令官（Army Commanders、総司令官指揮下の海兵隊など陸軍以外の部隊の司令官を含む）は、上記「目的」の遂行に向けて、占領軍としての権利と義務および日本の無条件降伏と完全なる敗北の結果与えられる権力に従って、秩序を維持し、占領軍の安全を確保し、さらに積極的および消極的妨害工作を阻止し、軍事占領に有用なあらゆる資源を動員するために、太平洋陸軍総司令官の名のもとに自己の管轄範囲内において軍政を施行する、とされた。そして、『米国陸海軍　軍政／民事マニュアル』や第二七歩兵師団の *INTELLIGENCE82* と同様、軍政機関の政策や指令を遂行するために利用（utilize）すべきものとして、「信頼しうる」日本人官吏と「使用可能な」日本の行政機構についても言及されているのである。また、各師団には軍政を担当する軍政中隊（Military Government Company）が配され、ＣＩＣと心理作戦要員（Psychological Warfare Personnel）が検閲と情報管理にあたることになっていた（その他都道府県に二名ずつの軍政専門官［Military Government Specialist］を配置）。まさに、*FO. 34* も *FO. 82* も「ブラックリスト作戦軍政機関基本計画試案」をもとに作成されたものと言ってよい。

第六節　太平洋陸軍「付属文書第八号」とマッカーサー布告

FO. 34、*FO. 82* の作成の四日後（二八日）、太平洋陸軍総司令部は「作戦指令第四号」（*Operations Instructions No. 4*、八月一五日付の具体的日本占領指令）の付属文書として「付属文書第八号（軍政）」（*ANNEX 8*《*Military Government*》）を発した。

「付属文書第八号」は、「降伏文書の執行」および「①軍国主義および軍国的ナショナリズムの廃止、②必要と思われる軍事的保障のもとに、宗教、出版、言論、集会といったものの自由化への流れやその過程を助ける、③日本が再び世界の平和と安全の脅威とならないことを保証し、その結果日本が他国民の権利と国際的義務を尊重する国となる条件を作り出す、という連合国の戦後目的を前進させる」ことを「日本の軍事管理の主目的」として掲げていた。そして、この目的のために「連合国軍最高司令官は、天皇および有効なあらゆる日本帝国の手段を通して実施可能な最大限の範囲において日本および日本国民に対する管理を実施する」と記している[59]。「付属文書第八号」は先の「ブラックリスト作戦軍政機関基本計画試案」に比し、「間接統治」的雰囲気が強いものとなっている。

太平洋陸軍総司令部が「ブラックリスト作戦軍政機関基本計画試案」を策定した頃、アメリカ国内では、ジョセフ・グルー（Joseph C. Grew）など国務省（the Department of State）の知日派（ソフト・ピース派）を中心とした対日間接統治論が意見を強めていた。八月一〇日、昭和天皇は最高戦争指導会議においてポツダム宣言受諾の意思を表明した。同日、日本政府は「国体護持」を条件に宣言受諾を連合国側に申し入れた。これに対し、一二日米国バーンズ（J. F. Byrnes）国務長官は、「降伏の時より天皇及び日本国政府の国家統治の権限は、降伏条項の実施の為其の必要と認むる措置を執る連合国最高司令官の制限の下におかるるものとす（subject to の外務省訳であるが、正確には「従属する」とすべき—引用者注）」「日本国政府確定形態は『ポツダム宣言』に遵ひ日本国国民の自由に表明する意思に依り決定せらるべきものとす」他二項目からなる回答文を寄せた。[60] この回答は、解釈によっては天皇大権の停止と国体の変革を意味するものであり、日本の上層部は困惑したが、実は米国政府は日本政府にポツダム宣言受諾の意思があることを重視し、一一日国務省は降伏関係文書に天皇の署名を求めるとした「降伏文書」（*SWNCC–21/3*）を廃棄（英国政府の提案）した。さらにバーンズ回答が出された一二日には、ＳＷＮＣＣによって「初期方針」の修正（*SWNCC–150/2*）が行われた。この修正案には、「直接軍政」規定に代わって、連合国最高司令官が天皇および日本政府を通じてその権限を行使するという「間接統治」風の規定が盛り込まれていた。[61]

八月一四日、バーンズ回答は国体変革や天皇大権の侵害にあたらないと解釈した日本政府は、ポツダム宣言受諾を最終的に決定、中立国を通じてこれを連合国側に申し入れた。これを受けて米政府は、終戦処理手続きを開始、八月二二日「間接統治」規定を盛り込んだ *SWNCC–150/2* をもととした *SWNCC–150/3* が、ＳＷＮＣＣの陸軍省代表マックロイ（John McCloy）により起草され、[62] ガイダンスとしてマッカーサーに伝えられた。[63]「付属文書第八号」が出された背景には、*SWNCC–150/3* の存在があったのである。

では、マッカーサー以下太平洋陸軍首脳は、「付属文書第八号」中の「間接統治」にどのような意味を込めていたのであろうか。その答えは、九月二日マッカーサーが連合国軍最高司令官として発した、日本国民に対する「布告」（*PROCLAMATION*）の「第一号」から「第三号」の中にある。「第一号」は、ＳＣＡＰのもとにおける日本の軍事管理、「第二号」は占領軍命令違反者に対する軍事裁判による処罰、「第三号」は「Ｂ」円すなわち占領軍の軍票を法定通貨とするものであり、いずれも「直接軍政」を前提とした布告であった。

特に「布告第一号」は、日本の降伏が「無条件降伏」であり、「戦勝軍」として「日本国ノ領土ヲ占領」することになる連合国軍の最高司令官であるマッカーサーが、「日本国全領域並其ノ住民ニ対シ」「軍事管理ヲ設定」、すなわち「直接軍政」を施行することを強調したうえで、「行政、司法、及立法ノ三権ヲ含ム日本帝国政府ノ一切ノ権能ハ爾今本官ノ権力下ニ行使セラルルモノトス」（第一条）「一切ノ私人ハ本官ノ命令及本官ノ委任ニ基キ発セラルル一切ノ命令ヲ速ニ遵守スヘシ占領軍ニ対スル抵抗行為又ハ公共ノ安寧ヲ紊スカ如キ一切ノ行為ニ出ツル者ハ厳重ニ処罰セラルヘシ」（第三条）「本布告及其他一切ノ公文並公表ニ使用セラルル『軍事管理』ナル語ノ意義ハ『軍政』ヲモ含ムモノトス」（第六条）「爾後ノ諸布告、軍命令、規則、告示、訓令、条例ハ本官ニ依リ又ハ本官ノ委任ニ基キ布告セラルヘク日本国民ニ対スル要求事項若ハ禁止事項ヲ明示スルモノトス」（第七条）という具合に「直接軍政」に伴う「占領条件」を列挙していた(64)。

確かに「付属文書第八号」では、「天皇および有効なあらゆる日本帝国の手段を通して」の「管理」ということが建前とされている。しかし同時に、「第八号」は、「必要な場合には、最高司令官は軍・軍団司令官に対し、帝国政府官吏や日本国民からの服従を確保するため、軍・軍団司令官の管轄範囲において彼らがとるべき行動について、適切な命令をだすことができる。換言するならば、占領軍は最高司令官の指令に対する日本帝国政府の服従を確保するために、必要とされる場合には、最高司令官の代理人（agency）として第一に行動することができる(65)」と、「必要な場合」における「直接軍政」の可能性を明記しているのである。

マッカーサーら前線の太平洋陸軍首脳にとって、「付属文書第八号」の「間接統治」規定は、将来の日本統治のためのいわばプログラム規定であった、と考えるべきであろう。そして、「日本への平和的進入の可能性を予想していなかった」太平洋陸軍首脳にとって、また「日本軍の巨大なわな」を予想していた多くの米軍将兵にとって、今こそ

「直接軍政」が「必要な場合」であった。「布告第一号」から「第三号」が出されたのと同じ日、「付属文書第八号」は、「日本の軍事管理に関する命令」(*Instruction for the Military Control of JAPAN*)として、太平洋陸軍総司令官および連合国軍最高司令官の名をもって、第一一空挺師団や第二七歩兵師団など太平洋陸軍麾下の部隊に示された。

第七節　直接軍政中止?

「布告第一号」から「第三号」が出された翌日(九月三日)、東久邇内閣の外相重光葵は、横浜の太平洋陸軍総司令部(連合国軍最高司令官オフィス)にマッカーサーを訪問、サザーランド(R. K. Sutherland)太平洋陸軍参謀長同席の上マッカーサーと会見し、「降伏文書調印に関する日本側の決意と準備とを詳細に開陳して、軍政を敷くことを思い止まることを要請した」[66]。重光によれば、マッカーサーは「理解と興味とをもってこれを聴取し、遂に軍政の施行を中止することを承諾し、その場において、直ちに必要の措置をとることをサザランド参謀長に命じ、参謀長は電話をもって総司令官の命令伝達の措置をと」[67]り、同日付「太平洋陸軍総司令部指令第二号」(*Directive No. 2*)により、「以後SCAPの命令は、日本国民に直接的に提示する『布告』の形式をやめ日本政府宛の指令(*Directive and Instruction*)など覚書(Memorandum)の形をとる」[68]ことを明らかにした。重光によれば「かくの如くして、日本はドイツの場合と異なり、引き続き日本憲法によって成立し存在する日本政府を通じて、占領政策が実行されるようになった」[69]のである。

しかし、マッカーサーや太平洋陸軍首脳が、どの程度「軍政の施行を中止することを承諾し」ていたかについては疑問が残る。確かに、この当時太平洋陸軍総司令部の近くにあった第一一空挺師団と第二七歩兵師団(ともに神奈川県に展開）は、*FO. 34* や *FO. 82* に盛り込まれた直接軍政事項を実行に移すことはなかったが、その他の地域に展開した米軍には「直接軍政」的行動が少なからず見られた。たとえば、東京立川に進駐した第一騎兵師団（1st Cavalry Division）麾下部隊の指揮官「コベック大佐」は、九月四日立川警察署長を訪問、同署長に対し、日本人の外出禁止、酒類の販売禁止、米軍「物品」の「買受ケ」「交換」を「シタル」日本人に対する死刑を含む厳罰の適用などを内容とした「命令」を手交、さらに中央線、青梅線、八高線などの運行禁止を命じた[70]。また、九月一三日に埼玉県内への進駐を開始した第四三歩兵師団の司令部（熊谷）は、一四日埼玉県熊谷勤労動員署長を熊谷警察署に招致し、県当局を一切無視する形で「（勤労動員署長に）知事の権限を与えるから、一五日までに三〇〇〇人の労務者を提供せよ[71]」との指示を出した。そして、九月三日千葉県館山に進駐した第一一二騎兵連隊戦闘団（112nd Cavalry Regimental Combat Team）指揮官カニングハム（Julian W. Chuningham）准将は、同日指令書「米国軍ニヨル館山湾地域ノ占領」（Occupation of Tateyama–Wan Area by United States Forces）を林安館山地区連合軍受入設営委員長らに手交、四日この指令書に基づき戦闘団内に設置された軍政参謀課（Military Goverment Staff Section）が館山において「直接軍政」を開始した[72]。

この館山の「直接軍政」について、重光は「（マッカーサー）総司令官の軍政見合わせの命令伝達が（第一一二騎兵連隊戦闘団に）間に合わなかったためであった[73]」と述べている。しかし、館山の「直接軍政」は八日まで続いており、また第四三歩兵師団の熊谷勤労動員署長への指示は一四日である。「命令伝達が間に合わなかったため」軍政が行われたというのは説得力に乏しい。そもそも、マッカーサーらが「軍政の施行を中止することを承諾し」たという重光の表現は正確ではない。九月三日重光と会見した際、マッカーサーは「日本政府かグットフエイスを充分示しくるれは問題は簡単になり、要するに政府及国民の出方一つにて之の問題は如何ともなるものなり[74]」と述べている。また、翌四日に再度重光と会見したサザーランドは、「米国側布告案一乃至三は何れも差当り直ちには（傍点引用者）実施せす其の内容を実現する場合も先つ日本政府を通してなさんとする」[75]と語っている。マッカーサーら太平洋陸軍首脳からすれば「軍政施行の中止」は当面の方針であり、軍政が中止されるか否かは、「日本政府乃至国民の出方一つ」だったのである。太平洋陸軍首脳は、「理解と興味とをもってこれを聴取し」たわけではなく[76]、「必要な場合」における「直接軍政」までをも否定したわけではなかった。第一一二騎兵連隊戦闘団の館山「直接軍政」が長引き、太平洋陸軍総司令部が「指令第二号」を発した一〇日後に、第四三歩兵師団が「知事の権限」指示を発した理由がここにある。

第八節　戦闘の連続としての日本占領、そして直接軍政——結びにかえて

一九四五年八月三一日、ＳＷＮＣＣ会議は *SWNCC–150/3* に修正を加えた *SWNCC–150/4* を承認した。六日後（九月六日）、トルーマン大統領は *SWNCC–150/4* を承認、*150/4* は同日マッカーサーにも伝えられた。

SWNCC–150/4 は、「最高司令官は、天皇を含む日本政府機構および諸機関を通じて権限を行使する」（第二部第二条）と、*SWNCC–150/3* 同様間接統治の〈原則〉が一応明記されていた。しかし、同じく第二部第二条において、日本側が最高司令官の指令を満足させない場合には「（最高司令官は）日本の人事の変更を要求しまたは直接行動をとる」ことができるとされており、さらに「天皇および日本国政府は降伏条項を実施しかつ占領および管理政策を実施するため一切の権力を有する最高司令官に隷属する」（やはり第二部第二条）とも記されていたのである[77]。ＳＷＮＣＣ会議において *SWNCC–150/4* が承認された時、国務省内の主導権は、グルーら知日派（ソフト・ピース派）から

アチソン国務次官ら対日強硬派（ハード・ピース派）に移っていた。また、米陸軍内部には、日本に対し「直接軍政」を施行すべきとの声も強かった[78]。*SWNCC–150/4* は、これら対日強硬派の意向をも取り入れていたのである。実は、マッカーサーは「天皇および日本政府の国家統治の権限は連合国最高司令官としての貴官に従属する」「日本と我々の関係は契約的基礎の上にではなく、無条件降伏の上に立脚する」という指令を、九月六日にトルーマンから受け取っていた[79]。

九月二二日、*SWNCC–150/4* は、ホワイトハウス指令 *SWNCC–150/4/A* として公表された。この内容は日本の新聞にも報道され、日本のマスコミは「間接統治」という語句をことさらのように喧伝した。

しかし、間接統治論の集大成とも言うべき *SWNCC–150/4* の「間接統治」は、前述した如く「直接軍政」への可能性を限りなく秘めたものだったのである。そして、*SWNCC–150/4* は、「必要な場合」の「直接軍政」の可能性を含んだ先の「付属文書第八号」を追認するものとなったのである。すなわち、*SWNCC–150/4* により、「付属文書第八号」は、マッカーサーとその幕僚たちにとって、九月六日以降も「必要な場合」における「直接軍政」を保証するものとなったのである[80]。

一九四五年一一月一日、各地の戦闘部隊に付属していたＣＩＣ部隊は、連合国軍最高司令官総司令部（General Headquarters of the Supreme Commander for the Allied Powers、略称ＧＨＱ／ＳＣＡＰ、通称ＧＨＱ）の方針に基づき、戦闘部隊の指揮下から離れ、第四四一支隊管轄下の管区（Region）ＣＩＣと地区ＣＩＣに再編成された[81]。その理由としてＣＩＣ第四四一支隊の後身第四四一軍事諜報部隊（441st Military Inelligence）の公式ホームページは、「（四五年一一月一日に）占領が平和裡になされるであろうことが明らかとなった」ためと記している[82]。また、同日ＪＣＳからマッカーサーに対して出された「日本占領及び管理のための連合国最高司令官に対する降伏後における初期の基本指令」（*JCS–1380/15*、三部五〇条からなる）の第二条は、「最高司令官の権限の基礎は米大統領と降伏文書であり、ポツダム宣言に基礎を置く。最高司令官はいかなる措置を執る権限もあるが直接軍政を樹立しない」と、「直接軍政」の可能性についていままでよりも強い表現で否定した。そして、各地方における軍政任務は、一一月中旬頃から徐々に戦闘部隊の軍政部局からCASAで編成された軍政部隊へと移されていく。(83)

一九四五年の八月一五日の日本のポツダム宣言の受諾により、第二次大戦（太平洋戦争）は終結した。日本と連合国との間の国家間の戦闘状態はこの日終了した。しかし、日本本土には陸上部隊を中心に一〇〇万以上の日本軍将兵と「狂信的」な国民が展開していた。太平洋戦線での日本軍との過酷な戦闘を経験した連合国軍（米軍）将兵のなかで、日本への進駐が「平和裡になされる」ことを予想したものは太平洋陸軍首脳を含め、極くわずかであったと言ってよい。この米軍将兵の意識を反映するように、ブラックリスト作戦は、日本軍残存勢力と「狂信的」な日本国民との戦闘を想定していた。そして、第一一空挺師団や第二七歩兵師団など太平洋陸軍の麾下部隊は、日本本土での日本軍民との戦闘を想定した進駐・情報収集・対諜報計画を作成し、戦時下での軍政手引き書である『米国陸海軍　軍政／民事マニュアル』に基づいた「戦闘地域」での「直接軍政」を計画し、マッカーサー以下太平洋陸軍（およびGHQ／SCAP）首脳は「直接軍政」を常に念頭に置いていた。八月一五日、確かに国家間の戦闘は終了し、この日が日本の戦後の第一歩となったことは否定できない。しかし、米軍将兵の認識では、日本本土への進駐は太平洋戦線での日本軍との戦闘の延長線（連続線）上にあり、日本の占領は—少なくとも一一月一日までは—太平洋戦争下の戦場各地での占領同様、「戦闘地域」の占領だったのである。

では、一一月一日をもって「戦闘地域」の占領は終了したのであろうか。一一月以降、CICの再編成、CASA軍政部隊への軍政移管、戦闘部隊の日本本土からの漸次撤収などが続いている。また、一一月一日には先の*JCS–*

1380/15 がマッカーサーに対して出されている。その意味において日本の占領は、一一月以降「戦闘地域」の占領〈あるいは〈戦時占領〉〉から〈戦後占領〉に移行したと言える。

しかし、〈戦後占領〉にも〈戦時占領〉との連続性は存在していた。占領軍当局の「直接軍政」への秘めたる指向性がそれである。確かに、*JCS–1380/15* は「直接軍政」の可能性について強い表現で否定している。だが、一一月二九日にマッカーサーの命により、サザーランド（GHQ／SCAPの参謀長を兼務）によって発せられた「作戦命令第四号」の「付属文書第八号（軍政）」の改訂版（*reviced copy*）では、「最高司令官は降伏条件を遂行するために日本に関する全権限を付与される。敵国領土内における軍事占領のための諸権力に加え、最高司令官は降伏を達成し、ポツダム宣言の諸条項や統合参謀本部の指令を遂行するために適切・適当と思われるあらゆる手段を執る権限を有する……中略……SCAPは日本政府が効果的に活動し得ない場合や失敗した場合には、直接行動をとりうる権限を有する」という具合にマッカーサーの権限は拡大されているのである。そして「必要な場合には、最高司令官は、その責任の範囲内において、帝国政府当局者や日本国民の服従を確保するために、第六軍および第八軍の司令官と第五艦隊司令長官に、適切な命令をだすことができる」と、「必要な場合」における軍事力行使も旧版同様明記されていたのである。[84] マッカーサーをはじめとする占領軍当局は、〈戦時占領〉終了後も「直接軍政」への指向性を持ち続けたのである。[85]

（1）連合国軍先遣隊について詳しくは、拙稿「資料紹介『テンチ先遣隊』の人員と構成」『綾瀬市史研究』第九号、二〇〇五年、を参照されたい。

（2）日本到着当時、マッカーサーは太平洋陸軍総司令官のほか連合国軍南西太平洋戦域総司令官を兼務していたが、南西太平洋戦域軍は九月上旬廃止される。

（3）九月上旬、マッカーサーは幕僚とともに東京日比谷の第一生命ビルに移動、一〇月二日ＳＣＡＰオフィスは、連合国軍最高司令官総司令部（General Headquarters of the Supreme Commander for the Allied Powers、略称ＧＨＱ／ＳＣＡＰ、通称ＧＨＱ）となる。

（4）GENERAL HEADQUARTERS UNITED STATES ARMY FORCES, *PACIFIC, BASIC OUTLINE PLAN FOR "BLACKLIST" OPERATIONS TO OCCUPY JAPAN AND PROPER AND KOREA AFTER SURRENDER OR COLLAPSE*, 8 August 1945.

（5）ブラックリスト作戦について詳しくは、横浜市総務局市史編集室『横浜市史Ⅱ』（第二巻上）、横浜市、一九九九年、を参照されたい。なお、ブラックリスト作戦は、ベーカー六〇（Baker 60、東京・横浜およびその周辺の占領）、ベーカー二〇（関東占領）などいくつかの作戦からなっていた。

（6）連合国軍進駐に関する最近の優れた論考としては、前掲『横浜市史Ⅱ』（第二巻上）、同（第二巻下）、二〇〇〇年、佐世保市史編さん委員会『佐世保市史』（通史編下巻）、佐世保市、二〇〇三年、大西比呂志「山口県における占領組織と管轄区域」『山口県史研究』第一二号、二〇〇四年、高村聰史「米英連合国軍の上陸と横須賀——昭和二〇年八月三〇日——」『市史研究横須賀』第三号、二〇〇四年、などを挙げることが出来る。これらの論考は、いずれも日本側資料のみならず米国側資料を多用している。

（7）たとえば、前掲『横浜市史Ⅱ』（第二巻下）には、主として太平洋陸軍および第八軍の資料をもとに、日本占領は「直接統治を内包した間接統治」であったと指摘している（三二頁）が、「直接統治を内包した間接統治」と占領軍の対日認識との関係や地域に展開した戦闘部隊の対日認識や占領統治案については触れていない。

（8）ここでは、第一一空挺師団、第二七歩兵師団、第一騎兵師団など一九四五年九月中頃までに日本本土に到着した連合国軍部隊を「第一陣」と定義する。

（9）第八軍麾下第一一軍団に所属した第一一空挺師団は、八月三〇日から三一日にかけて厚木飛行場に到着（一部は二九日）、九月中旬まで神奈川県東部を中心に展開（司令部横浜）、その後宮城県、岩手県方面に移動・展開した。やはり第八軍第一一軍団に所属した第二七歩兵師団は、九月上旬に司令部が厚木に到着（ただちに平塚に移動）、九日に本隊が厚木に到着した。同師団は当初神奈川東部を中心に展開したが、九月下旬に新潟県、福島県方面に移動・展開した。

(10) HQ 27TH INF Div, *FO No. 82*, 24 Aug 45.（以下 *FO. 82* と略記。）

(11) HQ 11 A/B DIV, *FO No. 34*, 24 August 1945.（以下 *FO. 34* と略記。）

(12) *ibid.*

(13) *FO. 82, op. cit.*

(14) *ibid.*

(15) Robert L. Eichelberger, *Our Bloody Jungle Road to Tokyo*. ロバート・アイケルバーガー「東京への血みどろの道」『読売新聞』一九四九年一二月一日から五〇年二月八日にかけて連載。

(16) HQ 27TH INF DIV, ANNEX *ABLE TO FO 82, INTELLIGENCE*, 24 AUG 45.（以下 *INTELLIGENCE82* と略記。）

(17) 第四三歩兵師団の日本本土進駐については、拙稿「占領軍実戦部隊の進駐と地方自治体——第四三歩兵師団と埼玉県を例として——」『國學院大學紀要』第四二巻、二〇〇四年、を参照されたい。

(18) HEADQUARTERS, 43RD INF DIVISION, Office of the A. C. of S., G-2, ANNEX《*INTELLIGENCE*》♯*2 to FO* ♯*15*, 24 August 1945.

(19) HQ 11 A/B DIV, *Annex No.1 To Field Order Number 34*, *INTELLIGENCE*, 24 August 1945.（以下 *INTELLIGENCE34* と略記。）

(20) *INTELLIGENCE82*, *op. cit.*

(21) *INTELLIGENCE34*, *op. cit.* なお、*INTELLIGENCE82* は、*INTELLIGENCE34* よりも詳しく、以下条項を必須情報条項として掲げている。

a．大月—八王子—平塚—石廊崎地区に展開している敵による、以下の如き軍事的抵抗の可能性。

①組織された軍隊（正規軍？）、秘密組織、疑似軍事組織。

②非組織的な狂信者の小集団。

③個人的ゲリラ活動。

b．敵軍民による以下の如き非軍事的抵抗の可能性。

①個人による自発的サボタージュ活動。
②秘密組織によって事前に計画されたサボタージュ計画。
③反連合国プロパガンダのための地下活動運動の組織化。
④占領地区での連合国軍の統治に対する消極的抵抗。

（22）アイケルバーガー、前掲手記、前掲『読売新聞』。

（23）511st Parachute Infantry Regiment, *Unit History, 30 June–30 September, Occupation of Japan.*「第五一一パラシュート歩兵連隊沿革」『茅ヶ崎市史　現代』2（茅ヶ崎のアメリカ軍）、茅ヶ崎市、一九九五年、一九七―一九八頁。

（24）（25）（26）*INTELLIGENCE 82, op. cit.*

（27）Duval A. Edwards, *Spy Catchers of U. S. Army in the War with Japan*, RED APPLE PUBLISHING, 1994, pp. 274–292.

（28）戦闘部隊ＣＩＣ支隊の部隊番号は、軍が末尾に軍番号を付した三〇〇番台の番号（たとえば第八軍のＣＩＣは、308th CIC Detachment）、軍団が末尾に軍団番号を付した二〇〇番台の番号、空挺師団、歩兵師団が師団と同一の番号（たとえば第二七歩兵師団のＣＩＣは、27th CIC Detachment）、騎兵師団が末尾に師団番号を付した八〇〇番台の番号（たとえば第一騎兵師団のＣＩＣは、801st CIC Detachment）が使用された。–*ibid.*, p. 299–.

（29）HQ 11th A/B Division, *Inclosure 2 to Annex 1 to Field Order Number 34, COUNTER INTELLIGENCE PLAN*, 21 August 1945.（以下 *COUNTER INTELLIGENCE* と略記。）

（30）*INTELLIGENCE 34, op. cit.*

（31）実際、占領開始当初、ＣＩＣ第四四一支隊麾下の地区ＣＩＣは、全国に展開した戦闘部隊に分派された。たとえば、一九四五年九月下旬に日本に到着し、北関東・甲信越方面に展開した第九七歩兵師団には、第九七ＣＩＣ支隊の他、四四一支隊麾下の第四六地区ＣＩＣチーム（46th CIC Team）が付属していた（拙稿「占領軍戦闘部隊軍政部局の組織と活動――第九七歩兵師団の場合――」『中央大学社会科学研究所年報』第九号、二〇〇五年、一六四頁）。なお、*F0. 82* によれば、第七九地区ＣＩＣ（CIC Area No. 79）も第二七歩兵師団に配されることになっている。

（32）*INTELLIGENCE82, op. cit.*

(33) この他*INTELLIGENCE82*はＣＩＣの役割として、師団のRecovery Teamと協力しての連合国軍捕虜の速やかなる解放を挙げている。

(34) *INTELLIGENCE82, op. cit.*

(35) *COUNTER INTELLIGENCE, op. cit.*

(36) *United States Army and Navy Manual of MILITARY GOVERNMENT AND CIVIL AFFAIRS*, 22 December 1943. 竹前栄治・尾崎毅訳『米国陸海軍　軍政／民事マニュアル』みすず書房、一九九八年、七頁。

(37) 前掲書、五頁。

(38) General Headquarters, U. S. Army Forces, Pacific, *Staff Study Operations "Coronet"*, 15 August 1945.「参謀研究コロネット作戦」、茅ヶ崎市編集・発行『茅ヶ崎市史　現代2』（茅ヶ崎のアメリカ軍）、一九九五年、三〇頁。引用に際しては一部語句を修正。

(39) 前掲『横浜市史Ⅱ』（第二巻下）、二〇頁。

(40) 第八軍軍政局については、前掲書、一四―一七頁に詳しい。

(41) 戦闘部隊の軍政部局の組織と活動について詳しくは、前掲拙稿「占領軍戦闘部隊軍政部局の組織と活動」前掲書を参照されたい。

(42) 竹前栄治・尾崎毅、前掲書、二八頁。

(43) ただし、FO. 82の3―c―⒃に「地方行政当局との協力関係に関する指示は、管理命令第三三号（*Administrative Order No. 33*）の付属文書『軍政』を見よ」とあるところから、少なくとも第二七歩兵師団内においては、日本進駐以前に軍政に関する書類が作成されていたことは間違いない。

(44) *FO. 82, op. cit.*

(45)(46) *INTELLIGENCE34, op. cit.*

(47) *INTELLIGENCE82, op. cit.*

(48) *FO. 82, op. cit.*

(49) 竹前栄治・尾崎毅、前掲書、八頁。

(50) 前掲書、九頁。
(51) 前掲書、一〇頁。
(52) 前掲書、九頁。
(53) 前掲書、一〇頁。
(54) *INTELLIGENCE82, op. cit.*
(55) *INTELLIGENCE34, op. cit.*
(56) 前掲『横浜市史Ⅱ』(第二巻上)、七六頁。
(57) *SWNCC–150* の大要については、竹前栄治「対日占領政策の形成と展開」『岩波講座　日本歴史』二二、岩波書店、一九七七年、四三―四四頁を参照されたい。
(58) 以下「ブラックリスト作戦軍政機関基本計画試案」については、拙稿「直接軍政から変則的間接統治へ――占領初期、対日軍事統治方式の推移――」、『中央大学社会科学研究所年報』第八号、二〇〇四年、二四六―二四七頁を参照されたい。なお、この「ブラックリスト作戦軍政機関基本計画試案」の具体的内容については、前掲『佐世保市史』(通史編下巻)、三四六―三四八頁にも、「ブラックリスト作戦に係わる軍政府設置の基本計画(暫定案)」としてすでに紹介されている。
(59) GENERAL HEADQUARTERS UNITED STATES ARMY FORCES, PACIFIC, ANNEX 8《*Military Government*》*TO OPERATIONS INSTRUCTIONS NO. 4*, 28 August 1945、および前掲拙稿「直接軍政から変則的間接統治へ」、前掲書、二四九頁。
(60) 神田文人『占領と民主主義』(昭和の歴史8)、小学館、一九八三年、三八―三九頁。
(61) 前掲『横浜市史Ⅱ』(第二巻上)、一〇七―一〇八頁。
(62) 竹前栄治『ＧＨＱ』岩波書店、一九八三年、八三頁。
(63) 百瀬孝『事典　昭和戦後期の日本　占領と改革』吉川弘文館、一九九五年、四七頁。
(64) 「聯合国最高司令官布告第一号」江藤淳責任編集『降伏文書調印経緯』(『占領史録』第一巻)、講談社、一九八一年、二六三―二六四頁および前掲拙稿「直接軍政から変則的間接統治へ」、前掲書、二四九―二五〇頁。

(65) *ANNEX 8《Military Government》TO OPERATIONS INSTRUCTIONS NO. 4, op. cit.*
(66) 重光葵『昭和の動乱』下、中央公論新社（中公文庫）、二〇〇一年、三三八頁。
(67) 前掲書、三三九頁。
(68) 前掲『横浜市史Ⅱ』（第二巻下）、二五頁。
(69) 重光、前掲書、三四〇頁。
(70) 「C. L. O（終戦連絡中央事務局）第三〇号　日本政府発聯合国総司令部宛口上書」昭和二〇年九月七日、外務省外交史料館蔵。
(71) 埼玉県編集・発行、『埼玉県行政史』第三巻、一九八七年、一二七頁。
(72) この点については、前掲拙稿「直接軍政から変則的間接統治へ」、前掲書、二五一―二五三頁を参照されたい。
(73) 重光、前掲書、三四〇頁。
(74) 「重光外務大臣マックアーサー会見」、一九四五年九月三日、外務省外交史料館蔵。
(75) 「外務大臣サザランド参謀長会談要旨」、一九四五年九月四日、同上。
(76) 九月四日の重光との会談において、サザーランドは「米国の手て行ふよりも日本政府を通する方が能率的」（同上）との理由により、日本側の申し出を受け入れた、と述べている。「軍政の施行を中止」したのは、米軍側の都合であった。また、この会談において重光自身も、「政府に於て十分之（米国側の「要求及命令」――引用者注）を実行し得さるか如き場合に於てのみ米国自身にて命令を出すも已むを得さる」（同上）と、「已むを得さる」場合の「直接軍政」の可能性について述べている。
(77) *SWNCC-150/4*、百瀬孝、前掲書、四六頁。
(78) この間の事情については、五百旗頭真『日本の近代6　戦争・占領・講和』中央公論新社、二〇〇一年、の「2　敗戦の方法」「3　戦後体制へ」を参照されたい。
(79) 前掲『横浜市史Ⅱ』（第二巻下）、二五頁。
(80) たとえば、一九四五年九月九日付第五空軍司令部（HEADQUARTERS FIFTH AIRFORCE）の「第五空軍作戦命令第一九号」（*FIFTH AIR FORCE OPERATIONS INSTRUCTIONS NO. 19*）は、この「付属文書第8号」を改めて「第一九号」の「付属文書第七号」（*ANNEX 7*）として添付している。また、九月二六日にサザーランドは太平洋陸軍軍政局要員に対し、直接軍政は行わない旨を伝えているが、それは「日本政府のシステムが満足に機能する限り」という条件付きであった（前掲『横浜市史Ⅱ』〔第二巻下〕、二七頁）。

（81）*97TH INFANTRY DIVISION MONTHRY NARRATIVE HISTORICAL REPORT FOR DECEMBER, 1945.*

（82）441st Military Intelligence, *441st Counter Intelligence and Military Intelligence Official History, http://www.441st.com.*

（83）これらの点については詳しくは、前掲拙稿「占領軍戦闘部隊軍政部局の組織と活動」、前掲書および拙稿「占領初期、軍政部隊の配置と移動」『國學院大學紀要』第四三号、二〇〇五年を参照されたい。

（84）GENERAL HEADQUARTERS UNITED STATES ARMY FORCES, *PACIFIC, ANNEX 8*《*Military Government*》*TO OPERATIONS INSTRUCTIONS NO. 4 (reviced copy)*, 29 November 1945.

（85）そもそも『米国陸海軍　軍政／民事マニュアル』には、「一般的に、被占領地でその地域以外の人々の法律および慣習を押し付けることは賢明ではない。いかなる変更または改革も現地の慣習に反して企図されるものは、積極的あるいは消極的抵抗を惹き起こす結果になり、これによって軍政実施の障害となる。同様の理由により、可能であれば、既存の地域の政治機構、およびその下部機構を存続させることが望ましい」（第Ⅰ節９―ｈ、竹前栄治・尾崎毅、前掲書、八―九頁）と記されている。重光葵言うところの「日本憲法によって成立し存在する日本政府」が存続しているか否かということは、軍政の定義上は何等本質的な問題ではない。米軍による日本の占領統治が間接統治か否かの問題は、天皇を含む日本の政府機関・行政機関が存続しているか否かという形式上の観点からではなく、政策決定がいかなる形でなされているか、という観点から論ぜられるべきであろう。

第七章　敗戦後の成木村の村政民主化
――木﨑茂男村政の展開を中心に――

沖川伸夫

第一節　「上からの村政民主化」――はじめにかえて

本稿で採りあげる成木村（現・青梅市）は、東京都の西北に位置する山村で、西多摩郡に属している。図1のように、南は小曽木村と三田村に、西は古里村、そして北は埼玉県飯能町と原市場村、名栗村に囲まれ、東西に細長く、南北に短い地形であった。村の西半分は山地で、東に行くほどわずかに平地がひらけ、西から流れる成木川と北小曽木川は村の中央で合流し、埼玉県に入って入間川、さらに荒川へと注ぐ。

一九四五（昭和二〇）年の時点で、村の人口は前年の三一八六人から三九六〇人に膨れあがり、世帯数は五七五戸から七三九戸に増え、(1)「帰り新参」や疎開者の流入が見られた。しかし、地理的に交通には恵まれていない。一九五一年に、西多摩郡の中心地・青梅と成木を結ぶ都バスが開通するまで、最寄りの東青梅駅から約六キロ、飯能駅から約八キロの峠越えをしなければ村には入れず、バスや電車といった交通機関の恩恵から郡内で唯一取り残された地域であった。

図1　成木村関係図

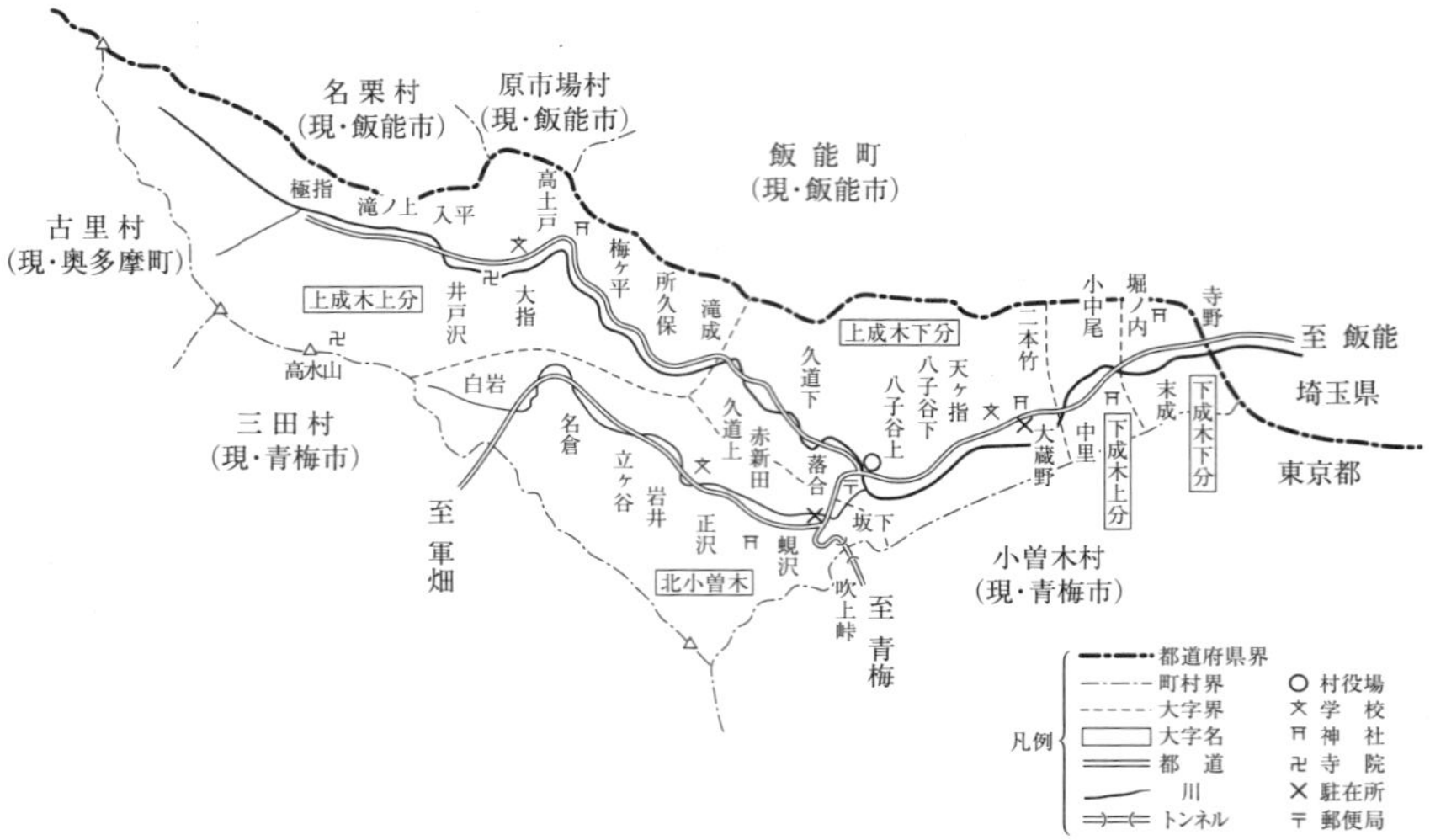

注）青梅市郷土博物館編『青梅市史史料集第四十八号　都下村落行政の成立と展開——青梅市成木調査報告書——』（青梅市教育委員会、1998年、復刻版）14ページをもとに作成。

村落は川沿いに発達し、大字は上成木上分・上成木下分・北小曽木・下成木上分・下成木下分の五つで構成され、そのうち上成木下分に村役場が置かれている。村の産業を大字で分類すると、最も西に位置する上成木上分と北小曽木が「林業地帯」に相当し、なかでも上成木上分が成木林業の代表格であった。それに対して、山林に恵まれない下成木上分と下成木下分は「農業地帯」で、残る上成木下分は林業と農業が混在する「境界地帯」といわれている[2]。ただ、成木村のなかでは、東に位置する「農業地帯」や「境界地帯」の方が交通の便がよく、村外への通勤が可能であった。その一方で、山に囲まれた「林業地帯」では、過剰労働力が沈殿するという問題を抱えていた。

一九三九年の統計で土地利用の傾向を探ると、村内の民有地一二二五・五町のうち、山林は九二九・六町で全体の七六パーセントを占め、畑が一六八・五町で一四パーセント、田にいたっては七・三町で一パーセント弱に過ぎなかった[3]。しかし、職業別人口でみると、一九四七（昭和二二）年のデータでは、農業が五三九人と最も多く、全体の四六パーセントに相当し、林業が二〇七人、製造業が一七二人と続いている。(4) これらのデータからも、林業だけで村内の労働力を吸収できず、人びとは平地の少ない山村で、狭い土地を利用し、農業を営んでいたことが分かる。

それでは具体的に、農業の中身はどういったものであったのか。一九四九年の作付面積の統計では、耕地総面積一三五町のうち、甘藷が四五町、大麦が四〇・二町で、二つを合わせて全体の六三パーセントに達し、このあと小麦・馬鈴薯・水稲の順であった。(5) したがって、米はほとんど作られず、水はけのよい土地に合った作物が生産されている。

一九四六年の時点で、農家戸数は五四七戸あり、そのうち専業農家は一三一戸、兼業農家は四一六戸で、兼業農家の方が専業農家より三倍多く、一方、小作は一四八戸で全体の四分の一を超える二七パーセントであった。(6) それでも、小作地の割合は、一九四五年のデータで農地全体の二四パーセントに過ぎず、西多摩郡平均の四〇パーセントを大きく下回っている。その後、農地改革により、成木村では二一町が売り渡され、小作地率は一三パーセントまで減っているものの、郡内では、小作地がさほど減少していない町村に属していた。(7)

このように、山林の多い成木村には、ほとんど田がなく、また、農家が多い割にもともと小作地の割合が低いため、他町村にくらべて農地解放による影響が少ない。しかも、兼業農家への移行も進展していた。そうした地理的・経済的条件を背景に、村内では戦前・戦中と、小作農が組合を結成して、小作争議を起こす動きが見られない。(8) さらに戦後、各地の青年団が積極的に活動を展開するなか、成木村の青年団は村長に奮起を求められるような状態で、(9) 依然として影響力を保持する山林地主を排除する力は働かず、農村社会運動の蓄積が乏しい地域であった。戦時中の総選挙における投票行動を追ってみても、成木村では、青梅出身で立憲政友会の津雲國利が毎回七割から八割の票を得ており、他の候補者を寄せつけない政友会の牙城となっていて、西多摩郡で最も保守的な地域といわれている。

ところが、こうして戦前・戦中と、農村社会運動の伝統がなく、青年団をはじめとする諸団体の盛りあがりも欠けた保守地盤の成木村で、敗戦後、他町村に先がけて村政民主化が進展した。この成木村の村政民主化は、村民からではなく、村が村民の活力を引き出しながら推進され、注目されている。[10] それまで保守的な土地柄であった成木村で、なぜ村政民主化が進展したのか。しかも、村民からではなく、村がリードする形の「上からの村政民主化」が根づいたのか。こうした疑問を解いていくため、まずは、敗戦後の成木村政の具体的な展開について、おさえておきたい。

この成木村に関する先行研究としては、東京都が東京都立大学調査団に依頼し、一九五八（昭和三三）年に提出された報告書『都下村落行政の成立と展開』と多仁照廣の論文[11]がある。前者は、青梅市合併後の旧成木村の変質過程を対象に、歴史・経済・土地・村落・行政・財政・教育など多面的に村の構造を分析したものであった。ただ、この報告書は、一九五八年時点での現状分析にウエイトが置かれ、歴史的背景については、「昭和期の事情にまで調査の手をのばすことができなかった[12]」と指摘しているように、昭和期の記述が薄く、後述の村報『たちば』や「疎開文化人」については触れられていない。また、聞きとりによる口述資料が多用されていて、敗戦後の村の動きを知るうえで貴重な証言となっているが、これらの口述資料も含めて典拠が不十分であった。

一方、後者の多仁照廣は、ＧＨＱの指導以前に存在した村民参加の成木村教育委員会の先駆性に注目し、アメリカによって「与えられた民主主義」という観点の再考を求めている。[13] その際、成木村の教育政策の分析に限定し、手がかりとなる資料として村報『たちば』を紹介するとともに、「教育立村」政策に影響を与えた人物という位置づけで「疎開文化人」の五十嵐力が採りあげられた。ただ、民主村政への変化を総体として把握しない限り、形だけ整っているように見えても、成木村の民主化の本質はつかめないと考える。

さらに、成木村に限定せず、敗戦後の村政民主化まで先行研究の範囲を広げてみると、直接、村政民主化のみをテーマとしたものは少ないものの、長野や埼玉など特定の地域を対象に、戦前・戦中・戦後の変動とその基盤となった村内諸階層の対抗関係をトータルに分析した共同研究の蓄積があり、そのなかで村政民主化は戦後の一つの変質過程としてこれまで扱われてきた。ただ、そこでは、農村社会運動の盛んな地域がモデルケースとして採りあげられていることから、戦前・戦中の豊富な運動経験をもとに、戦後、村民が突きあげる形で、戦時期の村政担当者に対して厳しく責任を追及し、総退陣を求める「下からの村政民主化」あるいは「村政民主化闘争」が多く見られる[14]。

最近でも、長野県上郷村で成立した共産党村政の支持基盤とその展開、さらに村政へと進出した青年団の活動とかれらの意識を検証した大串潤児[15]や、「村政民主化」を求めて、公選以前に行なわれた茨城県圷村の自主管理の村長選挙を扱った荒木田岳[16]など、「下からの村政民主化」の掘りおこしが進んでいる。その一方で、こうした掘りおこしが進展するとともに、分析対象自体も広がりを見せ、変化してきた。とりわけ、長野県松尾村を採りあげた大串潤児の『「逆コース」初期の村政と民主主義」は、従来の傾向と異なり、「逆コース」の時期に対象を移して、一九四八年末に村長の提唱で「上から」展開された「村風刷新運動」を採りあげている。ここでは、経済・教育のほかに「村政の刷新」が掲げられ、官製運動としてスタートした「村風刷新運動」が、公民館と『村の新聞』編集部の主導する全村討論会を媒介に、「下から」盛りあがる運動に性格を変化させる可能性をもっていたことを浮き彫りにしている[17]。

成木村について、筆者は以前「敗戦後の成木村政の展開」という論文を発表した[18]。この論文では、敗戦後の成木村政がどのように推移したのか、具体的には、敗戦から公職追放で交代するまでの井上一二村政を追った。そこで、本稿ではその続きとして、村報『たちば』や当時の村会議録を手がかりに、井上村政の後を承けた木﨑茂男村政を採りあげたい。こうして、地域の実態を踏まえながら、一つひとつの事例研究の積みかさねを通して、「戦後デモクラシー」の原点をつかみ直すことにつながればと考えている。

第二節　敗戦後の井上村政

本稿の目的である木﨑茂男村政を論じる前に、前提となった井上村政について触れておく必要があろう。井上村政については、すでに前述の拙稿で採りあげているが、あらためてその特色をおさえてから、木﨑村政の足跡をたどることにしたい。

まず、敗戦の迎え方であるが、ここでさっそく、他町村と異なる特色が見られた。成木村では、一九四五（昭和二〇）年八月一五日、戦争終結の詔書が出た直後に、全村民を構成員とする村民大会が開かれ、村は今後の方針を村民に示している。村主催の村民大会は一回限りではなく、以後、毎年八月一五日に開催され、その都度村政を明らかにするとともに、直接の対話を通じて、広く村民の意見を聞き、具体的な施策の中身を決めていく村民参加のシステムが定着した(19)。

この村民大会を企画し、成木村政をリードしていたのが、下成木下分を代表する名望家で、戦中に村議を経験した井上一二である。村内最大の山林地主で、昭和の初めから五期にわたって村長を務めた中島重兵ヱに代わり、戦争末期の一九四五年四月に就任したばかりの井上村長が、敗戦後もそのまま続投した。就任当時三九歳の井上は、西多摩郡内で最も若い村長のひとりで、しかも、同年九月には、戦時中の食糧問題で指導力を発揮した二八歳の木﨑茂男を助役に抜てきし、こうして井上・木﨑の若い村政指導者で、成木村は戦後の変革期に臨んでいる。

敗戦直後の村民大会では、井上村政の方向として「第一次施策方針」が村民に示され、第一に「村政推進要綱」が掲げられた(20)。これに基づき、村長を補佐するポストとして顧問・参与・嘱託の三役が置かれ、また戦時中の参与条例

図2　村政概要図

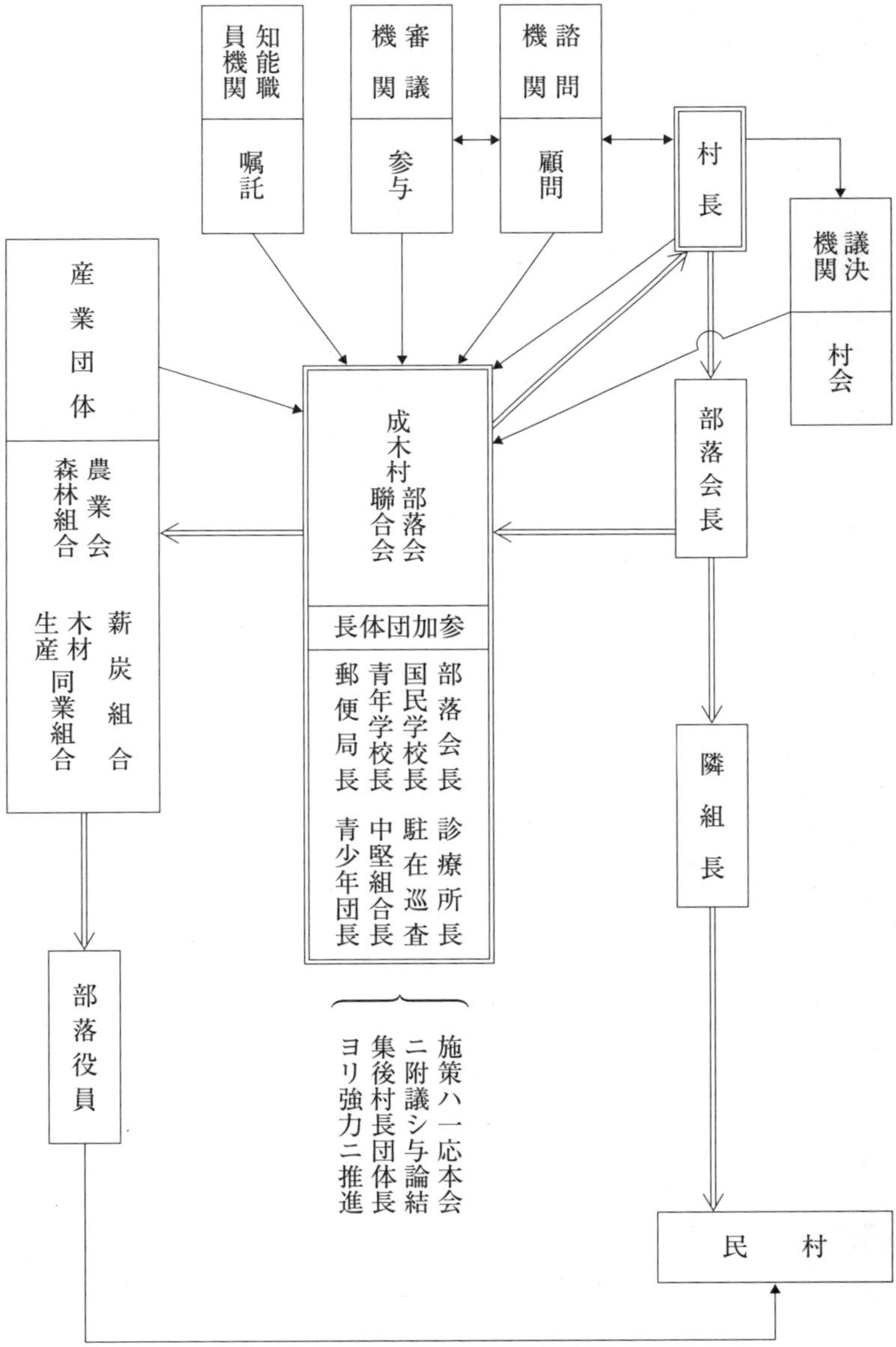

注）『たちば』1946年5月号より作成。

を改正し、新たに中堅層の代表も送りこめるようにしている。その一方で、村は農業中堅組合・青年団・少年団を実動部隊として、「終戦後ノ思想ノ確立善導」[21]を目的に「真ニ強力ナル与論ノ確立」[22]を求め、特に、青年団と少年団については、統制しないものの、行きすぎにならないよう村が指導すると位置づけていた[23]。部落会に対しても、戦中の部落会設置規程を改め、「部落ノ与論醸成及結集」[24]と「時局認識ト民風ノ作興」[25]、さらに「村施策ノ検討及徹底」[26]するよう事業を定めている。このように、敗戦直後から村が村政民主化を進めるうえで、村内の世論を結集し、思想善導することが念頭に置かれていた。

一九四六年五月には、井上村政はこうした村政機構の整備の集大成として、図2の「村政概要図」をまとめている[27]。ここで、部落会長・国民学校長・青年学校長・郵便局長・診療所長・駐在巡査・中堅組合長・青年団長からなる「部落会聯合会」を中心に、その場で村民の希望や意見を集めて、村の施策に活かしていくという、これまでの村会から一段押し下げた村政機構の民主化が図られた。その結果、村の行政は、まず部落を通して合意を形成し、そのうえで部落会聯合会に上がってくる各部落の意向を前提に進められていくこととなる。

こうして、村政機構の整備にいち早く手をつけているが、井上村政はこのほかにも、村民の生の声を吸い上げようと、こまかな工夫を施している。例えば、人びとの率直な意見を求めて、村内各所に「改善箱」を設置したり、また、のちに村長となる木﨑茂男助役が自ら編集責任者となって、単に村の広報紙ではない村報『たちば』を一九四六年三月から毎月発行した。毎号『たちば』に掲載された「村民の声」欄には、改善箱に寄せられた村民からの質問と、それに対する役場の回答が載せられ、二つの試みの交点にあたるといえる。

その一方で、井上村長は一九四五（昭和二〇）年一二月、今後の大まかな方針として「当面の施策企図」を提示した[28]。そこでは、疲弊した村の経済を立て直し、生活を安定させるため、全村民を対象とする消費組合の業務を農業会の運営に加えることや、成木の地場産業を活かした特産品の開発、村営バスの試験運行など、その後の施策につながる芽が示されている。さらに、一九四六年の第二回村民大会では、この施策企図をもとに、世論指導・教育機構の改善・食糧対策・供出の完遂・植林の推進など一〇項目にわたる「第二次施策要綱」が発表され、大会後には、要綱を実効性あるものに高めるため、各項目について実施する時期や機関、要領などを具体的に定めた「第二次施策細部実施計画」が村会で議決された(29)。

ただ、井上村政は目新しい試みばかりに、目を向けていたわけではない。村の施策のなかには、歴史に問いかける企画もあり、第二回村民大会で村民から提案のあった「物故村長慰霊祭」は、さっそく村会の議決を経て、一九四六年九月に開催された(30)。また、同年一二月、教育振興委員会において中村芳三郎委員の提案により、郷土誌の編纂が決定され、翌一九四七年一月には、第一回郷土誌編纂委員会が開かれている(31)。

このように、「新生成木村の建設」に向けて、井上村政は村政機構の民主化を手はじめに、村民の声を活かしながら、その後につながる村独自の施策を打ち出している。大まかであった初期の方針は、村民大会・部落会聯合会を通じてより具体的なプランに高められていった。その一方で、村民は概して受け身であり、戦時期の村政の担い手である井上村長が続投することで「村の平和」が保たれ、敗戦直後から世論の結集と思想善導を念頭に民意をコントロールする、村主導の「上からの村政民主化」が定着していたといえよう。

第三節　村政指導層の転換

ところが、この「村の平和」に風穴を開ける現象が起こる。それが、ＧＨＱの指令による公職追放であった。一九四六（昭和二一）年一一月、井上村長をはじめ中島重兵ヱ前村長や山田茂男村会議長など複数の有力者が公職追放に該当し、助役を務めていた木﨑茂男が翌年四月の村長公選まで、村長代理助役に就任することとなった(32)。

こうして、村長公選までの変則的なリリーフで、突然木﨑村政がスタートするが、新制中学の建設など重要問題が山積し、当初の予定通り推移しない。一九四七年二月、公選まで残り二か月と迫るなか、武藤信一・野口代助・井上五三郎・滝島寅治郎・木村夘兵ヱの五人の村会議員が、村会での村長選挙を求めた結果、木﨑茂男が当時、西多摩郡内で最も若い二九歳で村長に選出された(33)。ただ、ここで注意しないといけないのは、全会一致で選ばれていないということである。投票結果を見ると、議員の定数は一二人であったものの、公職追放や病欠によって当日の投票総数は七票に止まり、そのうち当選者の木﨑茂男の得票は六票、北小曽木を代表する山林地主の木﨑俊平が一票であった。これまで、村長は全会一致で決まるのが慣例となっていたが、票差があるとはいえ反対票も投じられており、異例の村長選挙であったといえる。また、「村長公選を控へて村長就任は非民主的ではないか(34)」という声も、『たちば』には載っており、一部の村民の間では、不満がくすぶっていた。しかしながら、公職追放が村にもたらした影響は大きく、圧倒的な票差が物語っているように、有力者を失った成木村では、木﨑茂男に代わるリーダーがなく、一九四七年四月の村長公選の際には、無投票で再選されている。

ここで、木﨑茂男の出自についておさえておきたい。もともと、上成木下分出身の木﨑は山林地主の出ではなかった。『都下村落行政の成立と展開』によると、経済的には「中層出身(35)」であるといわれている。若いころいったん村を出た木﨑は、一九三六年から忠生村（現・町田市）農会の技手を勤め、翌年には東部第二部隊に入隊し、戦時中、傷痍軍人として成木に戻ってきた。戦争末期の一九四四年一一月に、応召吏員の後任として勧業担当の書記に就任している。このように、かれは「帰り新参」として、村では珍しい経歴のもち主であり、特に行政能力を買われていた。

ただ、父の武一郎は戦中・戦後と村議を二期務めているが、茂男は対照的に村議経験がなく、しかも村の職員となって二年そこそこで村長に上りつめている。前述のように、村長就任に際しては若干の反発もあり、「帰り新参」である木﨑村長の基盤は決して盤石ではなかった。こういった事情を反映してか、脇を固める助役・収入役には、上成木や北小曽木の名望家から選ばれ、ベテラン議員で材木商の武藤信一や中島重兵ヱ元村長の長男の中島重郎、小学校長を務めた長老で住職の内田心海を配置するなど、自らの脆弱な村政基盤を補完していたと考えられる。

また、助役・収入役のほかに、木﨑村政への転換を側面から支えたキーパーソンがいた。それは、国文学者で早稲田大学名誉教授の五十嵐力である。公職追放による村政指導層の変動で生じた村内の「わだかまり」を和らげるクッションとして、「疎開文化人」の五十嵐の存在は大きかった。

一九四五年三月、戦禍を避けて、巣鴨から下成木下分に夫婦で疎開した五十嵐力は、亡くなる一九四七年一月までの最晩年を成木で過ごしている。一年一〇か月に過ぎない成木での生活のなかで、かれは長年の悲願であった源氏物語の現代語訳を日課とするかたわら、病を押して村の依頼に応え、成木国民学校の校舎増築を記念して建立された「希望乃碑」の碑文を作るなど、村民との絆も深めていた。成木の自然とそこに暮らす人びとの情を歌い、教育の理想と結びつけ、「若い成木村」の将来を讃えた「希望乃碑」は、格調の高い文体でもって、村びとに大きな希望を与え、村民の精神的支柱として息づいている(36)。

この「希望乃碑」の委嘱をきっかけに、五十嵐と村の交流はいちだんと密になった。例えば、木﨑茂男は五十嵐に新制中学の建設や教職員の待遇改善、郷土誌の編纂といった村政を報告している。木﨑が訪問した際、五十嵐は病床に端座して、「私も人生の末期がおとづれましたが當地に疎開して最終期に人様の御役に立つたことが嬉しい(37)」と、しみじみ語ったという。

村民から尊崇の念をもって敬愛されていた五十嵐は、一方で、公職追放にともなう村政指導層の新旧交代について、『たちば』に文章を寄せている。「うれしき此の送迎」というタイトルを付け、村民に向けてこう感想を記していた。

……井上一二・木﨑茂男両氏の交代に逢つた。それが誠に嬉しい事には、両氏ともに立派な人格者にして殊に村政の熱心家で練達の人である事であるが、私は幸に両氏の来訪をも受け、その為人《ひととなり》を知ることを得て、すつかり感心し、また安心したのである。……(38)

突然訪れた強制的な村長交代という現実を前に、五十嵐は井上と木﨑を「村政の熱心家で練達の人」と共に讃え、これからも成木村政が安泰であると評価する。村の先覚者として影響力の大きかったかれの言葉は、村民に重く受けとめられ、村政指導層の退場による動揺を最小限に食いとめる方向に働いたと考えられる。

一九四七年一月、五十嵐が成木の地で息を引きとると、村会で弔慰を示すことが協議され(39)、部落会聯合会の同年二月の「村民実践申合事項」では、「希望の碑文を理解徹底し教育に力を合せませう」(40)という項目が第一に掲げられた。木﨑茂男は『たちば』同年二月号に追悼文を寄せ、「『希望乃碑文』をよくかみしめて協力一致・教育立村に邁進することが先生に報ゆる唯一の村民の道である」(41)と、五十嵐の御霊をシンボルに村民の結集を呼びかけている。

第四節　村民の結集とリーダーシップ

一九四七（昭和二二）年四月、村長に再選された木﨑茂男は、さっそく同月三〇日の東京都議会議員選挙にも西多摩選挙区から立候補した。その結果、村民の絶大な支援を受けた木﨑は、トップ当選を果たし、村始まって以来の都議会議員として、村長の職務とともに兼務することとなる。

都議選後の『たちば』一九四七年五月号では、盛りあがった選挙戦を振りかえる村民の回顧談が掲載された。それらを読むかぎり、この選挙運動がいかに村を挙げての全村運動の様相を呈していたかがうかがえる。

例えば、ある村民は選挙活動で西多摩郡内をくまなく巡ってみて、あらためて「成木の良さ」を発見したと語るとともに、木﨑都議の誕生に満足することなく、これからは「村民の一人々々が戦を回顧して村民としての自覚と感激を以て真の村民の和、真の村民の力を発揮したいものです(42)」と呼びかけている。また一方で、三か月前に死去した五十嵐力を引きあいに出し、次のように木﨑都議の当選の喜びを表現する村びともいた。

> 今般村長の都議当選は村民として真にわがことの様に喜ばしい次第です。成木校庭に聳える「希望の碑」揮毫者故五十嵐先生もさぞかし地下でお喜び下さつておられること、存じます(43)。

この村民は、さらに続けて「木﨑都議の後続部隊を作れ(44)」と唱えている。そのためにも、村が村民のなかから「第二、第三の木﨑氏を見つけだす(45)」必要があると指摘していた。成木村民として一つにまとまり、「木﨑都議に続け」という発想が村民の間で起こっていることからみて、先の五十嵐力の言葉とともに、木﨑村長の都議当選の高揚感が、公職追放で動揺した村民の反発を抑え、一致結束へと向けさせるうえで大きく作用したと考えられる。

村政に目を移すと、木﨑村長は、まず委員会の再編から手をつけている。一九四七年二月、いままでその都度設置されていた委員会は、民生委員会・保健委員会・教育委員会・土木委員会に整理され、このほか臨時として初級中学

表1　成木村役場出張所（1947年5月）

出張所名	所管地域	事　務　所	主任（責任書記）	嘱　　託
第一出張所	下成木全域	下成木下分公会堂	小嶺書記	野村久雄（21歳）
第二出張所	上成木下分　天ヶ指以東	大蔵野公会堂	清水主事	木﨑良蔵（31歳）
第三出張所	上成木下分　八子谷以西	木材組合事務所	宮寺書記	髙橋栄五郎（28歳）
第四出張所	上成木上分　高土戸以東	第五分団詰所	築茂書記	谷合利一（22歳）
第五出張所	上成木上分　大指以西	第六分団詰所	木﨑書記	中島市夫（21歳）
第六出張所	北小曽木全域	北小曽木小学校	徳田書記	青木李一（35歳）

注）「成木村役場出張所規程」（成木村役場「昭和二十二年度　村議会議案並議事録綴」）と『たちば』1947年5月20日特輯号をもとに作成。

建設委員会・郷土誌編纂委員会が設けられた。これらは、村会の常置委員会とは別個に置かれたもので、委員の互選により委員長が決められ、委員長により委員会を統括する仕組みが採られている。また、委員会で決定した事項については、予算を伴わないものはそのまま村の施策として採用され、予算を要する事柄は村会の決定を待って執行することとなった(46)。こうして、各種委員会の位置づけが明確にされることで、部落会聯合会とともに、委員会が村の施策を決める村政機構の一つの柱となる。

しかし、その柱の一角がすぐに崩れはじめ、村政機構の再編を余儀なくされた。GHQは一九四七（昭和二二）年五月、強制的性格をもつ戦時統制機構を一掃し、末端にいたるまで民主化の徹底を図るため、部落会・隣組の解散を命じる（ポツダム政令第一五号）。その結果、成木村では、単なる配給機関ではなく、村政機構の中核として民意を集約していた部落会聯合会も存続できなくなり、木﨑村長は同年五月に表1の「役場出張所」を設置した。それまで、二六あった部落会は六つの出張所に改められ、役場出張所は上成木上分と上成木下分にそれぞれ二か所、下成木と北小曽木に各一か所置かれている。出張所には、主任と嘱託を一名ずつ配置し、主任は役場の書記が兼ね、嘱託は村民の意見を聞き、その地区の人物に委嘱された。

ただ、「成木村役場出張所規程」によると、転入出の証明や配給通帳の検印・

納税告知書の配布など、出張所は役場の事務処理を補助する代行機関として位置づけられ、「村よりの通知の周知徹底に関すること」[47]にウエイトが置かれている。しかも、そこでは「主任は村長の命を承け所務を掌理し嘱託を指揮監督する」[48]とされ、「嘱託は主任の指揮で所務に従事する」[49]と規程されていた。『たちば』では、表向き「直接村民の希望や意見を聴きながら事務の処理を行う」[50]と謳っていたものの、規程を見るかぎり、嘱託は主任の指揮監督を受ける従属した存在で、部落会長に相当するはずの嘱託に選ばれた人物の年齢の若さから考えても、トップダウンの組織に改変されている。

また、部落会・隣組の廃止にともなう木﨑村政の措置のなかには、改善箱を積極的に利用して村の施策に活かす方向が提示されていた[51]。たしかに、このことだけで判断すると、民意を反映した村政という印象を受けるが、すでに低調となっていた投書そのものの問題を改善することなく、氏名を明記していない投書には今後応じないと門前払いしており、システムの形骸化に拍車をかけていた。

このほか、村の対応として、各部落に掲示板を新たに設置し、村報『たちば』を強化する方針も立てていた[52]。ただ、これらは部落会・隣組がなくなっても、村の行事や計画が十分伝わるよう手を講じたものに過ぎない。このように、部落会・隣組の廃止を機に、木﨑村政はトップダウンの性格を色濃くし、民意を汲み上げるよりコントロールする側面をいっそう際立たせていった。民主化の促進を目的としたＧＨＱの指令は、末端の成木村では逆に作用しているといえよう。

第五節 「若い成木村」の新たな試み

木﨑茂男村長のもと、村民の結集が図られる一方で、民主村政は形骸化し、村長自らリーダーシップを発揮しやすい態勢が固められていく。そういったなか、一九四七年の村民大会が開かれた。毎年八月一五日に開催される村民大会では、昨年に続いて、村が「第三次施策方針」を発表し、村びとに説明している。

第三次施策方針では、役場出張所の新設をはじめ、新制中学と村立病舎の建設・村営木工場の設置・吹上峠の改修・山羊や乳牛の導入など、より具体的な施策が掲げられ、これらが青年村長のリードにより、機動力をもって推し進められた。しかも、この第三次施策方針は第二次施策要綱を踏まえているものの、それまでと異なり、成木村が青梅市に合併される一九五五（昭和三〇）年まで村の施政方針と位置づけられ、その後、一つひとつ計画に沿って着手されている。(53)

木﨑村政が推進した多岐にわたる施策のうち、山羊の導入・植林計画・村営事業が特色をなすものであった。そこで、この三つの施策が木﨑村政においてどのように進展したのか、それぞれ採りあげてみることにする。

まず、山羊の導入であるが、木﨑村長は早くから着目している。スタートして間もない一九四六年一一月の村会協議会で、「山羊の飼育計画実施の件」が議題とされ、(54)翌一九四七年一月には、山羊飼育座談会が開かれた。(55)山羊の飼育を広めるため、同年二月、山羊飼養組合を設立する動きも見られる。(56)こうした取り組みが発展して、乳牛の導入も広がり、生産された牛乳を都心に供給することで、畜産を通じて恐慌にも耐えうる農業経営の多角化が模索された。(57)ちなみに、木﨑は一九四八年一二月、西多摩郡酪農業協同組合の初代組合長に就任し、西多摩全域の酪農家をリード

している。(58)

つぎに、植林計画であるが、これは井上村政期に決められ、木﨑はそれを引き継いで実行に移している。戦時中の無計画な乱伐で裸山となった五〇町歩の土地に植林を進め、山村産業を立て直す計画は、一九四六年八月、第二次施策要綱で決定された。「我が郷土五十年の計は山に木を植ゑるに在り」(59)と考える木﨑は、この計画に対する助成を求めて農林省と東京都に陳情するが、「植林政策は山主を援助することであり資本家を助成することだからそんな政策は採れない」(60)と理解を得られず、植林は当初、村単独の事業として行なわれた。村と森林組合が実施機関として、適地・適樹に関する植林の研究会を開いたり、苗木を購入するため静岡や茨城に出張することで、一九四六年度には、一〇万本の苗木を確保し、植付を完了している。その後、同年九月のカスリーン台風で被害を受けると、あらためて洪水防止の観点から、植林の公共性が再認識され、一九四七年度も一〇万本の植林計画が進められた。(61)

さらに、戦災復興・村内産業の開発・財源獲得という目的から、木﨑村政では、村営事業にも力が入れられた。一九四五年一二月に提示された「当面の施策企図」のなかで、成木の地場産業を活かした特産品の開発が掲げられ、早くから村営バスの試験運行も試みられていたが、木﨑村政がスタートすると、新たな企画が打ち出され、実現に向けて本格的に動きはじめている。

山村の生活を少しでも向上させるため、「村営自動車」に続き、一九四六年一二月には、村営事業の中核となる「村営木工場」が設置され、村の産業を活気づけた。(62) 村営木工場は初めのうち「下駄工場」と呼ばれ、婦人会が鼻緒を作り、村民一体となって桐を原料とした下駄を出荷している。(63) 翌年、工場に電力が供給され、資材が整うと、しだいに規模を広げて原木を製材し、建築用材や樽を生産するようになった。(64)

村営自動車と村営木工場に限らず、一九四七年には「村営塩工場」「村営農産物加工」といった新事業も起こし、多角化に向けて、さまざまな試みが続けられた(65)。その結果、村営事業による収益金が年々膨らみ、歳入の項目のなかで収益金を換算する「寄付金」は、一九四八年に約三〇万円に達し、歳入に占める割合は約七パーセントを記録している(66)。こうして、村営事業の収益が歳入に繰り入れられることで、村財政の健全化にもつながった。しかし、経済事情の変化から、寄付金は一九四八年をピークに減りはじめ、行きづまった村営事業は、民間の経営に委ねられることとなる。

ただ、こうした林業だけでない新興産業の村内移殖は、無駄な試みではなかった。例えば、木﨑村政後、村営木工場に力を注いだ村民たちの働きかけで、小曽木村を本拠にレンズ開発でトップ水準を誇る「富岡光学」(現・京セラ・オプテック)の工場誘致が実現し、村内の過剰労働力を吸収している(67)。このことは、木﨑村政のまいた産業多角化の種が芽生え、しっかりと根を張っていたことを物語っているといえよう。

同じことは、早くから取り組まれていたバス延伸・吹上峠の改修に象徴される交通問題にもあてはまる。村営バスは試みられていたものの、戦後も交通機関の恩恵から郡内で唯一取り残されていた成木村において、村民の念願であった青梅・成木間の都バスが開通したのは、一九五一(昭和二六)年九月のことであった。一方、道路網整備の最大の懸案であった吹上峠の改修は、青梅市合併後の一九五八年五月、「第二吹上トンネル」の完成でもって実現している。いずれも、木﨑村長が退いたあとに日の目を見たが、村長退任後に都議会議員を務めていた木﨑茂男が、後任の成木村長・木﨑鉄一郎と引き続き陳情を繰りかえすことで形をなしたものであった(68)。このように、木﨑茂男村政のもとで課題として取り組まれた交通網の整備は、退職後、着実に実を結んでいる。

第六節　成木村政にみる連続と非連続──むすびにかえて

本稿では、まず敗戦後の井上村政の特色を踏まえてから、木﨑村政を中心に成木村政の展開を追ってきた。そこで、最初に井上村政の動きを整理してから、木﨑村政の推移を探り、最後に連続・非連続の視点からみた場合、成木村政をどうとらえることができるか検討してみたい。

これまで見てきたように、成木村では、敗戦後も村政の担い手は変化していない。下から突きあげ、総退陣を求める運動は起こらず、井上村長が続投することで「村の平和」が保たれていた。ところが、こうした「村の平和」も、公職追放により変動を余儀なくされる。それまで、名望家が村政を担当してきたが、公職追放で外から有力者を排除する力が働き、旧来の名望家から行政能力と世話役的な資質を高く買われた「帰り新参」の「中層出身」へと、村政指導層の転換が生じた。ただ、指導層の転換が生じたといっても、敗戦直後から助役として井上村政を支えた木﨑が後任の村長に繰り上がっており、引き続き若いリーダーで変革期に臨んでいる。

成木村の若い指導者たちは、人びとの生の声を吸い上げようと、村民参加のシステムをいち早く創ることで、他町村に先がけて村政民主化を推し進めた。しかし、この村政民主化は村びとの側から起こった動きではない。村民は概して受け身のまま、かれらが人びとをリードする形で、村民参加のシステムが創られた結果、村主導による「上からの村政民主化」が図られた。したがって、村民の意向を尊重するという目的だけで終始せず、「真ニ強力ナル与論ノ確立」「思想ノ確立善導」という言葉に表われていたように、敗戦後の混乱のなか、行きすぎた方向に向かわないよう村内の世論を結集し、指導することも念頭に置かれていた。そのため、戦時期に強化された部落会・隣組が新たな村政機構にも組みこまれ、戦時動員の求心力がそのまま村政民主化に転用されている。このように、成木村の村政民主化には、民意をコントロールする側面もあり、こうした特徴は井上村政から木﨑村政へ引き継がれていた。

つぎに、木﨑村政であるが、まず木﨑村長に求められたのは、公職追放による村内の動揺を抑えることで、それに力を貸したのが五十嵐力であった。五十嵐が死去すると、木﨑村長は村びとから敬愛されていた五十嵐とかれによる「希望乃碑」を、挙村一致のシンボルとして位置づける。そのうえで、木﨑自身が都議選に出馬し、村を挙げての選挙運動を展開することで、村民の結集がよりいっそう図られた。しかも、村始まって以来の都議誕生の結果は、「木﨑都議の後続部隊を作れ」という村政を後押しする声を高め、シンボル化された五十嵐とともに、盛りあがる当選ムードが人びとを成木村民として団結させる方向に束ねていった。

その一方で、ＧＨＱが部落会・隣組の廃止を指令すると、木﨑村長は村政機構の再編を余儀なくされる。これまで民意を集約してきた部落会聯合会は、解体を迫られ、役場出張所が代わりに新設された。しかし、この役場出張所は、部落会聯合会と性格が異なる。役場の事務処理を補助する代行機関と位置づけられた役場出張所は、村からの通知を村民に周知徹底させる点にウエイトが置かれていた。そのため、部落会聯合会を核に村民の声を吸い上げてきた村政機構は、村役場を中心としたトップダウンの組織に改変され、木﨑村政は、民意をコントロールする側面をよりいっそう際立たせていく。民主化の促進を目的としたＧＨＱの指令が、末端の成木村では逆に作用し、結果として、民主村政の形骸化を招いていたといえよう。

その後、リーダーシップを執れる環境を整えた木﨑村長は、機動力をもって計画を実行に移している。前述のように、植林をはじめ、山羊や乳牛の導入、バスや木工場・塩工場・農産物加工といった村営事業など、地場産業の発展という発想に止まらず、新たな事業を村に植えつけ、多角経営を振興することで、山村の生活向上を図ろうとした。

こうした木崎の試みは、のちにつながる実践として、村の戦後復興の礎を築いていたといえる。

最後に、連続・非連続の視点からみた場合、これまでたどってきた成木村政の展開を、どのようにとらえることができるのか、検討してみたい。ここでは試みに、「上からの村政民主化」と村政指導層の転換という敗戦後の成木村政を象徴する二つのキーワードから連続・非連続の分岐点を探ることにする。

まず、「上からの村政民主化」であるが、この画期として挙げられるのは敗戦であろう。成木村では、敗戦を境として、世論の結集と思想善導を念頭に村がリードする形で「上からの村政民主化」が推し進められ、これまでにない方向に軸足をシフトさせている。しかし、その中身をのぞくと、村政の担い手は変わらず、しかも、部落会・隣組が新たな村政機構の中核を形成しており、戦中からの連続面も引きずっていた。

また、「上からの村政民主化」の画期は敗戦だけに止まらず、その後の推移をたどると、もう一つの画期も浮かびあがる。それは、ＧＨＱの指令による部落会・隣組の禁止措置であった。この措置にともない、成木村では、村主導による村政の運営が強化され、これまで軌道に乗っていた「上からの村政民主化」の変質という非連続の現象が表出することになる。

二つ目のキーワードである村政指導層の転換という点からみれば、たしかに敗戦直後には、若いリーダーが村内で認められ、変質の芽が育まれていたものの、変化がはっきりと現われたのは、公職追放であったといえる。ただ、ここでも、従来の村長と性格が異なるとはいえ、それまで井上村長とともに村政を運営してきた木崎がトップを引き継ぐという、連続面も並立していた。

このように、成木村政の展開を連続・非連続の視点からみた場合、必ずしも「八月一五日」だけが境界ではない。しかも、前述のように、村政機構や人的構成、施策の内容によっては、転換点は単一ではなく、それぞれ異なっていた。また、同じテーマでありながら、画期が複数存在するケースもある。こうして、地域からつかみ直していくと、中央の動きとは完全に一致せず、特定の時点でもって連続・非連続を切れないことが分かる。テーマごとに、連続面と非連続面は交錯し、そうした交錯が層をなして展開していたといえよう。

(1)「昭和二十年度成木村事務報告書」(成木村役場「昭和二十一年　村会議案並議事録綴」青梅市議会事務局蔵)参照。

(2) 青梅市郷土博物館編『青梅市史史料集第四十八号　都下村落行政の成立と展開――青梅市成木調査報告書――』(青梅市教育委員会、一九九八年、復刻版)八二―八三頁参照。

(3)「成木村勢一覧　昭和十四年十二月末現在」(成木村役場「昭和十五年　村会議録議案及決議書」青梅市議会事務局蔵)参照。

(4)「昭和22年臨時国勢調査　第2表(其の1)産業別、年齢別(3分類)、男女別完全就業者人口」(成木村役場「昭和二十年より　人口調査報告綴」青梅市郷土博物館蔵)参照。

(5) 東京都『昭和二十六年　東京都市区町村勢要覧』(東京都、一九五一年)九四頁参照。

(6)「農家人口調査結果表(第一号)　昭和二十一年四月二十六日調査」(成木村役場「昭和二十年より　人口調査報告綴」)参照。

(7) 農林省農地局農地課『農地等開放実績調査No.22⒀　東京都』(農林省、一九五三年)一六―一七頁参照。

(8) 前掲、青梅市郷土博物館編『都下村落行政の成立と展開』一〇六、一四九、二四六頁参照。

(9)『たちば』一九四六年九月号(なりきむら「昭和二十一年起　村報学校報綴」青梅市郷土博物館蔵)参照。前掲、青梅市郷土博物館編『都下村落行政の成立と展開』二四五―二四六頁参照。村報『たちば』は、青梅市郷土博物館で一九四六年三月の創刊号から一九四八年四月号まで所蔵されているが、一九四七年四・六・九月と一九四八年三月号は欠号となっている。

(10)『読売新聞』一九四六年二月三日付、三多摩版参照。

(11) 多仁照廣「昭和二一年三月創設の『教育委員会』について――東京都西多摩郡成木村の『希望の碑』と戦後民主主義教育――」（『敦賀論叢』一一号、一九九六年）参照。多仁照廣『同成社近現代史叢書⑤　青年の世紀』（同成社、二〇〇三年）参照。
(12) 前掲、青梅市郷土博物館編『都下村落行政の成立と展開』一七八頁。
(13) 前掲、多仁照廣「昭和二一年三月創設の『教育委員会』について」四一―四二頁参照。前掲、多仁照廣『青年の世紀』一七〇頁参照。
(14) 西田美昭編著『昭和恐慌下の農村社会運動――養蚕地における展開と帰結――』（御茶の水書房、一九七八年）参照。大石嘉一郎・西田美昭編著『近代日本の行政村――長野県埴科郡五加村の研究――』（日本経済評論社、一九九一年）参照。西田美昭編著『戦後改革期の農業問題――埼玉県を事例として――』（日本経済評論社、一九九四年）参照。
(15) 大串潤児「戦後改革期、下伊那地域のおける村政民主化――長野県下伊那郡上郷村政民主化運動を実例として――」（『人民の歴史学』一四二号、一九九九年）参照。
(16) 荒木田岳「占領期の市町村における諸運動」（茨城の占領時代研究会編『茨城の占領時代　研究会報告』茨城新聞社、二〇〇一年）参照。
(17) 大串潤児「『逆コース』初期の村政と民主主義――長野県下伊那郡松尾村の分析――」（同時代史学会編『占領とデモクラシーの同時代史』日本経済評論社、二〇〇四年）参照。
(18) 拙稿「敗戦後の成木村政の展開」（『多摩のあゆみ』一一九号、二〇〇五年）参照。
(19) 『たちば』一九四七年八月号（なりきむら「昭和二十一年起　村報学校報綴」）参照。村民大会は一九四七年の第三回まで確認できるが、それ以降は不明であり、木﨑茂男村政のもとで開かれなくなった可能性がある。
(20) 前掲、青梅市郷土博物館編『都下村落行政の成立と展開』一八七頁参照。
(21) 前掲、「昭和二十年度成木村事務報告書」。
(22) 「第一　最近ノ村内事情」（成木村役場「昭和二十年　村会議録議案及決議書」青梅市議会事務局蔵）。
(23) 前掲、「第一　最近ノ村内事情」参照。
(24) 「成木村部落会設置規程」（成木村役場「昭和二十年　村会議録議案及決議書」）。

(25) 同右。
(26) 同右。
(27) 『たちば』一九四六年五月号(なりきむら「昭和二十一年起　村報学校報綴」)参照。
(28) 成木村「第二　当面の施策企図」(成木村役場「昭和二十年　村会議録議案及決議書」)参照。
(29) 『たちば』一九四六年八月号(なりきむら「昭和二十一年起　村報学校報綴」)参照。「村第二次施策細部実施計画(第一号)」(成木村役場「昭和二十一年　村会議録議案及決議書」)参照。
(30) 「物故村長慰霊祭実施の件」(成木村役場「昭和二十一年　村会議録議案及決議書」)参照。前掲、『たちば』一九四六年九月号参照。
(31) 『たちば』一九四七年一月号(なりきむら「昭和二十一年起　村報学校報綴」)参照。
(32) 「村長辞職並助役代行に関する件」(成木村役場「昭和二十一年　村会議録議案及決議書」)参照。
(33) 「村長を定むるの件」(成木村役場「昭和二十二年度　村議会議案並議事録綴」青梅市議会事務局蔵)参照。
(34) 『たちば』一九四七年三月号(なりきむら「昭和二十一年起　村報学校報綴」)。
(35) 前掲、青梅市郷土博物館編『都下村落行政の成立と展開』一八〇頁。
(36) 五十嵐力先生御夫妻追悼録刊行会編『五十嵐力先生御夫妻を偲ぶ』(五十嵐力先生御夫妻追悼録刊行会、一九八〇年)参照。五十嵐力『源氏物語と文芸科学――自叙伝的に――』(教育社、一九七四年)参照。
(37) 『たちば』一九四七年二月号(なりきむら「昭和二十一年起　村報学校報綴」)。
(38) 前掲、『たちば』一九四七年一月号。
(39) 「第一回村会議員協議会附議事項」(成木村役場「昭和二十二年度　村議会議案並議事録綴」)参照。
(40) 前掲、『たちば』一九四七年二月号。
(41) 同右。
(42) 『たちば』一九四七年五月号(なりきむら「昭和二十一年起　村報学校報綴」)。
(43) 同右。
(44) 同右。

(45) 同右。
(46) 前掲、『たちば』一九四七年二月号参照。
(47) 「成木村役場出張所規程」(成木村役場「昭和二十二年度　村議会議案並議事録綴」)。
(48) 同右。
(49) 同右。
(50) 『たちば』一九四七年五月二〇日特輯号(なりきむら「昭和二十一年起　村報学校報綴」)。
(51) 前掲、『たちば』一九四七年五月二〇日特輯号参照。
(52) 同右。
(53) 前掲、青梅市郷土博物館編『都下村落行政の成立と展開』一八八頁参照。
(54) 「第七回村会協議会事項」(成木村役場「昭和二十一年　村会議録議案及決議書」)参照。
(55) 前掲、『たちば』一九四七年一月号参照。
(56) 前掲、『たちば』一九四七年二月号参照。
(57) 『たちば特報』一九四七年二月三日付参照。
(58) 西多摩新聞社鑑修『一九五三年版　西多摩人物誌』(西多摩新聞社、一九五三年)一九〇―一九一頁参照。
(59) 木﨑茂男「式辞」(成木村役場「昭和二十一年　成木国民学校増築記念碑設立ニ関スル綴」青梅市郷土博物館蔵)。
(60) 『たちば』一九四七年一〇月号(なりきむら「昭和二十一年起　村報学校報綴」)。
(61) 前掲、『たちば』一九四七年一〇月号参照。
(62) 「理由書」(成木村役場「(成木村営木工場設立願)」青梅市郷土博物館蔵)参照。
(63) 前掲、『たちば』一九四七年一月号参照。
(64) 「電動装置工場設置願」(成木村役場「(成木村営木工場設立願)」)参照。前掲、青梅市郷土博物館編『都下村落行政の成立と展開』一〇〇頁参照。「昭和二十二年度村民税賦課額決定簿」(成木村役場「昭和二十二年度　村議会議案並議事録綴」)参照。村営木工場は、一九四七年一一月には「成木木工製樽工場」と呼ばれている。
(65) 『たちば』一九四七年一一月号(なりきむら「昭和二十一年起　村報学校報綴」)参照。

(66)「昭和二十三年度東京都西多摩郡成木村歳入歳出決算」(成木村役場「昭和二十四年度　村議会議案並会議録綴」青梅市議会事務局蔵)参照。
(67)「昭和二十五年第三回村議会臨時会会議録」(成木村役場「昭和二十五年度　村議会議案並会議録綴」青梅市議会事務局蔵)参照。前掲、青梅市郷土博物館編『都下村落行政の成立と展開』一〇〇、一八八—一八九頁参照。青梅市史編さん委員会編『増補改訂　青梅市史　下巻』(青梅市、一九九五年)五四四頁参照。
(68)「趣意書」(成木村役場「昭和二十六年九月　都営バス開通祝賀行事綴」青梅市郷土博物館蔵)参照。「昭和二十六年第四回村議会定例会会議録」(成木村役場「昭和二十六年　村議会議案並会議録綴」青梅市議会事務局蔵)参照。

〔付記〕
本稿の執筆にあたって、青梅市郷土博物館・青梅市議会事務局のご協力をいただきました。この場をかりて、あらためてお礼申し上げます。

第八章　東アジアの地域協力体制の形成と日本の役割

――安保的な側面を中心とした多国間主義的視角による提言――

金　慶　一

第一節　序　論

国際関係において、安保分野は国家間の関係の最も本質的な意味を内在しており、国際秩序は安保分野と不可分の関係にある。脱冷戦以後、安保問題に対する国際社会の認識は、単純に国家間の対決からの勝利を前提とする既存の安保観から脱皮している。今後の軍事力の使用が国益追求の有用な手段にはならないことは、図らずも大量破壊武器の登場によって明らかになってきている。

脱冷戦以後の安保の概念は変化している。つまり安保の概念が軍事部門だけに限定されることなく、包括的な概念へと変化しているのである。現在、世界が直面していることや、あるいは未来に直面しなければならない安保的挑戦の性格及びその解決方法は、過去のそれとは全く異なると言えよう。特に、一つの国家の安保問題がその国家だけに限定されなくなった点を重視したい。

現在、半世界的な次元での多国家間安保協力の必要性と妥当性が肯定的に検討されている。こうした現象は、既存の国際秩序体系を形成してきた勢力均衡と同盟体制、そして全面的な集団安保体制という古い安保体制のままでは、今日の世界各地で起きている様々な安保的な問題に対応し、さらに国際社会の安定と平和を確保することができないという現実認識から始まる。(1) 理論的な側面から見たとき、安保分野の地域多国家間協力に対する研究は、国際政治の現実主義または新現実主義に対する懐疑から始まっている。何よりも地域多国家間の協力体制は、地域安保問題を見つめる、より積極的な姿勢から始まる。

地域多国家間の協力体制は、国際秩序体系においての安定性、確実性、経済性などを提供することによって国際社会の協力と秩序体系の安定をもたらしてくれる。(2)

多極化した勢力構図の下で、安保分野に対する接近はより多者的であり協力的な形態に進行することであり、新しい国際秩序も多者的協力の枠の中で形成されるようになるだろう。多者安保協力の概念に基づいた新国際秩序の形成の動きは、すでに世界の各地域で実際に進んでいる。

一九九五年、ヨーロッパ安保協力機構（OSCE : Organization for Security and Cooperation in Europe）の発足により、概念的検討段階から、より平和に安定的な地域安保秩序を設けるための実質的な措置を作る段階へ移行している。

現在、東アジア地域の安保環境は、構造的な側面での不安定性を内包している。この地域の安保関係は、脱冷戦以後に変化したこの地域の勢力構図に応じることができなくなり、依然として冷戦時期の両者的な同盟関係を主軸にしている。また、東アジア地域の安保環境は、冷戦を前後とした時期に形成された葛藤の持続と、脱冷戦以後に推進されている協力の模索という互いに争う動きが交錯している様相を見せている。こうした安保構造の不安定性は、今後のこの地域安保環境をさらに不確実性へと向かわせるものである。

明らかな点は、現在東アジア地域の唯一の安保装置であるアメリカを中心とした両者的な同盟関係は、現状維持に留まり恒久的な平和をもたらすことができないということである。この地域の否定的な政治・軍事的な状況を克服し、地域全体の不安定な安保的要因を取り除くためには、脱冷戦以後の東アジア地域の保安環境に適合する新安保体制の構築を急がなければならないのである。多国家間主義に応じた地域安保協力体制は、その必要性と妥当性に鑑みたとき、この地域の一番現実的な安保的な「代案」として評価される。

本研究は東アジア地域の退行的な安保環境をより発展的な方向へ転換させ、究極的にこの地域の安保環境をより安定的かつ、平和的に変化させることができる方案を探そうとする目的で始まった。このような理由から本論文では、現在世界各地域で注目されている地域多国家間の安保協力体制に研究の焦点を合わせている。特に本論文では、東アジア地域の多国家間の安保協力がより柔軟に受け入れられ、東アジア地域の特殊性を充分に反映しなければならないという認識を基にしている。こうした認識を基にして本論文では、多国家間主義と地域多国家間の安保協力に関する理論的な枠を原論的な次元を離れ、融通性のある対応策を探そうとする。そして東アジアの地域多国家間の安保協力を情緒的・経験的な経験が異なるヨーロッパ地域の事例に準拠せず、東アジア地域の歴史性と現実性にあわせて論じようとするものである。

同時に本論文では、東アジアの地域多者安保協力体制の形成過程における日本の肯定的な役割について提言しようとする。現実的に東アジアの地域多者安保協力体制の構築において、日本の役割は非常に重要となる。過去、日本はこの地域の安保環境に深刻な危機をもたらした当事者で、現在この地域の安保環境に無視できない影響力を発揮できる強大国である。脱冷戦以後、日本は国内的に保守右傾化、国際的には日米関係の強化という動きを見せてきた。これは日本がこの地域安保環境を敵対的に認識しているのに起因すると言える。こうした日本の歩みが、東アジア地域安保環境に否定的な影響を及ぼしている要因でもある。本論文では、日本と東アジアの地域多者安保協力体制の相関関係及び日本の相応しい役割についての考察を通して、脱冷戦以後の日本の安保的な選択が両者的なものではなくて、地域多者安保協力を指向しなければならない当為論的な側面を指摘していく。この地域では、日本が地域多者安保協力を積極的に推進すれば日本自身の安保だけではなく、東アジア地域全体の安保環境を安定的・平和的に変化させるのに大きく寄与することになるだろう。

本論文は研究主題の性格上、質的な分析（qualitative analysis）方法を中心としたことで、主に非計量的な形態の文献資料を参考にして作成したものである。研究の範囲は、時間的な側面では東アジアの地域協力の萌芽が始まった一九世紀の後半から多者主義に立脚した地域協力が積極的に模索されている今日までであり、空間的には安保的な連繋性を基礎として、東アジア地域に限定している。

第二節　東アジア地域協力に対する史的考察

一　一九世紀末～二〇世紀初の汎アジア主義（Pan-Asianism）

東アジア地域においての地域協力のための動きは、早々一九世紀の後半、いわゆる西勢東漸の時期に汎アジア主義として現れた(3)。それは、概念的な側面で汎アジア主義の人種的な同質性と地理的な近接性に基づいて、連帯と統合を追求した政治的・文化的な思想と運動であると言える(4)。実際的な側面から、汎アジア主義の生成には、一九世紀末～二〇世紀初の西洋勢力の侵略に地域国家間の連帯を通じて対抗しようとした現実的な安保的要因が作用し、「地域主義」（Regionalism）を基にしたことから汎アジア主義は現在の地域協力とその脈絡をともにしている。

汎アジア主義は特に、東北アジア四ヵ国において国内の環境要因と、国際的環境要因の影響により、韓国の東洋主義、中国の大アジア主義（大亜洲主義）、日本のアジア主義、ロシアの汎アジア主義（Восточничество）に具体化され、その形成および展開過程においてお互いに衝突・連帯する様相を見せてきた。

汎アジア主義は、国家間の関係において、優越性と自己中心主義を背景にした国家間の協力を拒否した強制的手段により、自国の利益だけを極大化しようとする俗性を意味する一方性と、国家間の平等と自発性を基盤とした協力を通じて、共同の繁栄と平和の追求を意味する多者性を同時に含んでいた。これは韓国の東洋主義に表れる排外性と三国連帯論、中国の大アジア主義に表れる中華世界観とアジア連帯、日本のアジア主義に表れる膨張主義と連帯主義、ロシアの汎アジア主義に表れる平和指向性と葛藤指向性という側面によく透映されている。

特にこの時期の日本の汎アジア主義の展開過程は、自国は勿論、東アジアの全地域に多くの影響を及ぼした。つまり日本の汎アジア主義が初期の「純粋なアジア連帯主義」を破棄し、アジア侵略へのイデオロギーになった「大アジア主義」さらに「大東亜共栄圏」へ変容をみせることによって、東アジア地域が戦争の渦に入ることになってしまったのである。(5)

二　一九四五〜五〇年代の軍事同盟体の模索

第二次世界大戦の終戦以後、東アジア地域の大部分の国家の最大の関心事は、過去の植民帝国主義時代に経験した、経験の反作用による主権の守護と民族主義の強化であり、冷戦が尖鋭に展開されてきたこの時期は軍事・安保的な問題が東アジア地域の最大の論点であった（issue）。これによって地域協力の分野も、何よりも軍事・安保的な側面に集中されてきたのである。

当時、東アジアの地域安保協力の構図は、資本主義国家と共産主義の対立という汎世界的な勢力構造によって決められたのである。特に、アメリカという北東アジアの外部国家のイニシアティブ（Initiative）と指導力が、反共的な軍事同盟体の形成を促していた。

この時期の北東アジアの地域安保協力は、一九四九年アジア—太平洋条約機構（APATO : Asian and Peific Treaty Organization）構想をはじめ、反共軍事同盟体制形成の動きが主な流れだった。こうした様相はより具体化され、一九五〇年共同防衛を核心的な目的とする「コロンボプラン」（Colombo Plan for Economic and Social Development in Asia and the Pacific）を誕生させ、一九五四年「集団的な防御同盟」（Collective Defense Alliance）的性格を持つ「東南アジア条約機構」（SEATO : Southeast Asia Treaty Organization）の創設へとつながっていくことになった。

しかしながら、この時期に展開された地域安保協力は、参与国の地理的な範囲が東アジアだけではなく、アメリカ、イギリス、フランス、オーストラリア、ニュージーランド、インドなどが含まれ、主な勢力が東アジアの国家ではなくアメリカをはじめとする域外の国家という点で、本当の意味での東アジアの地域多者安保協力であるとは言えない。この時期の東アジア地域安保は、両極体制という汎世界的な勢力構図と東アジア全域において展開されたアメリカとソ連の東アジアの安保戦略に左右され、域内の国家の自律性は非常に制限されていた。

三　一九六〇～一九八〇年代においての地域協力の構想と実践

一九六〇年代から東アジア地域では地域協力に向けた内在的リーダシップ（leadership）が成長しはじめ、これは東アジア地域主義の胎動につながった。

特にこの時期には、何よりも経済的な側面で地域協力のため、東アジア諸国家の積極的な構想と実践が活発に展開された時期であった。こうした地域的な雰囲気を背景に、「東南アジア連合」（ASA : Association of Southeast Asia）

(一九六一)、「東南アジア国家連合」(ASEAN : Association of Southeast Asian Nations)(一九六七)、「アジア開発銀行」(ADB : Asian Development Bank)(一九六六)、「アジア―太平洋理事会」(ASPAC : Asian and Pacific Council)(一九七一)などが設立されたのである。

この時期には、経済的に成長した日本が国際的な独自性を回復するために積極的な動きを見せてきた。実際に日本の小島教授は、一九六五年太平洋自由貿易地域(PAFTA : Pacific Free Trade Area)、一九六八年太平洋貿易援助機構(OPTAD : Organization for Pacific Trade, Aid and Development)を提案したことがある。そして一九七九年、大平首相は環太平洋連帯(PBC : Pacific Basin Cooperation)研究グループ(Study Group)を発足させた後、一九八〇年、「太平洋経済協力会議」(PECC : Pacific Economic Cooperation Conference)の創設を主導したのである。

こうした東アジア地域の経済的な側面から構想した地域協力への模索は、ベトナム戦とニクソンドクトリンという当時の東アジア地域の安保環境をその背景にしていた。

つまり、アセアン(ASEAN)の設立には反共という共同目標が内在しており、地域協力に積極的に取り組んできた日本の立場には、ニクソンドクトリンに対応し独自の方向を模索しようとする日本の戦略的意図が含まれていた。

一九八〇年代に入り、新冷戦体制が形成されながら、北東アジアを含めた東アジア地域国家間の地域安保協力の模索は足踏み状態に入っており、日本の地域経済協力体構築の努力もアメリカの牽制の中で後退してしまった。一九八九年、アジア―太平洋経済協力体(APEC)の発足は、日米関係の下における日本の限界を見せる端的な例だと言える。

この時期、東アジア地域の安保協力は、両者的関係を主にし、多者的な地域安保協力は相当萎縮した状態に置かれていた。また、東アジアの地域協力は、太平洋地域を含めるより広域的な範囲で考えられたといえよう。

四　脱冷戦以後の地域主義の強化と地域多者安保協力の模索

脱冷戦以降、ソ連の崩壊と中国の浮上、それからアメリカの東アジア戦略の変更による域内の力学関係の変化は、東アジア地域にも二極体制の衰退と多極化という新たな安保環境を構築させている。また、全地球的に展開されている地域主義の強化は、この地域でも相当アメリカを意識した反覇権的な意味を内包する東アジア地域主義の浮上という動きとして現れている。

脱冷戦以後のソ連の崩壊と中国の成長、そしてアメリカの東アジア戦略という変化と地域の中の力学関係の変化と汎世界的な地域主義の強化は、東アジア地域にも地域主義を強化しようとする動きとして表出された。

こうした傾向は、実際に一九九〇年、マレーシアのマハティール首相が提案した東アジア経済会議（EAEC）や一九九三年の日本の宮沢喜一首相の東アジアの地域多者安保協力に関するドクトリン（doctrine）、一九九三年のアジア太平洋安保協力議会（CSCAP : Council for Security Cooperation in the Asia–Pacific）、北東アジア協力対話（NEACD : Northeast Asia Cooperation Dialogue）の開催、一九九四年のＡＳＥＡＮ地域会議（ARF : ASEAN Regional Forum）の設置、一九九七年のＡＳＥＡＮ＋日・中・韓の頂上会議の開催の定例化などの形に表されている。

脱冷戦以来、東アジアの地域協力は、過去、経済的側面に重点を置いていた頃とは様変わりし、政治・安保的側面でも活発に進んでいる。これは域内国家間の相互依存関係の深化による安保的連携性に対する共通認識と、この地域の飛躍的な経済成長を安定的に後押しするためには安保問題への地域的な協力が求められるとの共感が幅広く形成されたからだと言えよう。

五　北東アジアの地域安保協力に対する評価

北東または東アジア地域で、多者安保協力の構想は脱冷戦以後本格化されることになった。こうした動きは、脱冷戦という国際環境の変化とこの地域国家の飛躍的な経済成長、複合的相互依存の深化という要因も作用したことは勿論である。

つまりこの地域の厳しい安保的経験は、域内国家に自ら多者安保協力の必要性を実感させたが、同時に一九九五年、ヨーロッパ安保協力機構（OSCE）発足が東アジア諸国家に大きな影響を与えたことも指摘できる。

これを裏付ける事実として、一九九〇年代後半から東アジアの地域多者安保協力と関連した国際会議が毎年一〇〇回余り開催されている。今後安保地域主義の活性化や地域主義と連繋した多者安保協力の原理が、この地域国家間の新しい行動原理として作用していることは明らかである。(6)

しかし現在進行し、安保協力に向かっているこの地域国家間の動きが、この地域の安保を保障できる確かな地域多者安保協力体制を構築できるかどうかについては冷静に検討すべきである。現在展開されている北東アジアの地域安保協力は域内国家間の葛藤は勿論、協力分野、参加国の範囲、制度化、規制などにおいて多くの問題点を露出させている。

特に、現在展開されている東アジア地域多者安保協力がおおむね談話のレベルにとどまり、制度化のレベルまでには至っていない。これは現在の東アジア地域多者安保協力が地域安保の懸案を解決し、未来のビジョンを提示するのに多少の限界をもっているからだ。

こうした展開過程において、東アジア地域地者安保協力に対するこの地域国家の立場の相違が決定的な要因として働いている。

また、域内国家間の異見は根本的に相互不信から始まるとも言えよう。従って、このような難関を克服するためにはまず、この地域国家間の実際的な「信頼構築措置」（CBM : Confidence Building Measures）(7)を先行させなければならない。

東アジア国家間の信頼構築において強大国らの参加は核心的な事項であり、その中でも日本の役割は非常に重要である。これは域内不信の根本原因といえる過去の歴史問題の当事者が正に日本であるということもあり、日本が排除された東アジア地域多者安保協力には実効性が乏しいといえよう。更に、現在東アジア地域に対する日本の守勢的な立場からの親米脱亜的な政治・安保の対外政策を転化させるためにも、東アジア地域多者安保協力体制の構築に日本は積極的に取り組んでいくべきである。

東アジア地域多者安保協力の展開過程において、東アジア地域の特殊性は必ず考えなければいけないことである。これはこの地域の安保分野に多者主義を適用するに当たって東アジア地域の政治・経済・文化・地理・歴史などの要素が十分反映されるべきだということを意味する。

それから、東アジア地域安保協力に多者主義の理論的枠組を適用するに当たっては、柔軟な姿勢が求められる。これは地域多者安保協力の前提として提示される東アジア地域の自己正当性・同質性・持続性・統合性などの確保について、欧米の視座ではなく、東アジアの視座から肯定的に評価すべきだということを意味する。(8)特に、この地域では汎アジア主義のようにかつて地域的連帯を前提にした地域協力を模索した伝統があったことを見落としてはいけないだろう。

第三節　北東アジア地域の安保環境と地域多者安保協力体制の有用性

一　北東アジア地域の安保環境の不安定性と不確実性

東アジア地域の勢力構造が多極的な様相を見せているが、この地域の安保形態は依然として両者間の同盟に依存する様相を見せている。多極化した勢力構造の中で両者間の同盟は、より多者的な形態の安保関係が要求される。こうした観点から、東アジア地域は現在、勢力構造と安保関係が互いに一致しないという側面を見せている。

一九八〇年代末から始まった冷戦体制の瓦解は、国際秩序を維持してきた既存の勢力の分散と新しい形態の力の集中という二重構造の多元化現象を引き起こし、こうした現象は、北東アジア地域にも表れている。現在この地域の安保環境は、同盟体制の弛緩と強化および力の退潮と登場という現象によって、この地域安保環境の大きな特徴は対立と葛藤そして和解と協力という重層的な様相で展開している。

北東アジア地域の経済的な力動性は、こうした傾向を更に増大させている。この地域国家間の急速な経済発展が、必ずしも肯定的な効果だけをもたらしているのではない。経済発展による力の力学関係と国際分業構造での変化が、過去の友好的な同盟関係の弱化と天然資源、または市場確保による国家間の競争や摩擦の深化、経済発展の結果から得た経済的な力を基にした地域国家間の軍事競争によって起きた緊張感の高潮というこの地域の否定的な安保状況の助成にも相当に影響を受けているからである。東北アジア地域の急速な経済発展は、地域平和と協力の促進という肯定的な面を見せながら、同時に域内の国際関係に、競争と摩擦の深化によって安保不安の要因増大という否定的な側面も共に露呈している。

更に北東アジア地域は冷戦的秩序を完全に清算できないまま、新たに安保に脅威を与える要素が台頭していることから、冷戦と脱冷戦的構造が混在した様相を表している。東アジア地域を巡った安保環境の不安のために、この地域の国家は自国の安保を確保するための利己的かつ個別的な努力を加速させ、この地域の国家は競争的な軍備増強への道を選択せざるを得ない状況となっている。

二　北東アジア地域多者安保協力体制の有用性

北東アジア地域多者安保協力体制の構築は次のような有用性を提供するだろう。

第一に、否定的な地域安保環境を克服することができる。現在、北東アジア地域の安保環境が不安定な様相を呈している抜本的な理由は、安保の構造的な側面のためである。変化した安保環境はより多者的な安保協力関係を必要とする。これから先、安保問題は一国家の一方的な行動による解決を期待するより、多国の協力を通じてこそ解決できる性格に変化している。安保の概念もまた過去の軍事的安保だけに焦点が当てられた頃に比べ非軍事的な安保への重要性が増している。安保の概念そのものが多次元的な対応を可能にする「包括的安保」（comprehensive security）に変わっている。地域多者安保協力は流動的な北東アジア地域の安保環境に確実性を与え、この地域の安保構造の不一致性から生じる不安定性を克服できる最も妥当な「代案」であると思われる。

第二に、両者間の葛藤と対立を解消するのに寄与できる。脱冷戦以後、北東アジア地域は、過去冷戦時に抑制されていた個別国家間の葛藤と対立が表面化しはじめ、新たな葛藤と対立要因が生まれ、この地域の安保を脅かしている。地域多者安保協力は、北東アジア地域国家が国際関係で直面せざるをえない国家間の力の非対称性という現実のもとで両者的あるいは一方的圧力と脅威を分散させることのできる制度的装置として働かせることができる。地域多者安保協力は、東アジア地域の葛藤と対立を緩和させる働きをすることになり、域内国家間の信頼構築にも寄与するであろう。

第三に、新たな安保脅威要因に容易に対処できる。脱冷戦以後、過去冷戦体制のもとでは現れなかった新たな安保脅威要因が登場している。こうした安保脅威要因は軍事的側面だけではなく、非軍事的側面においても現れている。地域覇権の追求、軍備競争、領土紛争、民族主義の強化、核拡散問題、環境問題などは北東アジア地域国家が新たに当面している問題である。北東アジア地域の安保問題を解決するためには、両者間関係をもとにした既存の安保装置に代替し得る新たな安保協力方式の構築が求められている。結局、北東アジア地域の新たな安保脅威要因への対処は、すでに限界性を露呈している個別的両者的な方式よりも多者安保協力を通じてこそ効率的に成り立つことができる。(9)

第四節　多者主義と地域多者安保協力に対する理論的検討

一　多者主義

多者主義（multilateralism）は、新現実主義に対する批判的収容と新自由主義的制度主義（neoliberal institutional-ism）との相関性を理論的基盤にする。多者主義とは、政治体制や理念、国家的利害関係が相違する三ヵ国またはそれ以上の多様な国家が参加し国家政策を相互調整し、ある原則と規範の形成をもとに、制度的に国際秩序を追求するためのものであり、一つの組織原理で三ヵ国以上の関係を「一般化した行為原則」（generalized principles of conduct）に基づき調整する制度の一つの類型である。(10)

ここで当然に国家間の平等性や協力への誘引は多者主義の必須的な条件である。(11)

多者主義的制度は次のような三つの要素を内包している。

すなわち、関連価値の「不可分性」(indivisibility)に対する認識の共有、「行動の一般的原則」(generalized principles of conduct)、「包括的互恵性」(diffuse reciprocity)がそれである。

関連価値の「不可分性」とは一領域の構成単位の内部、またその間で発生した行為がもたらす利益と損失が地理的に、機能的に共有されることを意味すると言える。行動の一般化した原則とは国家間の関係を個別的な選好や状況に合う条件、または先験的な特殊な根拠に因りそれぞれの事例に従って差別化するわけではなく、一般的な規範の形に従い規律することを意味する。包括的互恵性とは個別的相互性と違い、行為者らが多様な議題に対し長期的な利益を期待できるようにする要因を意味している。

多者主義以外に国家間関係を眺める視点の類型として一方主義(unilateralism)と両者主義(bilateralism)がある。一方主義は両者主義や多者主義のように基本的に国家間において同等な立場から政策を調整するのではなく、関連国の立場にかかわらず単独に行動しようとする。一方主義は力を基準に、強い国が自国の利益を追求するために弱い国に一方的に政策調整を強要する方式のことである。

両者主義は両者間対話と交渉を通じ変りつつある状況に対処すべきではあるが、こうした場合、より力の優位を占めている強大国の要求がより効果的に貫徹される。これに比べ多者主義は参加国が同等な権利と義務を前提にして参加するために各国の立場が尊重され、力の優位に基づくよりは非差別的に適用される規則に基づいている。

二　地域多者安保協力

安保の概念は一般的に国家及び国民の核心的な価値が内外部的に脅威に晒されないことだと言えよう。これは物理的な側面でだけではなく、心理的にも安全が確保され持続されることを意味する。脱冷戦以来、安保の概念は拡大し、軍事・政治・経済・社会・環境などの側面を含める「包括的安保」(Comprehensive Security) に変化した[12]。

こうした包括的安保の概念は東アジア地域で幅広い支持を受け、特に日本は第一次オイルショック以来包括的安保の概念を積極的に取り入れている[13]。安保においてすべての国家はジレンマ状態に置かれていて、強大国も例外でないといえよう。これは世界一の軍事力を保有したアメリカでさえ安保に対し相当不安を持っている現実からもよく表れている。安保のこうした属性は軍備競争の悪循環を持続させ、過去には米ソ間の厳しい核兵器競争が行われたことがその実例として挙げられる。

更に、脱冷戦以後、一国の安保は様々な国際的変数により強い影響を受け、これが一国の努力だけでは安保問題を解決できない状況を演出している。最近、深刻な様相にまで展開している核拡散、テロ、環境汚染、国際犯罪などといった諸問題は一国の力だけでは解決しかねる。こうした安保ジレンマや安保問題を克服するためには、なによりも安保分野において国家間の協力が欠かせない。安保協力または地域多者安保協力はこうした問題を認識し、解決策を模索するところから出発すると言えよう。

安保協力は基本的に戦争に対する抑止力を提供するだけではなく、戦争の原因である葛藤の解消に寄与するために成立する。他の分野とは違い安保分野での国家間協力はなかなか成立が困難なのが事実である。それは本質的に、それぞれ利己的な目的を追求する国家間に共通の安保的価値へ共感を求めることが難しく、それはまた「相対的利益」という要因に起因する。

安保協力のための枠の中で、共通の安保的利害関係に関連した国家が多く参加すればするほど協力の質が高められる。安保協力が成立するためには参加者間の水平性と互恵性が前提とされるべきであり、特に包括的互恵性に対する柔軟性が大きければ大きいほど協力はうまくいく。

世界が現在直面していることや、あるいは未来に直面する安保的挑戦の性格とその解決方法は過去とまったく異なる様子で現れている。特に、今後一国の安保問題が一国家だけに限定されることはなくなっている。相互依存関係が深まっている現在の状況で大部分の安保問題は国境を越える性格を帯びている。他分野と同様に安保分野においても、一国の個別的対処より多者的な協力の概念が重みを増し、安保分野に対する新たな統合的集団的接近が模索されている。

現在、各地域を中心に進行中である地域多者安保協力の主な目的は、紛争または葛藤が軍事的な衝突に進展しないように事前に緊張要因を緩和させるとともに、葛藤が起きても単なる現象の解決にとどまらず葛藤の根元を解決し将来紛争が拡大されることを予防することにある。地域多者安保協力は、国家間の紛争を事態発生以前に予め防止し、既存の対峙、対立が更に大きい衝突へと拡大するのを抑制するために域内国家間の対話と協力を重視する原則と規範の制度化を指向している(14)。

三　地域多者安保協力機能と効果

地域多者安保協力が、域内の安保環境をポジティブな方向に変化させる機能として作用するということは明らかだ。地域多者安保協力の機能的側面をより具体的に挙げてみれば、次のようにまとめることができる。

第一に、参加国は安定と平和に向けて地域紛争の根本的な原因になりかねない政治・経済・社会・環境・テロ・麻薬問題など域内の共通関心事に対する交渉をする。第二に、政府間または非政府間の軍事安保問題に関する議論の場を設け意見を交換し、国家間活動の透明性を高める。第三に、域内国家間の軍事情報と資料を定期的に交換し、積極的な人的交流を通じ相互信頼を確保する。第四に、実効性のある事実調査活動の施行を通じ、紛争防止のための予防外交が可能になる。[15] 第五に、地域レベルの「信頼及び安保構築措置」(CSBMs：Confidence and Security Building Measures）を設け究極的に運用的・構造的側面から軍事統制を実施する。

こうした機能遂行を通じ、地域多者安保協力は域内平和と安保に寄与して安定した国際体制の維持、参加国の全般的な交流と協力増進を通じ相互依存性の増大と共存、共栄、軍縮、及び軍備節減で発生する余裕資本を各国家の経済発展に投資し、経済発展と国民の福祉向上や脱冷戦期の不安要因に対し多者的協力を通じ制度化した補完装置を設け、特定国家の一方主義的な覇権化を牽制、国際的な核拡散の防止に寄与する。地域多者安保協力の制度化は、持続的安保問題を解決するための手段を提供するなどの効果を収めることができる。[16]

四　協力安保（cooperative security）

協力安保は、戦争が全ての国家が対応すべき共同の安保威脅源であり、相手の安保が自分の国の安保と関係している認識下に置かれている。従って協力安保の概念は国家的な手段よりは国際的な手段を、軍事的な手段よりは政治的な手段を、武力的な手段よりは平和的な手段を通じて安保問題を解決しなければならないという立場を見せている。

協力安保は力の優位を通じた deterrence よりは軍備統制は軍縮を通じた再保障（reassurance）を、両者的な同盟よりは多者的な協力を重視する。協力安保は安保問題を軍事的な側面だけに限定せず、非軍事的な部門も包括する包括的な安保（comprehensive security）を強調する。協力安保は、国家間の平等性を前提にして「処罰」(punishment）を強調する集団安保とは違い、平和的な協議（peaceful consultation）と紛争の平和的な解決と紛争を事前に防止する予防外交活動を強調して、地域的・多者的協力を指向するという性格を含んでいる。[17]

協力安保と似た概念で、一九八〇年代の初めに「共同安保」（common security）[18]が提起されたことがあるが、両者は根本的な違いを表わしている。共同安保の概念は一九八二年、国際連合（UN）内のパルメ委員会（Palme Commission）の報告書によって初めて提起された。

この報告書は、協力と共存に対する認識を基礎に安保問題の解決に対応すべきであり、一つの国家の安保がある国家を侵略することによって得ることはできないという思考を基にしている。共同安保は、核戦争の勃発により人類が滅亡するかも知れないという危機感が膨らんだ冷戦時期を背景として潜在的な敵を前提にしている。これとは違い、協力安保は脱冷戦の時期を背景とし潜在的な敵を取り上げずに安保問題を対話によって解決しようとするものである。協力安保は、地域多者安保協力という形態に具体化されたヨーロッパ安保協力機構（OSCE）、アセアン地域フォーラム（ARF）、北東アジア協力対話（NEACD）など現在世界の各地域で展開されている地域多者安保協力が代表的な事例であると言える。実際にこれらの地域多者安保協力体は協力安保を指向している。

第五節　地域多者安保協力と日本

一　日本と東アジア

一九世紀以降、日本の東アジアに対する態度は征韓論、アジア連帯論、脱アジア論として表出し、これは基本的に大陸とその周辺の状況に対応して、日本と東アジアを区別しようとする発想から始まったといえよう。[19]こうした日本の単独主義的な姿勢は結局二〇世紀の初め、日本がドイツ型地政学[20]に執着することにより、いわゆる「大東亜共栄圏」（Greater East Asis Co–prosperity Sphere）建設という口実の下に東アジアの全域を残酷な戦場に化してしまった。その結果、現在まで日本は東アジア地域の国々と被害者と加害者という解消し難い過去の歴史問題を抱えている。

第二次世界大戦以来、戦犯国または敗戦国に転落することにより、日本の安保政策はスパイクマン（N. Spykman）の周辺地域論（rimland theory）に基づいたアメリカの対ユーラシア政策の枠の中に編入された。[21]すなわち、戦後の日本の安保政策は対内外的に国連憲章、日米安保条約という制限的な枠と専守防衛（pure defensive posture）、非核三原則との基調の下で受動的であり防衛的な立場から展開されてきた。このような事実は、戦後の日本の安保政策が親米脱亜の傾向へと変化したことを意味する。つまり戦後日本は、アメリカの軍事的統制の中で、軍事的主権を無くし、安保政策はアメリカという超強大国の垂直的関係のもとに決められ、事実上他律的であったことを意味する。従って、日本の再武装が対内外的な圧力により非常に制限的だったことは明らかである。

更に戦後、米・ソの両極を中心に形成された冷戦的な秩序体系は、日本の安保政策を一層アメリカに依存的なものにした。

冷戦体系が瓦解し、国際秩序に根本的な変化の兆しが見えると、日本は飛躍的に成長した経済力を基に、安保政策の変化を模索しはじめた。日本はすでに一九七六年の防衛大綱の発表以後、五年毎に「中期防衛力整備計画」を実行してきた。それは、先端武器を中心とした軍事力の拡張を主要な内容としている。この延長線から、脱冷戦時期の日本は、防衛体制及び地域安保の概念に対する自国の変化した立場を、一九九五年一一月の「新防衛計画大綱」を通して発表した。

日本が計画している安保政策と防衛力に対する日本の基本的な立場は、能動的・建設的な安保政策の確立、多角的安保能力の強化、日米安保協力関係の機能の充実、信頼性の高い効率的な防衛力の維持及び運用にある。[22]こうした日本の安保政策の変化は、基本的に脱冷戦という国際安保環境の変化と新保守主義または右傾化傾向の深化という国内的要素にも起因するが、本質的な側面から見れば、アメリカの東アジア政策により左右されていることは明らかである。

二一世紀の初め、日本の安保政策は親米を基にし、アジア大陸を警戒する様相で展開されているとも考えられる。これは、表面的には一九世紀と二〇世紀の初め日本が堅持した、侵略によるアジア大陸との区分という立場と同一であるが、内部的には相当な差が存在する。

即ち、過去の日本のアジア大陸との区分または分離という立場は、日本が優越的、攻撃的状況から展開されてきたが、現在日本が露呈している親米脱亜の様態は日本がアジア大陸から脅威を感じる守勢的状況の下で進められていることである。(23) 実際に東アジア地域において日本の政治・経済・文化の影響力は次第に減少しつつある。

二　日本のジレンマ（Dilemma）

安保政策において、日本の独自的な防衛能力確保のための努力は、日本の伝統的な対外政策の基調の中の一つであるアジア連帯論的概念を基にしている「脱亜入欧」（Leave the West, Return to Asia）や「普通国家」（Normal State）論に象徴され、それらを日本の新保守義的な対外政策と特徴づけている。しかし、日本のこのような安保政策の変化は、アジアの金融危機とそのための日本経済の後退から、しばらくは水面より下がっていたように見える。言わば、小国外交から大国外交への転換を模索してきた日本の動きは、冷戦体制の崩壊以後、新世界秩序の目鼻がつくまでの先の数十年間にわたって、アジア・太平洋地域内でアメリカを支援しながら自国の実利を追求しようという動きに変わることになった。(24)

地理的な側面だけではなく、政治的、安保的側面においても東アジアとアメリカの間に位置し、日本は現在両側から一定の圧力を受けている。こうした状況の中で日本ははっきりした「対策」を設けられず、ただアメリカ主導の世界運営に参加・協力する支援型のリーダーシップ（supportiveleadership）に基づいた「パックスコンソルチス」（pax consortis）体制を指向している。[25]これは新・桂タフト協定（Katsura-Taft Memorandum）として評価されている「日米安保共同宣言」（一九九六年四月発表）と一九九七年九月に締結された「日米新防衛協力指針」（new guid line）に象徴的に示されている。[26]

東アジアの金融危機以来、政治・経済・安保において日本の地域協力に対する政策は、これまでアメリカが標榜してきた広域的範囲の協力というレベルで進められている。しかし、一九八〇年代の終りから一九九〇年代の初めに日本が見せた地域協力に対する立場の変化は、日米関係に多大な影響を与えたと言えよう。

つまり、一九九〇年代の初めに提起された、東アジア地域会議（EAEC）をはじめとした東アジア国家のみによる小地域的な経済協力体の結成は、アメリカの立場から言えば、ヨーロッパ地域の事例が東アジア地域でも再現されることを意味していた。

もとより、これはアメリカの東アジア政策またはユーラシア政策に相応しくないものであった。アメリカは東アジア国家だけの協力体が登場することに対し、ヨーロッパ地域のそれと同様に同質性に基づいた結束力の強いもう一つの地域協力体が出現したと認識し、さらにこの地域協力体は日本の主導により運営される恐れがあると判断した。

結局、アメリカはアジア・太平洋経済協力（APEC）の活性化を通じ、東アジア国家だけの地域協力体の構築を阻止し、日本はこうしたアメリカの立場に同調せざるを得なかったと見られる。

これはアジアか太平洋か、あるいは脱亜か入亜かの間で悩む日本のジレンマを表す明らかな例だといえ、対米依存の限界をそのまま露呈しているとも言えよう。現実的に日本が過去と同様に自己中心的な脱アジアまたは単独的アジア連帯を推進するというのは、これ以上不可能だと言えよう。

汎世界的な政治・経済・文化的地域ブロック化という傾向の中で、日本は政治・経済的地域性と文化的正当性の基盤を投げ出しかねていると考えられる。日本の脱アジアへの政策基調は、経験的な側面から見れば、西欧勢力により数次に渡って挫折したところがあり、これは日本が西欧勢力と共にするには一定の限界が存在するのを意味する。日本の親米的脱アジア路線は、日本をより対米依存的な国家に変化させ、防衛的脱アジア路線は日本をアジアから孤立化させるのは明らかなことである。

東アジア国家の急激な政治・経済・軍事的成長により、日本は大東亜共栄圏といった単独的アジア連帯を進めることが不可能になり、更に中国の急激な浮上と北朝鮮の核保有などといった問題は現在、日本の立場を攻撃的でなく、守勢的状況に追い込んでいる。こうした現象により、日本はさらに強く対米依存的な政策を選択するようになり、従って日本がアジア大陸から孤立化する可能性を考慮しなければならない時期に差し掛かっていると言える。

三　日本の役割への提言

日本は脱アジアと単独的アジア連帯の限界を認識すべきである。第一次世界大戦以後のベルサイユ（versailles system）体制、湾岸戦争（gulf war）以来西欧勢力から排除された経験を振り返ってみれば、日本の脱亜入欧への政策基調は成功せず、初期の理想主義的なアジア連帯と絶縁した大東共栄圏の構築といった侵略的アジア主義も悲惨な失敗に終わったことがわかる。

一九世紀と二〇世紀、国家民族主義が主流であった時期、日本は脱アジア論とアジア連帯論を適切に選択し生存と繁栄を図ってきた。しかし国家民族主義が衰退し新たなパラダイム（paradigm）が形成されている二一世紀に日本が過去と同様な選択をするとなればその未来は保証されないであろう。

日本は現在直面した対内外的状況を考え、賢明な選択をすべきである。これは日本の運命だけでなく東アジア全体の運命にもつながる問題だからである。

世界化（globalization）という名の下で二一世紀は、何よりも多様性の分出と水平的秩序が幅広く拡散されている。特に国家民族主義の時代に彼我を区分した境界の概念が消えている。こうした中で、文化的普遍性に基づいた「大量社会」（massive society）[27]が徐々にその真価を発揮し始めている。実際に域内交易のレベルから見れば、現在、東アジア地域の主な動力は日本ではなく、中国という大量社会の一員であると同時に東アジア全域に散在し活躍している華僑である[28]。

こうした変化の流れを考えれば、日本の状況はあまり有利でないことが明らかである。政治・経済・社会的に日本は急速に人的多様性を失い、水平的秩序を普遍的に受容していないと評価される[29]。

まして、日本は世界一の大量世界である中国と事実上、競争または葛藤の状態に置かれていて、この状況はさらに深まる可能性がある。

こうした状況の中で日本の選択可能な二一世紀の政策基調は、前述した通り親米的脱アジアでも単独的アジア連帯でもないだろう。日本の進めるべき政策方向は政治・経済・安保・文化・環境などの分野で東アジア地域国家との積極的な地域協力を模索することである。これは、東アジア地域において強大国間の力学関係を考え、地域多者安保協力が実際的な水平性を担保するためには日本の率先が求められるとの意味である。

現在、この地域で維持している日本の圧倒的な経済的な位相は、北東アジアの地域多者安保協力を推進することに役立つと思われる。北東アジア地域の安保環境が特定の強大国によって左右されず、地域多者安保協力体制という制度的な形式によって維持されるのであれば、上記に指摘した日本のジレンマはなくなると思われる。特に、北東アジア地域多者安保協力体制が日本や中位圏の国家間の協力によって構築されたら、現在、日本が推進しているＵＮ安全保障理事会の常任理事国の席を確保する際に大変な力になると思われる。

第六節　結　論

上記のように多者主義に立脚した地域安保協力について考察してみた。何より北東アジアの地域多者協力体制の構築は、この地域の安保環境に寄与することが確実であるとともに、地域安保環境自体を根本的に変えることになると思われる。そして、地域安保環境の望ましい変化は、この地域の国家の政治・経済・社会・文化的な発展の基盤を提供すると思われる。

東アジア地域多者安保協力体制を通じて安保的な不安定性と不確実性がなくなった東アジア地域は、地理的な側面から見ると東中国海と南中国海を地中海とする〈環〉をなすことができるだろう。そのような壁がない東アジアの海洋は、地域的求心力を提供し、この地域の国家間の交流をさらに活発にするであろう。それは東アジア地域が政治・経済・社会・文化的な側面から北米やヨーロッパを超える地域になることができることを意味する。

北東アジア地域多者安保協力体制の形成には、域内の全国家の参与が求められるが、ヨーロッパの例からもわかるように現実的には域内の強大国の積極的な参与が地域多者安保協力の勝負を左右する。アメリカと中国の競争や葛藤の中で、日本が域内の国家との有機的な協力関係の下で地域安保協力のための肯定的な役割を遂行すれば、東北アジアの地域多者安保協力体制は実現する可能性が大きい。

北東アジアの地域多者安保協力体制の構築によって、日本は対米従属性を克服して、独自性を確保する機会を得て、国際社会で日本が経済的な力量に見合う政治的な地位を得ることができる。また東アジアの地域多者安保協力の推進過程において、過去の一方的なアジア連帯を経験した域内の大部分の国々から信頼を得ることで、日本と東アジア地域の国家間に残る過去の歴史問題を解決する契機となると思われる。

ヨーロッパ地域の事例が示すように、地域多者安保協力が域内の多様な安保問題を解決できる有力な「対案」であるにもかかわらず、その実現が必ずしも簡単ではないことも事実である。しかし、形成過程において立ちはだかる難関が、地域多者安保協力体制を不可能にするわけではない。むしろ難関を克服していくことが地域多者安保協力体制の展開過程であるといえるし、この過程において域内の国家間の相互信頼が構築されるのである。実際に、ヨーロッパ地域でも多くの国難を克服してある程度の成果ももたらしてきたことが指摘できる。従って、東アジア地域多者安保協力体制の形成にも域内の国家の忍耐と弛まない努力が必要である。

未来は現在の条件を映した一つの可能性だと言える。現在の良好でない条件を改善し、不確実な変数をより肯定的な方向へ向けることができれば、バラ色の未来が保障されるであろう。東アジアの地域多者安保協力体制の形成は、その必要性と有用性から見ると、この地域の希望的な未来を担保できる一番の有力な「対案」であることは間違いない。従って、東アジア地域の国家は既存の惰性的で現状維持的な姿勢を捨て、能動性と創意性を発揮してこの地域の多者安保協力体制の形成に積極的に参加しなければならないのである。

(1) Barry Buzan, "Is international security possible?," in Ken Booth,ed., *New Thinking about Strategy and International Security* (London : Harper Collins Academic, 1991), p. 64.

(2) R. O. Keohane, *After Hegemony : Cooperation and Discord in the World Political Economy* (Princeton : Princeton University Press, 1984), pp. 31–46, 109–117.

(3) 김학준、〝아시아・태평양공동체 구상의 역사적 전개〟、『한국정치학회・재북미한국인정치학자회합 동학술대회 논문집』(한국정치학회、一九八三)、四一五頁。

(4) 蔡数道、二〇〇三、「アジア主義に関する一考察」『中央大学社会科学研究所年報』第八号（中央大学社会科学研究所）三三一—三三五頁。

(5) 初瀬龍平『伝統的右翼内田良平の研究』（九州大学出版会、一九八〇）、二二頁。

(6) 최종철、〝동북아三국 체제와 미국의 안보역할〟、외교、제四〇호（一九九六）、一二頁。

(7) Johan Jorgen Holst and Karen Alette Melander, "European Security and Confidence Building Measures", *Survival,* Vol. 19, No. 4 (1977), p. 147.

(8) 김경일、『동아시아와 유럽지역의 다자안보협력비교』（대구：중외출판사、二〇〇一）、一九一—一九七頁。

(9) Robert A. Scalapino, op. cit., p. 159.

(10) John G. Ruggie, *Winning the Peace : America and the world Order in the New Era* (New York : Columbia University Press,1996), p. 568.

(11) Michael Brenner, ed., *Multilateralism and Western Stretegy* (London : Macmillan Press, 1995), p. 211.

(12) Davis Dewitt, "Common, Comprehensive and Cooperative Security" *The Pacific Review,* Vol. 7, No. 1 (1994), p. 7.

(13) Matthew Augustine, "Multilateral Approachs to Regional Security : Prospects for Cooperation in Northeast Asia", The Koreal Journal of Defence Analysis, vol. 13, No. 1 (2002), p. 309.

(14) Robrt O. Keohane, *International Institutions and State Power : Essays in International Relations Theory* (Boulder : WestviewPress, 1989), pp. 4–5.

(15) 김계동, op. cit., pp. 552–553.

(16) Donald Crone, "The Politics of Emerging Pacific Cooperation," *Pacific Affairs*, Vol. 65, No. 1 (Spring 1992), p 71.
(17) David Dewit, "Common, Comprehensive and Cooperative Security," *The Pacific Review*, Vol. 7, No. 1. 1994. p. 7.
(18) Ken Booth, op. cit., p. 344.
(19) 김우현、『세계정치질서』(서울、한울、二〇〇一)、二〇三—二〇八頁。
(20) 倉前盛通著、김홍주 訳、『悪の論理』(서울、弘盛社、一九八一)、四三頁。
(21) Ibid., pp. 64–66.
(22) 권호연、"인본의 안전보장과 방위력의 향방、二一세기를 향한 전망"、『국가전략』、제一집二호(一九九五)、二二六—二三一頁。
(23) 김우현、op. cit., p. 208.
(24) 김경원、"아시아・태평양 지역의 전략적 추이"、계간 사상(一九九七년 겨울호)、二四五頁。
(25) Paul Kennedy, *The Rise and Fall of the Great Powers : Economic Change and Militaly Conflict from 1500 to 2000* (New York:Random House, 1987), pp. 198–200.;Joseph S. Nye Jr., *Bound To Lead:The Changing Nature of American Power* (New Yowk : Basic Books, 1990), p. 148. ; 송주명, "일본의 APEC 정책, 1988–1996 : 신중상주의적 지역주도," 『경체와 사화』, 제39호 (1998년 가을), p. 48.
(26) Ryu Yamazaki, "Review of the Guidelines for Japan–US Defense Cooperation : A Japanese Perspective," *The Korean Journal of Defense Analysis*, Vol. 9, No. 2, (Winter 1997) ; "A National Security Strategy for A New Century" (Washington, D. C. : The White House, 1998)
(27) 二一世紀の世界化の世界政治秩序では質が支配する社会ではなく、量が支配する「大量社会」(massive society) 이다 (김우현, op. cit., pp. 308–310)。
(28) 진창수、『동북아시아에서의 경제협력의 정치경제』(성남、세종연구소、二〇〇二)、一九—二〇頁。
(29) 日本はすでに自国民らが嫌がる所謂 ３K業種のような職種について数多くの外国人の労働者らを必要としている。これは一つの社会を維持するために必須的な機能を担当しなければならない自国民が不足していることを意味する。

参考文献

単行本

加藤陽子著、박영준訳、二〇〇三、『근대일본의 전쟁논리』（서울、태학사）

김경일、二〇〇一、『二一세기 동아시아지역 안보환경과 다자안보협력』（대구、중외출판사）

――――、二〇〇一、『동아시아와 유럽지역의 다자안보협력비교』（대구、중외출판사）

김성철、二〇〇〇、『일본의 외교정책』（성남、세종연구소）

김우현、二〇〇一、『세계정치질서』（서울、한울출판사）

양기웅編著、一九九九、『동아시아협력의 역사·이론·전략』（서울、소화출판）

유장희、一九九五、『APEC 신국제질서』（서울、나남출판）

田中彰著、강진아訳、二〇〇二、『소일본주의、일본의 근대를 다시 읽는다』（서울、소화출판）

정문길外、一九九五、『동아시아、문제와 시각』（서울、문학과 지성사）

倉前盛通著、김홍주訳、『악의 논리』（서울、弘盛社）

채수도、二〇〇三、『일본 우익단체의 아시아 침략』（대구、중외출판사）

최영진外、二〇〇二、세계화시대와 다자외교（서울、지식산업사）

하정열、二〇〇四、『일본의 전통과 군사사상』（서울、팔복원）

홍헌익·이대우 二〇〇一、… 동북아 다자안보협력과 주변四강（성남、세종연구소）

Kojima Kiyoshi, 1971, *Japan and a Pacific Free Trade Area* (Tokyo : University of Tokyo Press)

Brenner, Michael, ed., 1995, *Multilateralism and Western Strategy* (London : Macmillan Press)

Bull, Hedley and Watson, Adam, 1984, *The Expansion of International Society* (New York : Oxford University Press)

Ruggie, John G., 1993, *Multilateralism Matters : The Theory and Praxis of An Institutional From* (New York : Columbia University Press)

Keohane, Robert O., 1984, *After Hegemony : Cooperation and Discord in the World Political Economy* (New Jersey :

Princeton University Press)
Spykman, Nicholas J., 1994, *Geography of the Peace* (Connecticut : Archon Books)
慶応国際シンポジウム編集委員会編、一九八五、『アジアと日本』(勁草書房)
関静雄、一九九〇、『日本外交の基軸と展開』(ミネルヴァ書房)
藤井昇三、一九八三、『孫文の研究』(勁草書房)
財団法人日本国際フォーラム編、二〇〇〇、『二一世紀日本の大戦略』(フォレスト出版)
中国国民党中央委員会党史委員会編訂『国父全集』第二冊（台北　中国国民党中央委員会党史委員会）

論　文

김경일、二〇〇三、〃六자회담과 다자주의：일방성과 다자성에 대한 이론적 검토를 중심으로〃、『국제 정치연구』제六권 二호
——、二〇〇二、〃동아시아지역의 다자안보협력 모색과 그 가능성：유럽지역과의 비교를 중심으로〃、…：대한정치학회보…　제一〇집二호
김기환、一九九六、〃아시아、태평양 지역의 사회적 조건과 협력〃、『현대사회』제一四권一호
김원중、一九九八、〃일본과 동아시아 경제통합：APEC과 EAEC를 둘러싼 갈등〃、『경제와 사회』통권제三九호
김학준、一九八三、〃아시아·태평양공동체 구상의 역사적 전개〃、『한국정치학회·재북미한국인정치 학자회합동학술회의 논문집』(서울：한국정치학회)
배궁찬、一九九六、〃아·태지역 다자안보대화 전망：三차 ARF를 계기로〃、『주요국제문제분석』(서울：외교안보 연구원)
어수영、一九八〇、〃아시아·태평양지역의 신국제질서를 위한 태평양지역 공동체 구상〃、『국제정치 논총』제二〇집
오재희、一九九九、〃동북아 지역협력의 조건 한·중의 선택과 역할〃、『외교』제五一호
Yan Xuetong, "Security Cooperation in the Asia-Pacific", 1999,『다자안보협력의 모색』(한국국방 연구원 및 일본평화· 안전보장연구소 주최，제2회 동북아국방포럼 자료집)
유현석、一九九八、〃APEC을 중심으로 하는 아·태지역경제협력의 가능성：제도주의적 접근〃『한국과 국제정치』제一

四권一호

이동휘、一九九六、〃국제질서 재편과 동북아지역 협력〃『외교』제四〇호

이철기、一九九四、〃동북아 다자적 안보협력의 필요성과 가능성：동북아안보와 한반도 문제간의 관련성을 중심으로〃、『한국정치학회보』제二八집二호

하영선外、一九九六、〃아시아태평양지역 협력체제의 전망과 과제〃、『지역연구』제五권三호

山室信一、一九九八、「日本外交とアジア主義の交錯」『年報政治学』（日本政治学会編　岩波書店刊）

Caporaso, James A., 1992, "International Relations Theory and Multilateralism : The Search for Foundations", *International Organization,* Vol. 46, No. 3

Funabashi, Yoichi, 1998, "Tokyo's Depression Diplomacy", *Foreign Affairs,* Vol. 77, No. 6

Gallant, Nicole and Stubbs, Richard, 1997, "APEC's Dilemma : Institution-Buliding around the Pacific", *Pacific Affairs,* Vol. 70, No. 2

Garret, Banning N., and Glaser, Bonnie S., 1997, "Chinese Apprehensions about Revitalization of The U. S.-Japan Alliance", *Asian Survey,* Vol. 37, No. 4

Goodby, James E., 1992, "Cooperative Security in North-East Asia", *Disarmament : Topical Paper 11* (New York : UN Department for Disarmament Affairs)

Martin, Lisa L., 1992, "Interests, Power, and Multilateralism", *International Organization,* Vol. 46, No. 4

Moody, Peter, 1996, "Asian Values", *Journal of International Affairs,* Vol. 50, No. 1

Pahre, Robert, 1994, "Multilateral Cooperation in an Iterated Prisoner's Dilemma", *The Journal of Conflict Resolution,* Vol. 38, No. 2

Reus-Smit, Christian, 1997, "The Constitutional Structure of International Society and the Nature of Fundamental Institutions", *International Organization*, Vol. 51, No. 4

Ruggie, John G, 1992, "Multilateralism : The Anatomy of an Institution", *International Organization,* Vol. 46, No. 3

Ryu, Yamazaki, 1997, "Review of the Guidelines for Japan-US Defense Cooperation : A Japanese Perspective", *The Ko-*

rean Journal of Defense Analysis, Vol. 4, No. 2

Stuart, Douglas T., 1997, “Toward Concert in Asia”, *Asian Survey,* Vol. 37, No. 3

Tsuneo, Akaha, 1998, “International Cooperation in Establishing a Regional Order in Northeast Asia”, *Global Economic Review,* Vol. 27, No. 1

Zhang, Yunling, 1995, “Non-hostility : The Road to Cooperation in Asia-Pacific”, *China Report,* Vol. 31, No. 4

第九章　現代日本の多元社会と憲法に基づく普遍的価値の彫琢
――改憲構想分析の視座設定をめぐって――

横田　力

第一節　はじめに

われわれの人間的見地（personal perspective）とは、すべてのことである。それに対して自由主義的な政治的見地はそうではない。われわれは、日々中立でも公平でもなく、関わりを持ち、帰属関係にある。人生を全うするもので誰も、その企ての成功や失敗について、（また）どのような出来事や経験、成功そして仲間の存在が人生を有意義にし、またそれを浪費させ、品位を貶めるものにするかということについて、誰も中立的ではあり得ない。明晰な宗教的確信を持つものは誰も、彼や彼女自身の人生が何に相似ったものになるべきかについて熟慮しようとするとき、それらの確信を無視することはあり得ない。またわれわれは、感情や時間や富といったわれわれの力能の配分においていささかでも公平であることはない(1)。

これは、J・ロールズに代表されるリベラリズムの一傾向としての政治的リベラリズム即ち共同体における公共空間を政治的領域に限定し、そこでの人々の合意の調達と社会的共同を可能にするために、人々の間にある倫理的、宗教的、道徳的な個々の包括的な教義の混入を遮断し、それらを私的領域における多元的合理性の問題として処理しようとする戦略に対するR・ドゥオーキンによる批判の一端である。(2)

そこでのドゥオーキンの主張の基本は、「各人は、実定法によって明示的に認められた諸権利を超えて、国家に対して道徳的権利（moral right）を有しており、この道徳的権利は憲法を通じて法的な権利に組み込まれている」というものであり、逆に言えば、政府は、この権利に応じて「その統治下にあるすべての人間を、平等な道徳的・政治的地位にあるものとして扱わなければならない」ことになる。(3) ここから、ドゥオーキン権利論の中心概念である周知の「平等な配慮と尊重を受ける権利（the right to equal concern and respect）」が語られるわけである。(4) そしてその権利をめぐって解釈に対立と異論がある場合には、自らがもつ様々な道徳的直感を最も矛盾なく説明し得る道徳的原理に従った解釈こそが優先されるべきもの、とされる。それが憲法の一般的・抽象的権利条項をめぐる所謂モラル・リーディングと言われる解釈方法であるが、(5) ここでは、ロールズの場合とは異なり「政治的見地」と「個人的見地」とを切断する論理はとられてはおらず、同じリベラルな正義論に立ちながら、その方法論の相違が明らかとなっている。右の「個人的見地」には、ドゥオーキンも語るように当然、倫理的・道徳的見地も「人間の全体的存在性」の故に入ってくる以上、それは、いわば人間の政治性と道徳性・倫理性との連続戦略、と言ってもよいものである。(6)

そこでは、同じく政治を単一の倫理的集合に依拠させるという方向は回避しつつ、人間存在や「政治的見地」をあえて「社会的構築」として人為化する立場は退けられているのである。(7) 問われるべきは、立憲主義の生成・確立の基礎を異にするわが国において、憲法に基づく社会の統合と公共圏の確立を目指すにはどのような人間像⇓人間の担い手像が求められているのかである。憲法によって義務づけられ、憲法を擁護する者としての国民という語りが、「国民による国民のための新憲法の制定」という主張と重ね合わされる中、[8] 改憲論がこれまでにない勢いで展開をみせる今日、右の課題は一考するに値する課題だと思われるのである。

第二節　改憲論と日本社会の特徴——改憲論で問われているものは何か

一　現代日本社会の特徴と主体

現在のわが国は、上昇するジニ係数の数値や、世帯別収入の分布を表す「勤労世帯一〇分位階層別」データにおける最上位第Ｘ一〇分位に比しての最下位第Ｉ一〇分位の実収入低下率の大きな落ち込み、さらに年収二五〇万を切る中高年も含む増大する一方の不安定雇用労働者の存在とその不安定な生活実態。そしてこのような不安定労働者（所謂ワーキング・プアー）の存在を理由に生活保護や児童扶養手当といった社会保障の命綱をも切り下げようとする政府の政策等、その階層分化の在り方を示す指標には事欠かない状況にある。[9]

そして、このような状況をうけた人間の生き方のモデルとしての社会標準の喪失は、就学年齢にある若者を中心に青少年の行動と意識に大きな影響を与え、あらゆる規範からの逃避とヴァーチャルな世界の中に自らの実在を投映することで日々を送ることを是とする傾向を生んでいる。さらにこのことに階層格差が追い打ちをかけ知力学力の獲得だけでなく自己肯定感の在り方についてまで著しいインセンティヴ・ディヴィドをもたらしている。[10]

このような状況は、同じ多元化社会であっても、前稿でも指摘したＨ・ヘラーが生きた時代のような「集団の噴出」による要求の多様化と、激しい闘争を伴う階級対立を中心とする多元化社会の状況とはある意味では様相を異にする社会の在り方と言えよう。[11]

また現代の西欧社会を中心とするジェンダーや文化、レース（人権）等の差異を積極的に主張する中で生きる条件の平等を克ち取ろうとする多文化主義の基盤となる状況とも容易に同一視することはできない[12]。

本来の社会理論としての多元主義は、多元的な価値や利益を主張する主体が活発に展開する中で、どのようにして社会統合を図り、統治の民主的正当性を確保していくのか、についての構想であっただけに、そこには必ず、アクティヴな主体の存在とともに社会における自由の拡大⇓市民社会の民主化、という契機が含まれていた[13]。いわば社会の統合の危機とは多元的な諸主体が、新たな統合と民主的正統性の担い手として自らを確立・発展させるプロセスでもあったのである。

これに対して、現在のわが国の階層社会を前提に、そこにこのような主体の確立と展開の契機を見出すことが果して可能か、ということが問われなければならないであろう。多元社会における統合と民主的正統性獲得のためのプロセスとして憲法を積極的に位置づけることができなければ[14]、「前政治的ナツィオン意識」にさえ訴えて、「国のかたち」を変え、彼等なりの社会統合を実現しようとする今日の改憲構想のもつ問題性の本質を捉えることはできない、と思われるのである。

二　改憲論と権力・個人――改憲論で問われているものは何か

現代改憲論の本質をめぐる議論の中で目に止まった次の一文を紹介することから始めることにしよう。即ち、改憲論の本質は、「安全保障だとか国際貢献だとかといった、日常生活から切り離された「政治的」な問題にはない。憲法を変えようとする人々は今、もっと壮大な構想をもって事にあたっている。そこで根本的に変革されようとしているのは国家と個人の関係であり、国家権力に対する国民個人の主体性が脅かされている。[15]」

これは正に正鵠を得た表現であるが、社会における諸主体の国民としての統合には安全保障⇓戦争と平和をめぐる問題が、近代国民国家の歴史を貫く一つの糸であったことはここに加えて確認すべきことである。それは正に論者のいう「個人と国家の関係」そのものであり、今日でも「国家権力に対する国民個人の主体性」にかかわる最大の問題であり続けているのである。「帝国主義戦争への国民動員は、シヴィック・ナショナリズム（エトノスやエスニシティ、言語や宗教とは関わりなく「国家に基づく」「国家を前提」とするナショナリズム――引用者）の浸透徹底が大衆社会統合の有機的な一部分としておこなわれることによって、可能となったのである。(16)」との指摘は、戦争の性格や形態がどのように変化しても変わることはないのである。

そもそも国家における権力は、単なる暴力とは異なり、一方で、常に個別の暴力を組織化しそれを人間の行為の動機づけのために用いるものであり、他方で、その力を一体としての集合力として人々の前に顕現させると同時にそのようなものとして認識させることをその本質とするものと考えることができる。(17)とすると、近代国民国家とは、権力主体として、そのようにして「組織化」され「加工」（認知）された暴力を行使することの「独占を要求する集団とそれを要求される人々との関係がひとつの共同体へと編成されたときはじめて成立するもの」と言うことができるであろう。(18)

従って、そこには常に権力を行使する者とされる者との間に一定の動機づけと共働関係の認識を可能とさせる関係が常に存在することが必要とされてこよう。ここに、自己に固有な内面的当為に生きようとする人間に対して、それを国民として捉えてノルム化（強制・他律化）しようとする関係、先の論者の言うところの「国家権力に対する国民個人の主体性」の問題が問われてくる基盤が存在するのである。

他者の力を動機づけ誘発するのも権力であるならば、他者にその存在の在り方とその行為の集合としての力の一体

性を認識させるのも権力なのである。(19)

多元化社会の到来と現実は、この意味での動機づけと一体性の認識とを困難にさせる背景となってくる。現代の国民統合原理としてのナショナリズムが、常に、国民存在についての一体性への認識だけでなく、その動機づけの意味あいを伴って機能するのはこの点にある。国民に対する動機づけの危機は、国民の代表選出の過程をも含む行為連関からなる権力の基盤を脆弱なものとし、ひいては国民としての一体性への確信⇓社会統合の危機をもたらすことになる。

現代日本の階層社会の現実は、同じ多元社会でもとりわけ権力をめぐる前者のプロセスを相当に脆弱なものにさせているところに諸外国にみない大きな特徴をみることができる。

そのことは、今回の「憲法改正⇓新憲法制定」論に流れる思考を一面複雑なものとさせ、さらにその内包（改正の実質的内容）と外延（改正の形態、部分改正か全面改正か、はたまた改正ではなく「新憲法」の制定か）を拡大させ、なおかつ教育基本法等その他の国民の人権や国家制度に関わる法制度の改正とも連動させる背景ともなっているのである。そのことが、また先の論者も言うように、九条改正本質論では現状を捉え切れないだけでなく、「九条護憲論が危機感を強めれば強めるほど影響を失っていく」(20)、との状況認識をもたらしているのである。以下では、この点を深める意味でも、言葉の勝義の意味での多元化社会の新たな展開を経験する西欧社会における合意と統合に関わる正義論の一端を検討してみることにしたい。

第三節　J・ハーバーマス、R・ドゥオーキンの正義構想と憲法

一　憲法パトリオティズムをめぐって

かつて、ヘルマン・ヘラーは、ワイマール憲法を擁護するにあたって、それを彼の国家・社会理論の一方の指導理念である倫理的法原則の部分的な体現であると同時に、その社会変革に対してそれがもつ「開かれた形式」性において評価していた(21)。それは、その下で彼の言う啓発された市民による社会的同質性の確保が可能である、と考えたことにもつながるのである。多元社会における社会的同質性の確保⇒合意形成と多様な解釈に開かれた開放の形式としての憲法、この枠組は多くの立憲国家に共通の枠組みであるはずである。

この点は、ドイツのアイデンティティを強調する議論に対してJ・ハーバーマスが次のように言うときさらに明らかとなる。先ず、彼は「国家公民（Staatsbürgernation）からなる国民（ナツィオーン）と民族（フォルク）からなる国民（ナツィオーン）とは違うとするM・R・レプジウスのつけた区別」を引照しつつ次のように述べる。「西欧の古典的な国民国家の場合とは異なって旧ドイツ帝国……解体後の諸国家においても、またビスマルクの小ドイツ主義の帝国においても、国家公民による政治共同体の形成は、……「歴史的―実質的に与えられている統一的国民（ナツィオーン）」といった政治以前の所与と同形的に重なりあったことはいちどもない。……「政治的支配権の担い手としての国民（フォルク）という政治的次元」と「エスニックで、文化的な、また社会経済的な統一体としての民族（フォルク）」という政治以前の「次元」とのあいだに、強い緊張関係が存在していた。「この緊張関係を承認することこそが、民主的に自己自身に正当性を付与するシビリアン社会の基礎である。」「政治的主権の担い手としての〈デモス〉

をある特定の〈エトゥノス〉と同一化するならば、それは結果として必ず、ある政治組織の中で自分たち以外の、他のエスニックな、もしくは他の文化的、宗教的、または社会経済的な住民たちに対する抑圧となったり、強制的同化をもたらしたりする」ことになる。[22]

その結果、ドイツでは、アウシュビッツに代表されるようなジェノサイドをもたらしたような大戦の経験をふまえれば、「自分たちの歴史の連続性なるものを頼りにすることはできない、ということである。……ドイツ人は、その政治的アイデンティティを設定するにあたって、普遍主義的な国家公民の諸原則以外のものに依拠する可能性を」なくしているのである。このような「普遍主義的な原則の光の下では、ナショナルな伝統は無傷には受け継ぐことはできない。ただ批判的に、いや自己批判を通じてのみ伝統を獲得することしかできないのだ」。こうした「脱伝統型のアイデンティティは、伝統につきものの実体的性格、その無邪気な性格を失っている。こうした……アイデンティティが存続しうるのは、憲法に依拠した愛国主義の解釈をめぐる公共のディスクルスの抗争というあり方を通じてのみである。憲法に依拠した愛国主義はそのつどの歴史的状況に応じて具体化されなければならないのだ。[23]」

ここでは、国民と民族という二つのフォルク（レプジウスによれば、これは国家市民ナツィオンと民族ナツィオンに区別される）の間の「緊張関係を承認することこそが、民主的に自己自身に正当性を付与するシビリアン社会の基礎である」との叙述に留意する必要がある。

また別様には次のようにも語られる。「憲法原理が根をおろしうる政治文化は、全ての国家市民に共通な民族的、言語的、文化的由来に支えられる必要は決してない。自由な政治文化は憲法パトリオティズムという共通の分母のみをつくり、それは同時に多元的文化を持つ社会の様々な共存する生活形態の多様性と不可侵性への感覚を研ぎすます。[24]」「共通の政治文化は、各国民が歴史的経験連関の視点からおこない、その限りで倫理的に……中立ではありえない、憲法原理の解釈に根ざしている。……しかし、争われるのは常に同一の基本権や原理の最もよい解釈をめぐってである。この基本権や原理は全ての憲法パトリオティズムの確かな基準点となり、それが法共同体の歴史的文脈の中に権利システムをすえるのである。(25)」

ハーバーマスがここで主張しているのは、所与としての国民全体であるとか文化・伝統等ではなく、「抽象的な手続きや原理」をめぐる諸主体間のディスコースの中でのみ政治的共同体の正当性は得られるのであり、そうすることではじめて「最大限の多様な人々の共存を可能」とする関係が築かれる、とすることである。また、この問題をある論者の整理に従い、社会の統合⇒合意によるアイデンティティの確立をもたらすものが、「前政治的所与としてのナツィオンなのか」「多様な文化の、象徴による統合なのか（読点――引用者）」「それとも公共の論争から生まれてくる国家市民ナツィオンとしてのメンタリティ（ハーバーマスのいう憲法パトリオティズム）なのか」とした場合(26)、そこでは、エスニックなものだけでなくシビックなものも含めて、全体的価値原理の所与性が否定されていると言えよう(27)。この点は、全体的価値原理の一つであるナショナリズムをエスニックなものとシビックなものとに分けた場合、シビックな体系としてのナショナリズムは、一面では立憲主義を確立しそれを支えるべき社会構造の中から、立憲主義のメカニズムそれ自体を用いながらつくられてきたことを考えると確かに一つのアポリアがつきつけられることにもなる(28)。

このアポリアをつき崩すだけのディスコースの枠組みを設定することができるかが、今後この議論にとりさらに検討しなければならない課題であると言えよう。

二　ドゥオーキンによるロールズ批判をめぐって

次にこの点を少し視点を変えてドゥオーキンとロールズの議論から検討してみることにしよう。

先にも述べたように、ドゥオーキンはロールズの正義論における「道徳・倫理的観点」と「政治的観点」との切断戦略を批判する上で二つの論点を提示する。第一のそれは、ロールズが提起する「すべての市民は、他者に深刻な影響を与える方法で行為する際、理性的には拒絶し得ないであろう原理を遵守すべき義務をもつ。」、という点に関わるものである。(29) この点は「公共的理性」に関わる議論、合理性に対する理性適合性（適理性）による承認とコントロールの問題として前稿でもふれた。(30) 第二のものは、ロールズの暫定合意から重層的合意を導く際の伏線、および原初状態における代表としての当事者が前もって現実社会の市民達が如何なる条件と環境にあるかを知り得る判断枠組、換言すれば当事者に対する市民達の表象（代表　representation）関係を規定する枠組みに関わる問題である。ロールズは、それを「当事者が援用することを許される市民の共通の意識の中に見い出される一般的な信念や推論の形式」として表現するが、(31) その背景には、彼が言うところの「誰もが認める、いわゆる現代民主主義社会の歴史的、社会的条件」というものの想定があることは間違いない。そしてその諸条件とは、ドゥオーキンによれば、「政治的なるものの解釈がそれに基づいて行われなければならないし、またそれを尊重しなければならないところの民主主義社会の公共的文化に黙示的にあるいは潜在的に存在している諸制度、原理そして理念」ということになる。

その内容は、「宗教的寛容や奴隷制の根絶等に対する信念にみられるような確立した確信」(32) をベースとする理性に適合する多元主義ということになるが、この多元主義自体が適理性（reasonable であること）という範疇によるスクリーニング（乃至拘束）を受けて成立する以上、(33) それが一つの「定着している確信の範囲に従った」(34) 判断であることは確かである。ドゥオーキンによれば、「ロールズの認識枠組みがそうであるように、いかなる共同体の歴史も伝統と同じく論争を含んでいる以上、共同体のあらゆる伝統や歴史のすべての部分に完全に適合できるような哲学者によって解釈された一式の政治原理も存在しない」ということになる。(35) これは、今日のアメリカにおけるリベラリズムとコミュニタリアニズムの論争、さらに遡れば、ドゥオーキンも言うようにリベラリズムと功利主義との論争をみれば頷けるところであろう。

では、ドゥオーキンの正義構想はどのような展開を示すことになるのであろうか。この点を次にみることにしよう。

三　ドゥオーキンの正義論と憲法認識

この点に関してドゥオーキンによればロールズの理論は、次のように捉えられることになる。即ち、「ロールズが示唆するところによれば、もし相争う正義についての二つの政治構想が、各々、共同体の政治的歴史やレトリックに十分ではあるが完全には一致しないということで、その解釈として双方が有効である場合は、その（正当性をめぐる）競技（コンテスト）は両者の間で決着がつけられなければならない、ということになる。」何故なら、彼によれば、「政治的コンテストとは、そこで二つの構想の支持者達が、両者のバランスが一方に有利なように傾き、他方の側が自らの敗北を認識し勝者の側に加わるまで、相手方の回心（転向）を求めて争うことを意味しているからである。」これは、明らかに心に描かれた合意（観念上の合意）という仮定に基づいたモデルであり、それが示しているのは、「一つの社会が、二つのおおよそ対等な先行する合意の仮定についての構想の中から、どのようにしてその中の一つに正当性の決定を下すことになるのか、についての説明なのである。」ドゥオーキンによれば、それは正義構想における定言力にふれるものでは全くないとされる。(36)

ここでドゥオーキンは視点を変え、彼のモラル・リーディング論へと進む方向をとることになる。それは、一言で言って「正義構想の定言力すなわち普遍的な道徳的拘束力」の問題を倫理に求めるものと言える。そこでは、共同体に潜在している（latent）原理を決めるものは、ロールズが示すような「共同体の伝統との一致」即ち想定上の合意モデルは退けられ、決定する者、選択者の立場が強調されることになる。即ち、その構想は、「レトリックの上でも、伝統に対しても汎そ十分に等しく合致する競合する諸構想の中から、選択を余儀なくされる者」（典型的には法と先例の解釈者）に助言を与えるようなものでなければならないものとされる。

そのような助言とは、「彼乃至彼女の立場からみて、すべての事を考慮した場合、共同体の歴史の「よりよい」解釈を提供していると思われる構想を選択できるようにするもの」なのである。この文脈においては、「「よりよい」とは正にこの意味のみであって、一つの構想が、それに対抗する構想よりも「よりよい」のは、それが提供する正当化のあり方が、政治の道徳性の問題としてより優れている場合なのである。そのような構想こそが、（政治共同体の）レトリックと歴史をつくるのであり、それが政治的により魅力ある語りをするのである。[37]」

そして、周知のように、このような選択⇓政治共同体のレトリックと伝統に対する「よりよい」解釈（正当化の構想）は、決して固定したものではなく、ある原理の解釈をめぐって「（常に）解釈者による今日と明日の投票を通して前進していく」ものなのである。[38] ここでは、そのようなことを可能ならしめる定言力の根拠は、ロールズのように正義の共同体における潜在性（latency）には求められてはいない。

ドゥオーキンによれば、「そのような（ロールズのような——引用者）考えは魅力的ではあるが、契約主義的断絶戦略に従って組み立てられ擁護されてきた正義の政治構想が如何にしてそのような定言力をもちうるのかを示すことに必要な理論を提供していない」からだ、とされる。ドゥオーキンにとり、「ある原理が共同体に潜在しているか否かを決めることができるのは、その定言力を、それが共同体の伝統に根拠をもっているとか、由来において一致しているから等とは別の視点から擁護できるある正義の構想をすでにわれわれが手にしている場合だけなのである。」[39]「自己の多様な道徳的直感を最も矛盾なく説明し得る道徳原理」とはこのようなものなのであり、その社会の土台となる（合意の基礎となる）憲法の基本的ではあるが抽象的な条項の解釈は、このような道徳原理に拠りつつ、先例をも含む「諸実定法的諸ルールに最も整合的であるようなものとして」行われなければならないのである。[40]「平等な配慮と尊重を受ける権利」とはこのようにして導き出されたドゥオーキン権利論の基礎概念であり、それは道徳・倫理と接合されたものだけにロールズに比して、より論理的であり、一貫性があり既存の社会理論と社会秩序に対してその分革新的かつ開放的である、と言えよう。

これを、先に紹介したハーバーマスの国家市民ナツィオンがおりなす憲法原理をめぐる対抗的な解釈共同体（ディスクルスのコミュニティ）を表象する概念である憲法パトリオティズムと照合したとき、わが国の現在の憲法状況はどのようなものとして映ってくるのであろうか。

次節では、この点について検討することにしたい。

第四節　戦後日本国憲法の営為と改憲論

一　「暫定協定」としての憲法

ここでは次の文章の引用から論述を始めることにしたい。「同じ敗戦国として再出発した日本は、確かに幸福にも暫定国家でも分裂国家でもなかった。だが、まさにそれゆえ、「日本国」の存立の基礎を問うという問題意識の社会への広まりは、ドイツに比べれば少ないままだったといえないであろうか。その日本で憲法パトリオティズムを説くことは、まことに「批判理論としての性格を強くもたざるをえない」。」「しかし、もはや日本も多文化化や経済のグローバル化を避けることはできない。最近の保守的論調の増大は、この状況への反応でもあろう。逆に、そのなかで自由な国家であり続けることもまた、自覚的な試み以外ではありえなくなる。結局その成否は、国民が自らの自由を行使して国家の形態・進路を定めていくことが持続的に可能であるかにかかってくるのではないか。」「「憲法のラディカルな内容は、そのうち国家の諸制度にすでに実際に具現化されたものを、常に越え出てもいく」。その可能性を塞ぐような議論に対しては、憲法パトリオティズムの主張は、……厳しい批判を向けなければならない。「アトム的個人を超え、諸個人の自立と自律にもとづく res publica を構築できるかどうか」という」ことはそのことにかかっているのである。(41)

この文章は、今日の改憲論が跋扈する状況を前にして述べられたものではないが、現状を批判的にみる上でも参考とすべき論点が示されている、と言える。

先ず、第一文についてであるが、日本は確かにアメリカを中心とする連合国の占領政策の下、沖縄問題を別とすれば分裂国家としての規定を免れることができたが、果して「暫定国家ではなかった」、と言えるか否かである。私見によれば、戦後ドイツは重い戦争責任を課せられた分裂国家であったればこそ、紆余曲折を経ながらも国家市民ナツィオンが民族ナツィオンに一元化されたことに起因する問題性を、戦後、国家市民ナツィオンとして再生したドイツ市民が総体として反省悔悟することでそのアイデンティティを確立してきたのであり(42)、その理念を体現するものとして国民＝国家市民ナツィオンが憲法パトリオティズムを肯定し続ける限りで、それはすでに暫定国家ではなかった（あるいはその暫定性を払拭した存在であった）、と言えよう。そこには人間的道義と道徳にまで立ち戻った共同体⇓国家設立へ向けての共同行為が認められるからである。ホッブスの言葉を意訳すれば、道徳的意味づけをも含んだ「設立によるコモンウェルス」の契機の確認とも言えよう。[43] これに対して、いわば、同じ意訳表現を使えば連合国の権力を背景とする「獲得によるコモンウェルス」の確立と後見（このことは端初においてはドイツも同じであるが）の下でその国家市民ナツィオンとしての姿を整えたわが国は、民族ナツィオンとの区別もあいまいなままに、とりあえず与えられた日本に対する安全保障（security for Japan）としての憲法体制（中心としての無軍備平和主義）を状勢の趣くままに日本の安全保障（security of Japan）、と捉え返し、それに内実を与えてきたのがこれまでの戦後の歩みであった。[44] その意味で国家の基本としての憲法体制自体が、いわば暫定協定（modus vivendi）としての性格を持ち続けているのである。[45] 勿論、暫定協定は、いずれの共同体の場合も、主体相互間の不信を信頼に変え、当面の便宜性を道徳性へ高めるための結果の先どりとしての性格をもつものであることには変わりはないが。

しかしわが国の戦後の歩みは、この転換と深化の契機を、国家市民ナツィオン総体のコンセンサスとしてはつかみきれないできた、というのが現実ではないだろうか。そのことは、とりわけヘラーの用語を使えば、「権力核」を構成する諸主体においてみられることであり、そこではとりわけ、文化・教育・外交といった面において、「「政治的支配権の担い手としての国民（フォルク）という政治的次元」と「エスニックで、文化的な、また社会経済的な統一体としての民族（フォルク）」という政治以前の「次元」とのあいだに」ある強い緊張関係を、それとして認めず、国民（国家市民ナツィオンとしての国民）に両者の緊張関係の中での国家像についての主体的選択の余地を認めない政策展開がとられてきたと言えよう。[46]

正に、問われているのは、「国家権力に対する国民個人の主体性」の問題であり、これまでの暫定協定の下で培われてきた合意の内実は、不信を信頼に変え、便宜性を倫理性に高めるだけの「国民個人の主体性」の関係を社会に定礎するだけの深みをもってこなかったと言えよう。引用文の論者が、その第二文で、各々今日、「自由な国家であり続けることもまた、自覚的な試み以外ではありえなく」なっている、と言い、第三文で、「「アトム的個人を超え、諸個人の自立と自律にもとづく res publica を構築できるかどうか」という「きわどい文明のあり方」が試されることになろう。」と語るとき、状況認識は今日の筆者のそれと一致してくる、と言えよう。

では、この国を、真に国家市民ナッツィオンからなる res publica（先の用語で言えば、倫理にまで遡って設立されたコモンウェルスの確立）にするにはどうしたらよいのであろうか。次項ではこの点を戦後六〇年の憲法の営為と今日の改憲論がもつ理論構成の特徴という視点から検討してみることにしたい。

二　今日の改憲論議の特徴と憲法学

本稿では先に、わが国の憲法「体制」、ひいては戦後の国家体制自体が、その構成員のレヴェルにおける主体性の確立と、国家自体の道徳的基礎づけを十分なものとしない暫定性をもったものであることを指摘した。

このことは、別のある論者の次のような指摘の中からも窺えるところである。即ち、戦後憲法学の通説は、「「憲法制定権力」と「憲法によって制定された権力」を明確に区別し、「憲法改正権」は」後者に分類され、「そうである以上、明文で規定されているか否かにかかわらず、改正には踏み越えてはならない限界がある、という考え方を導き出してきた。」このような考えに立てば、主権者の移動を当然に伴う現行憲法の制定を、帝国憲法の改正の所産であると捉えることはできない。従って所謂「八月革命」説は、ポツダム宣言の受諾によって「すでに主権者は天皇から国民に移動した」として捉え、「「帝国憲法の改正」という外面的形式のもとで、実は、主権者国民による新たな「憲法制定」行為が行われた」と説明してきたのである。(47)

ここでは、法的説明の巧みさによって、主権者国民による新憲法制定をめぐる現実的な意思形成の欠落が見事に隠蔽されている姿が描き出されている。このような説明では、そもそも、ホッブスの用語でいうところの主権者⇓国家形成の信約行為（国民による憲法の制定）自体が空虚である以上、信約によって設立された権力が信約を守るという関係になる保障はない。ここでの信約は、信約行為を越えた第三者の隔絶した力⇓権力の存在がなければ成り立たない関係にあることは明らかであり、信約により権力が成立するという近代国家論の前提（正確には「信約を守るために信約により権力が成立する」という関係）が欠落しているのである。(48)

この点をふまえれば、次の論者の主張は意味をもってくる。即ち、「このような（先の通説のような――引用者）考え方に立とうとするとき、二つの問題に直面する。一つ目は、国民に警鐘を鳴らす意図の下で、どこから先が憲法改正の限界を踏み越える行為であるかを説得的に述べることは難しい、ということである。」

この点、九条に関しては、通説（多数説）は、九条二項を改正の限界内としているわけであるから、とりわけ憲法制定という信約行為が空虚である以上、その当事者である国民が九条という法形式をとりながら何を信約したのかは明確ではない。この場合は、かつての国家行為に民族ナツィオン（フォルク）の一員として積極的若しくは消極的に加担したことの自覚と反省、そして将来に向っては国家行為としての戦争の被害者に対する連帯の立場を理論化しない限り、九条を倫理的拘束性のある規定として捉えることはできない。この場合、ドイツと異なり信約を受けたはずの権力核の中枢メンバー自体が早期にこの立場を放棄している以上、なおさらのことと言える。この点、和田進の言うところの戦後日本人の平和意識の特徴である、（イ）「憲法九条も、自衛隊も、安保条約も」という所謂パーケッジ型意識構造と、（ロ）「平和をそれ自体固有の価値⇓自ら犠牲を払ってでも守り抜く価値」とは考えず、豊かな生活を実現するための手段的価値、戦争と戦争被害を忌避するためのセーフガードとして、捉える意識状況(49)は、何をもって憲法改正の限界とするのかを、非常に不分明なもの、とさせているのである。

そのことは、右の意識構造において、目的に対する手段としての意味づけが、個人にとり、そして豊かさを追求する社会にとり十分な意味をもたなくなれば、容易に権力に対する信約としては機能しなくなるのである。(50) ここでは、憲法制定権者としての国民の、憲法に対するプリコミットメント（法律の制定以下の国家行為を統制するものとしての事前の関与・拘束）の意味内容自体が、憲法制定過程における積極的関与の欠如とその後の権力の対応ともあいまって、非常に流動的であいまいなものになっているのである。先の論者の議論を布衍すればこのように言うことも一概に付会とは言えないであろう。

そして、論者はさらに続けて次のように述べる。「二つ目は、日本国憲法の定める改正手続規定の下では、国会から提案を受けた国民が直接投票に基づいて「承認」しなければ」憲法改正は実現しない。「問題は、アメリカ占領下、国民が直接「承認」を与えることなく「制定」された日本国憲法の下で、「憲法制定」と「憲法改正」とを全く異質の行為として区別した上で、直接的な国民の意思表示を伴って行われる「憲法改正」を躊躇なく後者に分類し、その発動に関して強い規範的な歯止めを行うことが、民主主義の観点からどのように正当化可能であるか、ということである。（傍点――引用者）(51)」

ここでも先に指摘したことがやや視点を変えて言えるであろう。即ち、そもそも信約の十分な当事者になっていなかった主権者（憲法制定権者でもある）国民が、その信約の規範的意味内容を明確にしないできた結果、今度は意味内容を明確にしようとする行為を、あくまでもそれは信約の「改正」であって、信約本体と内容に一体性を保てないような改正は認められない、と語ることは形式論理的にみれば、二重の背理をはらんでいるように思われるということである。(52) 第一に、何故、主権者の行為が、改正にのみ留め置かれなければならないか、という意味において。この論点については、周知のように民主主義の「可遡性」の問題（「可逆性」の保障と「不可逆性」の阻止）、とりわけ平和を自由と民主主義の基軸的価値と捉えれば、現在の集団的自己決定によって将来の人々からそれらの価値を享有する可能性と機会を、改正の形式であれ、制定の形式であれ、奪ってはならない、という形で規範的な歯止めとしての論を立てることが可能であろう。[53] 民主主義の過程に対するエントレンチメントとプリコミットメントとしての憲法⇓立憲主義の意味づけの問題である。[54] 第二のものはより実体的なものであり、「制定」とすることで初めて憲法に民主主義的正統性が認められるようになる、とするものである。このことは、信約は当事者の直接的関与によって、初めて相手方の権限と力を規範化正統化できる、ということからも当然のことであるが、今回の改憲論の基本的趨勢は、これまでとは違ってこの点を巧みに衝いてきている点に留意しなければならない。[55]

ある意味で民主主義の過程を制約するものとして立憲主義体制は（それは硬性憲法規定として制約し、さらに改正限界論の設定で制約する場合が多いが）、その機能の面における正統化は、あまたの論議があるように、少数者保護、民主主義の可逆性の擁護、制定に関わる原意の尊重等、様々な形でなしうるが、その確立、ゲネシスそのものは、特別多数を要件としようとも民主主義の性格論を以って正統化する以外方法はない。

この正統化の契機を、先にみた巧みな規範的説明としての八月革命説とその後の国民の支持という事実的次元とに求めてきた憲法理解は確かにその理論をより深化させなければならない局面にあると言えるであろう。このように、わが国の憲法状況は、その戦後六〇年の営為をふりかえってみた場合、歪小化された民主主義観が横溢するなか、（それは、当然に多数代表システムと利益政治のあり方を前提とする）国民の生き方と国家制度に対する正当化要求に対して、立憲主義的価値を正に「国家に対する国民の主体性」の問題として定立させる程には至っていないのである。その意味で、憲法は未だ信約としては国民と国家との暫定協定に留まるのであり、それはロールズが述べるように、道徳性に基づかない勢力間、担い手間の妥協である以上、その勢力分布と配置が変われば、その意味内容と形式の両面において、自ずと変質、崩壊を余儀なくされるものなのである。若し、今日、われわれがそれを、社会にとりより価値規定的なものとして位置づけ直すにはどのような構想が求められるのであろうか。

次節ではこの点を再度ロールズの議論に立ち戻って検討することでその構想についての見取図を検討することにしたい。

第五節　重層的合意の対象としての「正義の構想＝憲法」ということの意味

多元社会（理性に適った多元主義の事実）において正統性と安定性をもった合意の形成を正義の政治構想として示そうとするロールズは、その合意を道徳性のある拘束力をもったものと示そうとする。そこに単なる勢力均衡と妥協の上に成立する暫定合意（modus vivendi）と重層的合意（overlapping consensus）との相違が生まれてくることになる。この観点は、現行憲法に基づいていかにして道徳性のある、換言すれば、単なる表層の民主主義的要求とムードに押し流されることのない立憲主義の担い手と枠組み（再びホッブスの表現を借りれば「設立によるコンモンウェルス」）を確立できるか、という本稿の主題にも関わることなので、以下この点について説明し、検討を加えることにしたい。

ロールズにとり暫定合意とは先ず、「その目的と利害によって競争状態におかれている二つの国家間の協定を特徴づけるための」用語として用いられている。即ち、「二つの各々の国家は、一つの協定を結ぼうとするならば、提案される合意が一つの均衡点を示すことを確実にする程に賢明であり思慮深いものとなるだろう。ということは、その協定の期間と条件は、それを破るどちらの国家にとっても有利にはならないということが公知されるような方法で起草される、ということである。」このようにして協定はそれを守ることが、相互に国家的利益とみなされることになり、遵守されるようになるのである。「しかし、一般的には、双方の当事国は、他を犠牲にして自らの目的を追求しようとする心づもりであるので、若し条件が変われば、そうすることはあり得るのである。」「このような協定が正に単なる暫定協定にすぎないことを極立たせるのはこのような背景なのである。」「同じような状況は、われわれが、自己乃至自己の所属する集団の利益や、政治的取引の結果に基づく社会的合意を考えた場合にも明かとなるのである。」そのような意味で、「社会の統一（social unity）とは、表面的なものに過ぎず、その安定性とは、諸利益の偶然の一致を覆す程度には至らないという条件次第のものなのである。」[56]

諸利益の均衡の中での暫定合意に基づく社会の統一、このような合意は、権力核とそれを支持するグループの利益が、ある条件の変化の下でそのような均衡を破ってでも実現しようとするとき、余程の道徳的確信に支えられた抵抗の力をもたない限り維持されることはないのである。

では、そのような道徳的確信に支えられた合意とはどのようなものであろうか。この点を次に検討することにしよう。ロールズの場合、叙上のようにそれは重相的合意として示され、それは「暫定合意とは全く違ったもの」として語られることになる。その場合、その相違（特徴）は次の二点で示されることになる。第一に、合意の対象は、単なる利益や目的の均衡・一致ではなく「それ自体が道徳的合意概念である正義の政治構想である」という点において。第二に「それは、道徳的根拠（基礎づけ）に基づいて確認されるという点において」。この道徳的根拠に基づく、ということは、その概念（重相的合意）には、「社会と諸人格としての市民という概念と並んで、正義の諸原理そしてそれらの原理がそれを通して人間の性格の中に体現され、そして公共的生活の中で表現されるような政治的徳の根拠が含まれている」ということである[57]、とされる。その意味で重相的合意は、拘束力をもった実際的概念であり、それに参加し遵守する主体は、その価値原理である正義の政治構想を自分なりの理由づけを以って体現することになる。

ロールズが、諸主体間に固有な価値の寛容のみでなく、特定の正義を受け入れる際の理由づけ（道徳的理由づけ）の寛容をも説いていることは注目されてよいであろう(58)。

さて、本論に戻ると、重相的合意は、それ故このような意味で「ある権威を受け入れる際の、あるいは個人または集団の利益の集約に基づき制度的調整に従う際の単なる合意ではない」ことになる。

そして、問題となる各人（各集団）が私的領域において抱く包括的教義と重層的合意（正義の政治構想）との関係は次のように説かれることになる。即ち、「正義の政治構想を積極的に認めるすべての者達は、彼等自身の包括的見解に内在することから始まり、それが提供する宗教的・政治的かつ道徳的根拠に依拠するのである。各人がこのような根拠の下に同じ政治構想を認めるという事実は、その場合が正にそうであるように、真摯に持たれた根拠（理由づけ）が、彼等が正義の構想を肯定する性格を規定している以上、彼等の正義を肯定するという行為を、何等、宗教性や哲学的、道徳的意味づけにおいて劣ったものにはしないのである」、とされる(59)。

ロールズは、さらに、このような重層的合意の性格――（イ）その対象の道徳的性格、換言すればその対象が正義の政治構想自体であること、（ロ）それが多くの多元的主体にとって肯定されることの主体にとっての道徳的理由づけ（根拠）――の存在についての説明に続いて、それらに関連しつつ重相的合意の第三の性格について説明する。

即ち、それが「安定性」の問題である。彼は以下のように述べる。「特定の（正義の――引用者）政治構想を支持しながら、様々な見解を肯認する者達は、仮に社会の中で彼等の見解の相対的な力が大きくなりそしてついに支配的なものになったとしても、政治構想に対する彼等の支持を撤回することはないであろう。三つの意見が主張され、それらが修正されない限り、政治構想は、政治権力の配置の変更には拘ることなくなおかつ支持されることになろう。この点についてのテストは、合意が、諸見解の間における力関係の変化との関係で安定的であるかどうかということである（傍点――引用者）。」[60]そして、そのことは一六世紀におけるカトリックとプロテスタントをめぐる抗争を例にとり次のように述べられることになる。即ち、「このような場合には、宗教的寛容の原理の受容は単なる暫定合意に留まるであろう。何故なら、そこでは仮に一方の信仰が支配的になると、寛容の原理はもはや従われないことになるだろうから。そこでは権力の配置との関係で安定性が欠如しているのである。」ということは、「社会の大方の多数派の中に、権力の配分は、移ろうものであり、正義の政治構想をそれ自体のために肯定するというコンセンサスをもった諸見解（の保持者達）によって（その政治構想が）広く共有されるであろうという確信がもたれた」場合にこの安定性が意味をなす、ということになる。[61]各々の立場と、理由づけは異なったとしても、憲法原理が社会批判の基準即ち正義の政治構想として各主体において共有されるような社会の確立。それなくしては憲法は、正に当面の暫定協定に留まり、諸主体にとり都合のよい権力配置のあり方如何で、その規範性と妥当性は左右されることになるのである。ロールズの右の叙述は、このことをつとに指摘している、と言えよう。

第六節　『啓蒙とは何か』――今日の改憲論議の性格規定をめぐって

以上でみてきたように、ドゥオーキンの、正義構想における定言的力に基づくモラル・リーディング論、換言すれば、諸価値の抗争を解釈者、審判者のもつ当為判断の定言性から判断する正義構想も、ハーバーマスの憲法パトリオティズム論も、また前稿（「多元社会における自由の確保と民主的正統性」中央大学社会科学研究所『年報』第一〇号　二〇〇六年）でも比較的詳しく検討したロールズの理性に適った多元主義という社会観に基づく公正としての正義の構想（そこでの公正とは結果としては多分に共同体の伝統とレトリックに対してアンビバレントな関係になる傾向をもつものであったが）も、いずれも多元社会における合意形成にむけての努力を示すものであった。それらは、いずれもディスクルと弁証の過程を重要視し、ディスクルの過程で陶冶された共通の原理（正義の構想）に対してさえ異なる道徳的な理由づけを認めるものであった。換言すれば、このような構想は、ロールズ理論を検討する際にもふれたように、価値原理（包括的教義であり教説）の多元性を認めるだけでなくそれを政治の領域からみた場合、一定の正義の政治構想に対して各々の教説＝価値原理が抱く道徳的意味づけの多元性をも認めた上に成り立つものであった。

従って、そこからはそのような構想に基づく共通の価値原理の性格としては、第一にその非現実的性格を語ることができよう。この点、ドゥオーキンの「定言的政治的力」（categorical political power）の概念の意味は、あくまで共同体の伝統やレトリック、文化、歴史等に依存しないという意味での個人の内面的立場を意味し、カントの定言的命法とは意味を異にするものと言える。その意味で、彼はモラル・リーディングよって得られた結論自体の意味の可変性を認めるのである。

ということは、議論を元に戻すとこの価値原理の非現実的性格は、理念として内容を規定する意味はもつが、特定の実体的価値に対してある行為を定言的に命ずることにつながるような内容とは相容れないものと言えよう。(62)そのような内容をもった原理は、容易にディスコースの過程を狭隘なものにし、諸価値（教説）の立場からする当該原理に対する道徳的意味づけ（道徳的理由）の多元性を認めないものとなるからである。これでは、ディスコースのトポスとしての共通の価値原理の意味は喪失し、各主体は、権力核たる政府によって、そして権力核を支持する人々によって、「平等な配慮と尊重を受ける」「道徳的責任主体」（responsible moral agents）としては認められないことになる。(63)

もしそのような状況があるとすれば、それはかつてカール・シュミットが社会統合のあり方として述べた、異質性を排除することによる成員間における同質性の獲得（保障）による統合と、それを前提とする統治者と被治者の同一性の確保からなる社会構想と同じく、[64]そのようにして達成された原理をめぐるトポスは、ある行為を定言的に命じる排除と一体性の空間を形づくることになるであろう。

現行日本国憲法の構成原理⇓戦後六〇年の経過の中から培ってきた可能性としての原理の空間は、このようなトポスのあり方とは相容れないものであり、それが何度もふれたように、憲法の担い手である諸主体の「道徳的責任主体」としての自覚に支えられたとき、そのような構想に対して鋭い対抗力を示すものなのである。

ところでかつてカントは、このような意味での対抗力の源泉となる諸主体による自由（自律的な力）の行使⇓理性の行使を、「理性の公共的使用」として語り、それを「人びとが自らの属する集団や組織の利害のために理性をはたらかせる」「理性の私的使用」、――その際、「公職に就く者が「公共体の利害」のために思考し、行動すること」も、「私的使用」に含まれていることに注意[65]――と区別していたことは重要である。この点は、その後の彼の恒久平和のための構想とも重なるものなので、彼の著名な哲学の小著である『啓蒙とは何か』の中から次の一節を引いてみよう。

第七命題　完全な意味での公民的組織を設定する問題は、諸国家のあいだに外的な合法関係を創設する問題に従属するものであるから、後者の解決が実現しなければ、前者も実現され得ない。個々の人達のあいだに合法的な公民的組織を設けてみたところで、換言すれば一個の公共体を組織してみたところで、それだけでは、あまりたいした効果はない。人々を強要して公民的組織を設定せしめたのとまったく同じ非社交性は（引用者）、諸国家の場合にもまた原因となって、対外関係における公共体は、他の諸国家に対する一国家として、自己の自由をほしいままに濫用することになる。[66]

ここでいう「自己の自由をほしいままに濫用すること」につながる人間の「非社交性」とは、「社会において」人間の自然的「素質のあいだに生じる敵対関係」とされるもので、それは「相集まって社会を組織しようとする傾向」と並んで人間がもつ「一切を自分の意のままに処理しようとする」いわば自我欲、あるいは自己力能化の力と、いってもいいものであり、「到る処で他者の抵抗」を招来する基ともなるものである。(67) カントは、それを「不断の啓蒙によって、社会的意義をもつような一個の思想…一定の実践的原理に転化」すること、換言すれば、敵対関係と抵抗の基となる非社交性に対して、「最初は感性的強制によって結成された社会を」、そのような思想に基づく「道徳的全体に転化」することを目指すのである。(68)

それをカントは、自身の出自や職務、職域的立場、さらには国家共同体としての「公民的組織」の立場さえも超えた「世界公民的見地」において捉えようとするのである。(69)

しかし、それに到る前には、「公民的組織」としての国家共同体のレヴェルでの相克をのり越えなければならない。それが、先の理性の公的使用と私的使用に関わって問題となることなのである。少し長いが引用しながら論を続けることにしよう。人間が「彼自身にその責めがある」ところの「未成年状態」(「他人の指導がなくとも自分自身の悟性を敢えて使用しようとする決意と勇気を欠く」状態)から「抜け出ること」を「啓蒙」とすると、(70)「このような啓蒙を成就するのに必要なものは、実に自由にほかならない」ということになる。しかもそれは「およそ自由と称せられる限りのもののうちで最も無害な自由—すなわち自分の理性をあらゆる点で公的に使用する自由」であるとされる。(71) それは、国家「公民として或る地位もしくは公職」等職務権限に基づく委任や代理、後見の観点からその内容と行使の形態が国家により様々に規制される「自分の理性の私的使用」とは同一人の中においてさえ峻別されるものなのである。そして、それは単に峻別されるだけではない。とりわけその自由が、真理の伝達や、全体の人々のためになる教説の伝導等精神的自由との関係で両者のあり方が問題となった場合、カントの議論は極めて今日的意味を帯びてくるのである。即ち、牧師である「彼が、（教区の牧師という立場を離れて――引用者）著書や論文を通じて、本来の意味での公衆一般、すなわち世界に向って話す学者としては、従ってまた理性を公的に使用する」者としては、「自分自身の理性を使用する自由や、彼が個人の資格で話す自由は、いささかも制限されてはいないのである。（職責上――引用者）民衆の後見人……でありながら、自分自身がまだ未成年状態にあるというのは不条理である。そしてかかる不条理は、けっきょくほかのいろいろな不条理（傍点――引用者）をいつまでも存続させることになるのである。(72)」

　そして、このような理性の公的使用を通して「啓蒙を進歩せしめることこそ、人間性の根源的本分」である以上(73)、「或る種の信条を常恆不変なものとして宣誓」し、それを制度化するようなことは、国民にとり「自分自身に対してかかる法律を制定する」という形をとったとしても、啓蒙を断念することにつながるのであり、それ故に、「彼自身にとって、また児孫にとっては尚さらのこと、人類の神聖な権利を侵害し、これを踏みにじるもの」となるのである。そのことはまた権力核としての君主についても言えるのである。「彼に従属する国民が自分たちの心の救いのために為すのを必要と認めるような宗教的事項は、とにかく国民自身にまかせておけばよいのである。(74)」

　この「宗教的事項」という要件を広く、国民の教育を含むところの精神的営為と解すれば、そこに、決して国家の権限には吸収され得ない文化的教育的自治、さらには思想の自由市場の確立といったことの契機をみてとることができるのではないか。そして、カントは、そのような契機を含む事項と営みについては、単に理性の「私的使用」（国家権力に服する職務としての行為）とは別に「公的使用」の余地を認めよ、とだけ言っているのではない。重要なのは、そのことをふまえた上で、若し仮に啓蒙を進めようとの立場に立つのなら、それらに対しては、本来理性の「私的使用」の対象とはすべきではない、ということを語っているのである(75)。

このことは、そのように対処する君主（国家と読み替えは可能）は、「自分自身の理性を使用する自由を各人に与えた」ものとして、「当代ならびに後代の人々から感謝の念をもって賞賛されるに値する」ことになる、と語られるとき、今日的意義はより明らかになると言えよう(76)。

ここには、これを民主主義的統治の場面に置き替えた場合、集団的自己決定、自己統治としての民主政における不可逆性の阻止（可遡性の保障）、即ちとりわけ表現の自由の保障について語ることのできる、いわば理性の私的利用に陥りがちな「多数者の権限を制限」しても、なお民主主義にとり前進的であり構造的であるべき憲法規定の正統性の問題が語られているとみることも可能と言えよう(77)。カントの場合、民主主義を啓蒙と置き替えれば、啓蒙を後退させることにつながる国家による国民の理性の「私的使用」の強要は勿論のこと、国民自身によるそのような決定も、人類の啓蒙に関わる「神聖な権利を侵害」するもの、と判断されるのである。

カントの一七八四年のこの小論の末尾の言葉をさらに引用してみよう。「ところで自然が、公民的自由（理性の私的使用に関わるもの——引用者）というこの硬い殻の中でいともねんごろにはぐくんでいる胚芽—すなわち自由に思考しようとする心的傾向（理性の公的使用——引用者）と人間の使命感とを成熟せしめると」、それは「徐々に国民の意識（これによって国民は、行動の自由を次第に発揮できようになるのである）に作用を及ぼし、ついには統治の原理にすら影響を与えるのである。すると統治に任ずる政府も」このような存在である人間（自ら啓蒙の主体であるような人間）を、「その品位にふさわしく遇することこそ」必要である、と認めるに到るのである(78)。

果して、自由と国家、本稿の用語で言えば、「国家に対する個人の主体性の問題」を、このようなダイナミズムの中で捉え、国民の中に、絶えず国家共同体を超えるだけの普遍性をもった民主主義と啓蒙の主体の展開を保障する意味を今日の改憲構想は持ち得ているのか。

改憲と並行して追求されている教育基本法の改正、その下で進行する、自己を啓発し、同時に「児孫」としての子ども達の自己形成の自由を保障する存在である教師の正に「公共的な理性の行使の自由」が置かれた今日の限界状況をみるとき、今次改憲構想の持つその自由の抑圧を本質とする「反啓蒙」としての性格は、カントとともにその平和構想もふまえつつ厳正かつ厳密に批判されなければならないのである。(79)

（1）Ronald Dworkin, Foundations of Liberal Equality, in The Tanner Lectures on Human Values, delivered at Stanford University, May 5 and 10, 1988. p. 14.

（2）この点についての適確な指摘として、巻美矢紀「憲法の動態と静態――R・ドゥオーキン法理論の「連続戦略」をてがかりとして（一）～（五）」（『国家学会雑誌』一一七巻一・二号以下）とりわけ（二）六四頁以下。

（3）R. Dworkin, Taking Rights Seriously, eighteenth printing 2001. Harvard Univ press. pp. 184–. 邦訳は木下毅・小松公・野坂泰司訳『権利論〔増補版〕』（木鐸社　二〇〇四年）第六章二四三頁以下。尚、第十章（邦訳では九章）以下は、小松公訳『権利論Ⅱ』（同　二〇〇一年）として公刊されている。

（4）Dworkin, ibid. pp. 272–273. 邦訳『権利論Ⅱ』六五頁以下。

（5）これらの点については、斉藤愛「ドゥウオーキンの表現の自由論に関する一考察」（『本郷法政紀要』No.7　一九九八年）が適確な整理と指摘をしている。

（6）Dworkin, ibid, Foundations of Liberal Equality. p. 34.

（7）巻、前掲「憲法の動態と静態」（二）六五頁参照。

（8）この主張は、典型的には二〇〇四年六月自民党憲法調査会が公表した憲法改正へ向けての「論点整理」と同時に発表された「「憲法改正のポイント」――憲法改正に向けての主な論点」の中で展開されている。

例えば、次のような文脈の中で。即ち「歴史・伝統・文化に根ざしたわが国固有の価値（すなわち「国柄」）や、日本人が元来有してきた道徳心など健全な常識を大切にし、同時に、日本国、日本人のアイデンティティを憲法の中に見いだし、憲法を通じて、国民の中に自然と「愛国心」が芽生えてくるような、そんな新しい憲法にしなければならないと考えています。私たちが目指す、この新しい憲法を一言で表わすとすれば、それは、国民の国民による「国民しあわせ憲法」ということです。」

(9) これらの状況のデータを含んだ最新の分析としては、社会保障総合研究センター編『「福死国家」に立ち向う』（新日本出版社　二〇〇五年）が詳しい。とりわけ第一章「「構造改革」下の国民生活と社会保障」（唐鎌直義執筆）参照。

(10) これらの点については、中西新太郎『若者たちに何が起っているのか』（花伝社　二〇〇四年）、苅谷剛彦『階層化日本と教育の危機――不平等再生産から意欲格差社会へ』（有信堂　二〇〇一年）、同、NHK人間学講座二〇〇一年一二月～二〇〇二年一月期『「学歴社会」という神話』、山田昌弘『希望格差社会――「負け組」の危機感が日本を引き裂く』（筑摩書房　二〇〇四年）本田由紀編『若者の労働と生活世界』（大月書店　二〇〇七年）、同『多元化する能力と日本社会』（NTT出版　二〇〇五年）等参照。

(11) この点については拙稿「多元化社会における自由の確保と民主的正統性――H・ヘラー、ロールズの社会理論と今日の憲法変動」（『中央大学社会科学研究所年報』二〇〇六年度版　第一〇号）特に第二、三章参照。

(12) 多文化主義のあり方については、井上達夫『他者への自由――公共哲学としてのリベラリズム』（創文社『現代自由学芸双書』九九年）第二、三章、ナンシー・フレイザー（仲正昌樹訳）『中断された正義――「ポスト社会主義的」条件をめぐる批判的考察』（御茶の水書房　二〇〇三年）第一章、第二章、石山文彦「多文化主義とリベラリズム――その出会いと衝突は何をもたらすのか――」（『思想』二〇〇四年九月号）等参照。

(13) この点については、H・J・ラスキ（石山良平訳）『国家――理論と現実』（岩波書店　一九五二年）、栗城壽夫「憲法にみるコンセンサス」(一)～(六)（『大阪市立大学法学雑誌』二八巻一号以下）、西浦公「多元主義的憲法理論の基本的特質」（同右三〇巻三、四号　大阪市立大学法学部三〇周年記念号（上）一九八四年）等参照。

(14) 右、栗城論文、栗城「西ドイツ公法理論の変遷」（『公法研究』三八号、一九七六年）、他に、林知更「国家論の時代の終焉？――戦後ドイツ憲法史に関する若干の覚え書き①②」（『法律時報』七七巻一〇、一一号、二〇〇五年九、一〇月号）等参照。

（15）西厚博史「〈国家を縛るルール〉から〈国民支配のための道具〉へ?――「憲法とは何か?」をめぐる改憲論の策略と混乱」（『現代思想』二〇〇四年一〇月号）六四―六五頁。

（16）後藤道夫「国民国家・ナショナリズム・戦争」（後藤道夫、山科三郎編『講座戦争と現代4　ナショナリズムと戦争』（大月書店　二〇〇四年）四三頁。

（17）この点については、萱野稔人『国家とはなにか』（以文社　二〇〇五年）六九頁以下参照。

（18）萱野、同右、一六頁参照。

（19）この後者の機能の中に伝統・文化・国民的同質性等、様々なシンボリックな価値に訴えて国民を自覚的に集合化しようとするイデオロギーであるナショナリズムの成立基盤がある、と言える。

（20）西原、前掲論文、六四頁。

（21）この点については、拙稿、前掲「多元化社会における自由の確保と民主的正統性」第三章参照。

（22）ユルゲン・ハーバーマス（三島憲一等訳）『遅ばせの革命』（岩波書店　一九九二年）七七―七八頁。

（23）同右、七九―八〇頁。

（24）Jürgen Habermas, Between Facts and Norms–Contributions to a Discourse Theory of Law and Democracy (translated by William Rehg). The MIT Press, Cambridge, Massachusetts. 1996. pp. 492-.
毛利透『民主政の規範理論――憲法パトリオティズムは可能か』（勁草書房　二〇〇二年）四五頁。

（25）毛利、同右、四五頁。

（26）毛利、同右、五一頁。

（27）周知のように全体的価値としてのナショナリズムには本文でもふれるように血縁、地縁等前国家的な民族（エトノス）に由来を求めようとするエスニックなナショナリズムと、近代国民国家の確立をまって、国家を前提にその近代的統合のために形づくられるシヴィックなナショナリズムがある。後者はある意味では、近代国家の憲法システムを用いながら形づくられる場合―例えば国民教育等を通じて―もあるが、それらのいずれも、公開的なディスクルの場としての公共圏、本稿でいうところの価値と生き方の多元性を認めた上で、その中から固有の道徳的動機づけ（理由づけ）に基づいて彫琢されるべきものとしての「正義の政治構想」に対して規制的であることには変わりはない。とりわけ、シヴィックなナショナリズムは、現代社会の統合の危機に対して、エスニックなそれと競合しながら、個の自律と公共的な合意形成の場を否定する規制原理となる点に注意を要する。今日の新自由主義イデオロギーの下進行するグローバリゼーションと構造改革によりもたらされた格差社会⇓統合の危機に対して両者は役割分担を異にしながら、個の自律を前提とする開放の体系としての憲法原理に対しては全体的な秩序と規律性を以って対抗していることは、今日の学校現場をみれば明らかである。

この点については、例えば、広田照幸『《愛国心》のゆくえ』（世織書房　二〇〇五年）特に第二章参照。

(28) 右注(27)参照。

(29) 巻、前掲論文（二）、六九頁。

(30) 拙稿、前掲「多元化社会における自由の確保と民主的正統性」第四章参照。

(31) John Rawls, Justice as Fairness–A Restatement, edited by Erin Kelly, Harvard Univ Press 2001. p. 83, p. 87 ,pp. 89–90.

(32) Dworkin, ibid., Foundations of Liberal Equality. p. 31.

(33) Rawls, ibid., p. 82.

(34) 巻、前掲論文（二）七〇頁。

(35) Dworkin, ibid., Foundations of Liberal Equality. p. 32.

(36) Dworkin, ibid., p. 33.

(37) Dworkin, ibid., p. 33.

(38) Dworkin, ibid., p. 34.

(39) Dworkin, ibid., p. 34.

(40) Dworkin, ibid., Taking Rights Seriously, chapter 3. The Model of Rules II. 前掲、邦訳『権利論Ⅰ』第二章四九頁以下。斉藤、前掲論文、三五二頁参照。

(41) 毛利、前掲書五二頁。
(42) この紆余曲折の過程については、三島憲一『戦後ドイツ――その知的歴史――』(岩波書店、一九九一年)、同『現代ドイツ――統一後の知的軌跡――』(同　二〇〇六年)、石田勇治『過去の克服――ヒトラー後のドイツ』(白水社、二〇〇二年)、武井彩佳『戦後ドイツのユダヤ人』(白水社　二〇〇五年)、井関正久『ドイツを変えた68年運動』(白水社　二〇〇五年)等参照。
(43) ホッブス(水田洋訳)『リヴァイアサン(二)』(岩波書店　九二年)三四—五頁、第二部、一八、一九章参照。
(44) この点についての詳論は、和田進『戦後日本の平和意識――暮しの中の憲法』(青木書店、一九九七年)第Ⅰ部、第Ⅱ部参照。
(45) 暫定協定(modus vivendi)の意味については、本稿第五節参照。また、笹沼弘志「力と信頼」(『現代思想』二〇〇四年一〇月)五六頁以下参照。
(46) とりわけ今日の靖国問題を起点とする東アジア外交の隘路、学校教育におけるシンボル(国旗・国家)への同化の強要と管理化において典型的にみられるところである。
(47) 山元一「「憲法改正」問題の諸相」(『法学セミナー』二〇〇五年一二月号)七頁。
(48) この近代国家論の前提をホッブス、スピノザを引照しながら説得的に展開するものとして、萱野稔人、前掲書、一〇六頁以下参照。
(49) 和田、前掲書、特に第Ⅱ部八〇頁以下参照。
(50) 同右参照。
(51) 山元、前掲論文、七頁、傍点、引用者。
(52) この点、主権者国民のあり方、及びその立場からみての立論である以上、法学理論上の解釈者の主張である憲法変遷論を語る場にないことは言うをまたない。
(53) この点が、ケルゼン以来の立憲主義と民主主義、そして立憲主義の正統性をめぐる最大の論点であることは言うをまたない。前掲拙稿、第三章～終章参照。

そこでもふれたが最近のものとして、高田篤「ケルゼンのデモクラシー論――その意義と発展可能性」(一)(二)(『法学論双』一二五巻三号、一二六巻一号)、渡辺洋「ハンス・ケルゼンにおける「反立憲主義的傾向――ケルゼンにおける「立憲主義的傾向」救済に向けた一試論」(一)~(五)(『早稲田大学大学院法研論集』六八号以下)参照。

(54) この論点については、坂口正二郎『立憲主義と民主主義』(日本評論社 二〇〇一年)第五章、第六章参照、さらに愛敬浩二「憲法によるプリコミットメント」(『ジュリスト』一二八九号)参照。

(55) 先に引用した「国民の国民による」「国民自身のための」「国民しあわせ憲法」という表現は、その象徴的な意味であるが、今日の改憲論はその条文化とは別に、随所で、主権者としての自覚、国民にとり「歴史上はじめて自ら憲法を制定する機会」、憲法を自ら制定することで「はじめて主権者となることができる」、制憲行為を通して「統治者と一体となる国民」等の主張がなされている。

(56) John Rawls, Political Liberalism, Columbia Univ Press 1996. p. 147.

(57) Rawls, ibid., p. 147.

(58) 巻、前掲論文(二)、六八頁参照。

(59) Rawls, ibid., pp. 147–148.

(60) Rawls, ibid., p. 148. 傍点、引用者。

(61) Rawls, ibid.

(62) この点、ある儀式等を通しての国家=その社会の多数派によるシンボル操作は、それが学校等のそこに在籍する構成員にとり、出口や別の選択の場は保障されていないところで行われた場合、単にそれが当事者を囚われの聴き手(キャプティブ・オーディエンス)の下において行われるところの思考のバイパスとしての政府言論(ガバメント・スピーチ)であるということに留まらない意味をも持ってくる。それは、国旗・国歌にみられるようにそのシンボルが正に儀式という人間の行為に親和的であり、それによって表現され、伝達されようとしている価値原理〈国を愛するということ〉〈国を愛する心〉が、人々を特定の行為連関の中に置き、「個々人の「同調―非同調」を可視化させる」ところに最大の問題があるといえる。このように、「そこにいなければならないもの」にある行為を特定し、容易にその行為を行うことを同調圧力または規則化、細目化の下で規範化させることよりそれを可能にするような価値原理は、それを表わすもの（シンボル）の操作と並んで、本稿で述べる共通の価値原理としての意味、換言すれば本来の公共的意味は否定される、と言えよう。

この点については、広田照幸、前掲書、四八頁以下、及び拙稿「近代国民国家原理の展開と諸自由の対抗――憲法学における公共空間の確立を目指して」（『法学新報』一一一巻五、六号）特に終章参照。

(63) 正に、（イ）個の内発的動機づけに基づく発達要求に支えられ、（ロ）直接的関わりあいと対話の中ではじめて当事者の要求と成長のあり方が可視化することができ、（ハ）それらを権力や共同社会の単なるニーズや効率・効果を期待する願望から離れ、専門的力量の下で把握する営みである、学校教育の場において、このようなディスコースからなる空間を閉塞させるような政策がとられているのが日本社会の最大の問題と言えよう。
なお右の（イ）～（ハ）は、教育法学が言うところの「教育の自由」の条理的意味であり、このような自由によってその場が担われるときに、はじめて公共空間が形成され、その下で、真理や正義をめぐるディスコースと合意が培われていくのである。

(64) カール・シュミット（稲葉孝之訳）『現代議会主義の精神史的地位』（みすず書房　二〇〇〇年）一四頁以下、三五頁以下参照。

(65) 斉藤純一「現代日本における公共性の言説をめぐって」（佐々木毅・金泰昌編『公共哲学3　日本における公と私』東大出版会　二〇〇二年）一〇六―七頁、参照。

(66) カント（篠田英雄訳）『啓蒙とは何か』（岩波文庫　一九七四年）三六頁。傍点原著者。以下、引用文中で特に断らない限り、傍点は、すべて右翻訳書に従うことにする。

(67) 同右、二九―三〇頁。

(68) 同右、三一頁。

(69) 同右、二三頁以下。

(70) 同右、七頁。

(71) 同右、一〇頁。

(72) 同右、一一―一三頁。

(73) 同右、一四頁。
(74) 同右、一三―一五頁。
(75) この点は、後年ワイマール共和国崩壊期における反ナチドイツ教会闘争を担った、カール・バルト、マルティン・ニーメラーの思想を彷彿とさせる。宮田光雄編『ドイツ教会闘争の研究』(創文社、一九八五年)の諸論稿参照、とりわけ、Ⅰ、Ⅱ、Ⅲ章参照。
(76) カント、前掲書、一七頁。
(77) 巻、前掲論文(三)、五八頁以下参照。
(78) カント、前掲書、一九頁。
(79) カントと共にこのことを語ると次のようになろう。彼は、理性の公共的使用による啓蒙の前進という課題との関係でその当時の時代状況を次のように診断する。即ち「我々が生活している現代は、すでに啓蒙された時代であるか」、という問が提起されるとしたら、その答えはこうである、―「否、しかし―恐らくは啓蒙の時代であろう」と(カント、同右、一六頁、傍点　原著者)。このことを現在の憲法状況にあてはめると、「我々が生活している時代は、憲法のある時代」ではあろうが、「未だ憲法を通して我々が主体化すには到っていない時代」であると。

〈追記〉本稿は二〇〇六年一月脱稿のものである。その後本稿のテーマである広義の国家・社会の改編と改憲構想の進展は教育基本法の改正(二〇〇六年一二月)、新教育基本法の制定、安倍政権の成立・崩壊と大きな展開をみせている。しかしそれらは刊行の遅れにより言及するところとならなかった。またの機会を待ちたい。また本稿は右の意味からも発行の時期が重要な意味をもつため本務校の『都留文科大学紀要』第六六集(二〇〇七年一〇月)に既に発表したものである。右紀要編集委員会には心よく転載を御承認頂きここに改めて感謝申し上げる次第である。

第一〇章　戦後日本社会への連続と非連続

田野崎　昭　夫

第一節　近代日本社会の最大の非連続

研究チームの名称「連続と非連続の日本政治」を考えるとき、その非連続の最大級のものは近代日本において二つあり、そのひとつは近代日本社会への出発である明治維新であり、もうひとつは第二次世界大戦における日本の降伏である。これらは、もっと明確に云うならば「連続と非連続の日本社会」と云うべきものである。

そして筆者は後者のもうひとつの方の非連続における日本社会を体験している。それは、第二次世界大戦がヨーロッパではイタリアが一九四三年九月八日に、ドイツが一九四五年五月七日に無条件降伏して既に終息しているが、日本はなお抗戦を続行して、その三か月後の八月一四日にポツダム宣言の受諾による連合国への無条件降伏を回答して、翌八月一五日の「終戦の詔勅」の放送によって日本としての組織的抵抗を終える。その時は筆者は一六歳四か月の少年で、実は当時の中学（旧制）の級友たちの織り成す周囲の状況の影響を受けて、志願受験してある軍の幹部学校に入学していたが、間もなく敗戦を迎える。それは文字通りの「価値の一八〇度の転回」であり、まさに日本政治の、日本社会の非連続の最たるものであろう。これはある意味では、明治維新における日本政治・社会の非連続よりもはるかに激烈で決定的であったと思われる。なぜなら、明治維新は一国社会内における藩諸侯とその武士支配層における抗争で戦火は限定的な内乱または内戦（civil war）であったのに対して、第二次世界大戦における敗北は、世界的規模における総力戦（total war）という近代戦争の性格から、緒戦における日本側の短期的勝利の局面はやがて逆転し、諸戦線における軍事的敗退だけでなく、それまで「銃後」といわれていた多数の一般民も、米軍爆撃機Ｂ29を主力とする日本諸都市の相次ぐ空襲、さらにはその極化された二回の二都市への原子爆弾攻撃によって犠牲になっているからである。

敗戦によって焦土と化した主要都市を擁する日本国家は、連合軍による占領のもとで、戦地からの復員将兵、領有していた外地や占領地域からの一般人のいわゆる引揚げ者等を迎えた「困窮社会」から再出発しなければならなかった。この日本の敗戦は、まさに日本政治、日本社会の非連続であったけれども、そこで生き残って無条件降伏した日本人は、人類という生物的存在としては連続した存在であった。しかもこれらの日本人たちは、それぞれが個人としてもっている生活意識や、さらには価値意識においては、身分や職業等の変更を伴なって変化を余儀なくされ個人差はあるにせよ非連続としての転換を経験することとなった。このようにして戦争、敗戦を経験し経過した日本人は、幼児、少年少女、青年、成人、中年、高年の世代差はあれ、それぞれにおいて個人としての連続と非連続を経て戦後社会へ歩みを進めたと考えるのである。

第二節　緒戦の勝利と諸戦線の敗退

日本が一九四一（昭和一六）年一二月八日アメリカおよびイギリスに宣戦を布告して第二次世界大戦に参加して[1]、当初は優勢裡に戦局がすすむが、やがて反攻をうけ、一九四二（昭和一七）年六月五日ミッドウェー海戦で日本軍敗北を転機として、一九四三（昭和一八）年の二月から七月にわたるソロモン諸島のガダルカナル島からの日本軍の敗退[3]、同年五月二九日アリューシャン列島アッツ島の日本軍全滅以降[4]、連合軍の主力アメリカ軍の反攻は本格化する。一九四四（昭和一九）年になって、二月一日にはマーシャル群島（諸島）にアメリカ軍が攻撃上陸して同年二月六日にはそのクェゼリン島、ルオット島の日本軍が全滅し、同年六月一五日はマリアナ諸島ではサイパン島にアメリカ軍が攻撃上陸して同年七月七日には日本軍が全滅し、さらに同年七月二一日にはマリアナ諸島のグアム島、テニアン島にアメリカ軍が攻撃上陸して同年九月二九日頃には日本軍が全滅している。これらの島は、グアム島がアメリカ領であったのを除いて第一次世界大戦（一九一四年から一九一八年）後に国際連盟からドイツ領であったのを日本が委任統治領として領有していた島々である。

やがてアメリカ軍が占領したマリアナ諸島のサイパン島、テニアン島、グアム島では飛行場が急速に整備されて四発（動機）のＢ29型爆撃機が多数配備されて日本本土爆撃を狙う。

この一九四四（昭和一九）年は、他の戦場ではビルマでのインパール作戦が三月八日に日本軍によって開始されるが、イギリス軍の反撃によって敗退し七月四日に作戦中止命令が出され、フィリピンでは一〇月二〇日にアメリカ軍がレイテ島に攻撃上陸を開始するという戦況のなかで、遂に一一月二四日マリアナ基地からのＢ29爆撃機による日本本土空襲が開始される。

このように日本が戦局きびしくなってきた頃、追討ちをかけるように災害に襲われた。東海地方を襲った地震は二回にわたっている。第一回は一九四四（昭和一九）年一二月七日で、地震と津波で死者九九八人、全壊二万六一三〇戸の被害があり、その余震とされる第二回はこえて一九四五（昭和二〇）年一月一三日で、死者一九六一人であったとされる[5]。しかし戦時下であるので、地震のあったことは第二面で一応報じられるが被害の具体的な数字は伏せられている。戦後になって、この二回の大地震で名古屋地域を中心とする軍需産業、とくに航空機工場が空襲や爆撃に劣らぬ大打撃をうけたことが明らかにされた。

年があけて一九四五（昭和二〇）年になると、マリアナ基地からのＢ29による空襲はますます激化する。当初、一月六日のように中国奥地の基地からのＢ29が九州西部を空襲することもあったが、マリアナ諸島の基地に一本化されて、しかも一月では六〇機から八〇機程度の規模で三日ないし四日おきに東京、阪神、名古屋などを空襲していたが、二月に入ると間隔が五、六日程に拡がるが規模が一〇〇機程度以上に大きくなり、関東北部、東海、三重といった地域にも拡大してＢ29の空襲をうけるようになる。

しかもＢ29による空襲だけでなく、二月一六日には空母中心の艦隊である機動部隊が本州近海を遊弋して艦載機延べ一〇〇〇機以上で関東、東海地方を波状攻撃している。そしてアメリカ軍が硫黄島に攻撃上陸を試みるのを一旦は日本軍は撃退するが、遂に二月一九日上陸し、両軍の攻防が一か月にわたって展開され三月一三日頃には日本軍が全滅する。

三月になるとアメリカ軍のマリアナ諸島の基地が整備されて夜間発進が可能となり、Ｂ29の来襲がこれまでは午後だったのが朝の空襲もするようになる。また機動部隊による艦載機の来襲も日本各地にわたって行われる。

このなかで特筆されるのは、三月一〇日の東京大空襲である。それはB29約一三〇機が午前〇時から午前二時四〇分にわたって単機で諸方向から低空で侵入して東京市街地の東部を焼夷弾攻撃したものである。(6)

第三節　ドイツの降伏と本土決戦への直面

そこでここでは、日本が無条件降伏した一九四五（昭和二〇）年の年度はじめである四月からの当時の新聞の縮刷版を中心にして回顧しながら日本社会の連続と非連続の状況を、筆者自身の体験およびそれから受け取った主観を必要に応じて交えながら考察しようと思う。ただ、本学（中央大学）の中央図書館に日本敗戦の際の全国紙の縮刷版は『朝日新聞』のみがあるのでこれに拠ることにしたい。ところで前述したように、筆者は当時日本海軍が戦局にかんがみて海軍兵学校の教育期間を一年早くから開始することとし、一九四五（昭和二〇）年度には第七七期生と第七八期生を並行して入校させるための生徒の募集に応じて第七八期生を志願した。一九四四（昭和一九）年の秋に書類の第一次選考があり、さらに同年一二月に広島県江田島の海軍兵学校での第二次試験を受けて、筆者は一九四五（昭和二〇）年四月長崎県東彼杵郡上村（現在佐世保市）の針尾島の海軍兵学校針尾分校に入校した。(7)

まず日本が宣戦布告をして第二次世界大戦に参加してから、戦局が日本にとって敗色が格段に濃くなってくるのは、一九四五（昭和二〇）年四月一日沖縄本島にアメリカ軍が上陸してからである。その前すでに本来の日本領土としては東京都の硫黄島が三月にアメリカ軍の進攻で占領されてはいるが、離島ではない国土としての沖縄では、地上戦が始まって約三か月の激戦の後六月二一日には完全に占領される。

ところで沖縄戦が始まってからは、坂を転がるように第二次世界大戦はその終結に向けて加速度的に動き出す。四月五日には小磯国昭内閣（小磯、米内協力内閣）[8]が総辞職して、後継内閣の組閣が当時枢密院議長であった鈴木貫太郎（海軍大将）に任ぜられる。[9]この経緯は翌四月六日新聞紙上に報じられる。そしてまた同じ四月五日にはソ連から日ソ中立条約の不延長の通告をうけているが、その報道は新聞では四月七日においてである。[10]

鈴木貫太郎内閣は四月七日夜組閣を完了して発足し、後に兼任の外務大臣などを解いて選任を決めていく。この前後四月六日戦艦を中心とする海上特別攻撃隊が出撃し沖縄へ向けて突入していて、このことは七月三〇日になって全軍布告され、さらに八月七日にこのことが新聞紙上に報じられている。[11]

他方海外においては、ヨーロッパにおける戦局がますます破局的な終末を迎えているが、その間意外なニュースとしてアメリカ大統領フランクリン・ルーズベルトが四月一二日に脳出血で死亡してトルーマン副大統領が後継して大統領になったことが四月一四日の新聞紙上で報じられている。

そしてヨーロッパ戦線ではドイツへ向けて、南部戦線では北アフリカ戦線でドイツ軍、イタリア軍が降伏して、同年七月一〇日連合軍がシチリア島に上陸するや七月二四日イタリアのファシスト大評議会がムッソリーニの統帥権を剥奪して翌二五日首相を罷免、逮捕して、後任のバドリオ元帥が、前述のように九月八日に連合国に無条件降伏する。そこでドイツ軍が翌九月九日イタリア北・中部を占領し同一二日ムッソリーニを救出する。けれども大勢は動かしがたく翌年一九四四年六月四日には連合軍がローマに入り、さらに北上して進撃していたが、この一九四五年四月二七日に北イタリアのコモ湖畔で反乱軍に捕らえられて、翌二八日処刑された。ただこのことは日本の新聞紙上では五月一日、二日に報道されている。

さらにヨーロッパの西部戦線では、一九四四年六月五日に連合軍がフランスのノルマンディーに上陸して第二戦線をつくり、パリに向けて進撃して、同年八月二五日パリ入城をする。

しかし最も激戦であったのはソ連との東部戦線であった。それは遠く一九三九（昭和一四）年九月一日ドイツがポーランドに進撃を開始して、第二次世界大戦がはじまったことにさかのぼる。これに対してイギリス、フランスは九月三日ドイツに宣戦を布告する。ソ連はドイツと呼応してポーランド領土に侵入して、九月二八日にはドイツと友好条約調印しポーランドを両国で分割する。しかしドイツはフランスのマジノ要塞線を突破してパリを占領し、フランス（ペタン政府）が一九四〇年六月一七日ドイツに降伏して西部戦線が定着すると、ドイツは一九四一（昭和一六）年六月二二日ソ連に奇襲攻撃を開始して独ソ戦争がはじまる。当初ドイツ軍はソ連領に侵攻してスターリングラードに迫り一九四二年九月には攻撃突入するなど優勢であったが、同年一一月一九日にはソ連軍の反撃が開始されてドイツ軍は退却して、一九四四年一月二〇日レニングラードが奪還され、同年七月にはソ連軍は東プロシアに進出し、一九四五年四月二二日にはベルリンに突入して、四月三〇日にヒトラーが自決するに至った。そして後任総統にデーニッツ海軍元帥が就任した。このことは日本の新聞紙上では五月三日に報道されている。デーニッツ新総統は一応対ソ戦の続行を全軍に命じたが、結局五月七日に連合国に無条件降伏した。このことは日本の新聞紙上では五月九日に報道されたが、これによって第二次世界大戦はヨーロッパ戦争は終結して残るところは太平洋戦争（日本では大東亜戦争といっていた）のみとなって、敗色濃い日本がいつ降伏をするかという時間の問題となってきたのである。(12)

もちろんこの後も日本と連合国との戦争は続いているが、新聞紙上では沖縄における戦闘の推移の記事が連載され、六月二六日の紙面で六月二〇日将兵「全員最後の攻勢」をして「二十二日以降状況詳かならず」と記して、三か月にわたる激戦を遂行した日本の陸軍、海軍の最高指揮官の氏名が明らかにされている。

沖縄を足がかりにして次は日本本土に連合軍が上陸戦を敢行するであろうとの前提で、これに備えて諸制度を整備する必要から、六月八日に第八七臨時議会が招集され六月一三日まで開会されている。その鈴木首相の施政演説では、

「本土決戦」の見出しのもと「やがては本土の他の地点にも敵の侵攻を予期せざるをえない情勢に立ち至った[13]」と述べている。そして制度として地方総監府を新設して権限を大幅に移譲する。また戦時緊急措置法を設け、緊急勅令などの手続きを経ずに、軍需生産、食糧や生活物資、運輸通信、防衛、税制、戦災の措置などの六項目について必要な命令や処置をすることができるようにした（六月二二日公布）[14]。

　地方総監府は全国を北海道地方、東北地方、関東信越地方、東海北陸地方、近畿地方、中国地方、四国地方、九州地方の八地方に分けて、地方総監に種々の権限を与えるもので[15]、とくに「地方総監は非常急変の場合に臨み兵力を要しまたは警護のため兵備を要するときは当該地方の陸海軍司令官に移牒して出兵を請ふことを得る」としており、これは敵軍が上陸して国土が分断された場合、中央の指揮を得ることが不可能であるため、ある程度独立した統治行政ができるようにしたのであろう。六月一一日紙上で地方総監の任命人事が記載公表されている。なお関東信越地方総監は東京都「長官」を兼ねている。そして、それまでの地方行政協議会は廃止された。

　以上のような、四月に入ってからの沖縄本島での戦闘と、それに続く小磯国昭内閣から鈴木貫太郎内閣への転換、他方五月初旬におけるドイツの降伏があり、沖縄本島での戦闘が六月中旬終息をみる。これら諸状況の激動のもとでもアメリカ軍の日本本土へのＢ29による空襲を中心とする攻撃は間断なく続行される。

　四月になってからの日本本土空襲は、硫黄島がアメリカ軍の手におちて飛行場が急速に整備され、ここを基地としてＰ51型戦闘機が日本本土への空襲に参加するようになる。そこで新聞報道においても、それまでのグアム島、サイパン島などの基地からの飛来を総称してマリアナ基地からの飛来としていたのを、さらに硫黄島からの単発戦闘機（Ｐ51）の参加をふくめて「南方基地」からの飛来として報道するようになった。

　四月になってのＢ29の襲来の規模が一〇〇機以上から二〇〇機に達するものとなるが、五月になるとマリアナ諸基地がますます拡大整備されてB29の飛来が二〇〇機以上五〇〇機（五月二九日、紙上報道五月三〇日）[16]にも達している。なお特記すべきことは、五月二五日深夜からの空襲で宮城内裏御殿、大宮御所などが炎上していることであり、これ以降は最高戦争指導会議は地下壕宮殿で行われることになる。

ともあれ、この南方基地からのB29を中心とし、時にはP51と連係しての本土空襲は、六月も同様に続行されるが重点は阪神地域におかれて、時に東海地方や関東地方に来襲している。

ところが七月に入ると、アメリカ軍機動部隊は四月から日本本土近海を離れて主として沖縄本島攻略に動員されて、時に九州を沖縄近辺の空母から発進する艦載機による襲撃をしていたのだが、六月下旬の沖縄本島の日本軍全滅によってふたたび日本本土の近海を遊弋して本土各地を攻撃するようになり、南方基地からのB29とP51による本土各地の空襲も相呼応して大規模となり、八月にかけて来るべき日本本土への上陸攻撃に備えて激化する。例えば七月二四日に機動部隊の艦載機二〇〇〇機が西日本各地を攻撃し、八月一日にはB29総数六〇〇機が数波にわたり関東および東海地域の地方主要都市を空襲している。

しかもこの八月に入ってからは、沖縄本島の日本軍から奪った飛行場が修理整備されて、この方面からのB24、B25などの中型、小型爆撃機やP38戦闘機などの戦爆連合で南九州に対して八月五日には大挙して空襲がなされるようになった。また八月九日来襲した戦爆連合による空襲ではイギリス軍のスピットファイヤー機と思われる戦闘機も参加していると報じられている（八月一〇日の記事）。

ともあれ八月に入ってもなお南方基地からのB29爆撃機、P51戦闘機による空襲は続けられ[17]、これに占領された沖縄基地の五飛行場にその他B24、B25、P47、F4Uの中小型機総数一四〇〇機が増強されて日本本土への上陸[18]に備えての空襲をはじめており、さらに機動部隊も日本本土近海を遊弋して艦砲射撃をふくむ攻撃と空襲[19]を加えている状況で、戦局はますます緊迫の度を増してきていた。

第四節　ポツダム宣言の受諾とその公告の経過

急流を下るような戦局の敗色は、遂に滝となって落下するような事態に直面する。それは周知のように、ひとつは八月六日のウラン原子爆弾の広島への投下と八月九日のプルトニウム原子爆弾の長崎への投下であり、もうひとつは八月八日のソヴェート（ソビエト）連邦の対日宣戦布告と八月九日零時頃からの「ソ」連軍の満州国内への攻撃侵入である。

アメリカは一九四二（昭和一七）年八月一三日に原子爆弾の製造計画を発足させて、のちにこれがマンハッタン計画と呼ばれて研究を進め、ウランとプルトニウムの生産をして一九四三年にはこれを爆弾にすることを研究して一九四五年春には成功して、攻撃目標制定委員会を設けながらドイツに対しては適用せずに、同年七月にイギリスの同意を得て対日無警告早期使用決定をみたといわれる。そして七月一六日ニューメキシコ州アラモゴード砂漠でプルトニウム爆弾の実験に成功していた。

新聞でみると、日本では広島では八月六日朝の投下なので翌七日に紙面で報道されて然るべきであるのに、八日の紙面で七日一五時午後三時三〇分の大本営発表として「一、昨八月六日広島市は敵Ｂ29少数機の攻撃により相当の被害を生じたり。二、敵は右攻撃に新型爆弾を使用せるものの如きも詳細目下調査中なり」と報じられている。見出しに「落下傘つき空中で破裂、人道を無視する惨虐な新爆弾」とある。

そして八月一一日の紙面で、日本政府がスイス政府を通じて、この新型爆弾が交戦者、非交戦者の別なく爆風と輻射熱で無差別に惨虐な傷害を与える国際法および人道の根本原則を無視しているとの抗議を提出したことを報じている。また同じ紙面でチューリッヒ特電九日発として、アメリカ大統領トルーマンの九日午後七時のラジオ対日放送演説で、ポツダム会談での「米英重慶三国共同で対日警告を発し条件を提出したが日本の拒否するところとなった。そのため日本に対し最初の原子爆弾が使用された」と報道されて、広島投下の新型爆弾が原子爆弾であることが明らかとなった。そしてB5判大の別紙の「特報」（号外）として同じ一一日午後に配布されており、防空総本部発表の「新型爆弾への心得」として「横穴式防空壕が有効、初期防火・火傷に注意」の見出しで、八項目にわたる対策や注意事項が書かれている。この号外発行は、物資不足の戦時下としては異例のことであった。

また八月九日午前一一時頃には長崎にも原爆が投下されるが、これについての報道は、「西部軍管区司令部発表（昭和二〇年八月九日一四時四五分）、一、八月九日午前一一時頃敵大型二機は長崎市に侵入し、新型爆弾らしきものを使用せり。二、詳細目下調査中なるも被害は比較的僅少なる見込」とある。

これを広島への原爆の紙面での扱いと比較すると、掲載時期が遅く、掲載記事が小さい。『朝日新聞』東京本社版であることや、発表主体が大本営でないことによるのかもしれない。しかし筆者が注目したいのはその内容であり、第一に新型爆弾「らしきもの」と慎重であり、第二に被害は「比較的僅少」とみていることである。

しかし、これら原爆によって被害を受けた写真が新聞紙面に掲載されることはなかった。戦時下においては戦意高揚の妨げとなるからか、やっと降伏後八月一九日の紙面に「惨禍の広島市」としてその無人の光景が掲載され、長崎については八月二五日の第二面に「原子爆弾攻撃による長崎市の惨状」と題して、二枚の救援活動をしている市民が写った長崎市の罹災光景を掲載している。

もうひとつの事態であるソ連邦からの対日宣戦布告は、前述のように一九四五年四月五日に日ソ中立条約の不延長の通告があったことからも予想されてはいたかもしれないが、時期はもっと先であろうと考えていたので、日本政府にとっては大きな衝撃であったことは確かである。

ソ連にとっての宣戦の理由は、ドイツが敗北して降伏して日本はなお戦争を継続する連合国の対戦相手であり、ポツダム宣言の要求を日本が拒否したので連合国に対するソ連国の義務としてポツダム宣言（アメリカ、イギリス、中国の三国の提示である）に参加して、日本に宣戦するというのである。

もう少し述べると、一九四五年七月一七日から占領していたドイツのポツダムで会談をし、それらはアメリカ、イギリス、ソ連の三国の首脳であった。その会談は占領したドイツへの戦後政策と対日戦争の問題であったが、その会談で七月二六日に対日ポツダム宣言を発表する。それはアメリカ、中華民国、イギリスの三国の首脳がそれぞれの国民を代表して協議し、日本に今次の戦争を終結する機会を与えるという宣言で一三項からなる文章で、後に八月一五日の戦争終結の詔書とともに新聞紙面に掲載されている。なお会談は八月二日まで続き、ドイツについてのポツダム協定を調印する。

ポツダム宣言は文中でカイロ宣言が言及されていて、カイロ宣言はアメリカ、中華民国（重慶政府）、イギリスの首脳がエジプトのカイロで会談して一九四三年一一月二六日にまとめて一二月一日発表したものである。したがってポツダム会談には中華民国は代表が参加していないが、カイロ宣言をふまえることによってポツダム宣言がこれら三国代表の名で出されたのである。そして同日一九四五年七月二六日にソ連の首脳がこのポツダム宣言に参加して八月八日日本に宣戦布告するという訳である。

なおここで歴史の変遷を思わせるのは、カイロ会談でアメリカはルーズベルト大統領、イギリスはチャーチル首相であったのが、ポツダム会談では、ルーズベルトが同年四月一二日に死去してアメリカはトルーマン大統領が、イギリスは総選挙が行われて保守党が敗北してこの同じ七月二六日にチャーチル内閣は総辞職しており、代って労働党内閣となりアトリー首相が参加していることである。

以上のような破局的な戦況に対して、大陸国家の満州国がまずソ連の侵攻に応戦していることにかんがみて、陸軍大臣（阿南惟幾）が八月一〇日に全軍将兵に告ぐとしてソ連軍の侵攻に対して死中活あるを信じて戦い抜けと訓示している。

また他方では、下村宏情報局総裁も同日談話して、敵は人類史上未曾有の残虐な新型爆弾を使用し、ソ連が対日中立関係も一方的に破って宣戦して攻撃し、戦局は今や最悪の状態であると発言して、政府は国体を護持し民族の名誉を保持するために「最善の努力を為しつつある」が国民も困難を克服して行ってほしいと語っている。この談話は、微妙な言い方のなかに、日本政府が最高戦争指導会議を通して戦争終結に努めていることをうかがわせるものである。[20]

これら阿南陸相の訓示と下村情報局総裁談とは八月一一日の紙面に掲載されているものであるが、[21]さらに翌八月一二日の紙面では、「大御心を奉戴し赤子の本分達成、最悪の事態に一億団結」の見出しで全く発信者を記していない大体において前回の情報局総裁談の主旨を敷衍したような内容が書かれている。そして同日の社説は「挙国沈着なれ」との題で、日本は未曾有の難局にあるが、国民は事態の真相を見誤ることなく、沈着、冷静、明敏を保つべきで、「茫然自失、焦心憂慮、狐疑不信、内部相剋」などは禁物で、「挙国勇断、以て悲運を打開せんと努力する、そこにこそ良き将来を建設すべき唯一の道が約束せられているのである」と述べられている（『朝日新聞』一九四五（昭和二〇）年八月一二日）。

これらの記事を読んでみると、日本の無条件降伏の事態に備えて、国民が混乱しないで社会秩序と通常生活を保つように民衆心理と輿論に対する方策を早くもすすめていると理解することができる。

事実、日本政府の最高戦争指導会議では、原子爆弾（このときは広島市における）とソ連の対日宣戦布告の事態に直面して八月九日午前一〇時半からポツダム宣言の検討をはじめたのであった。

ところで注(8)で前述したように、小磯内閣のときに一九四四年八月五日大本営政府連絡会議に代って最高戦争指導会議が設置されるが、一九四五（昭和二〇）年一月一日の年頭の新聞の第一面にその天皇臨席の写真が大きく掲載されて「天皇陛下畏き御精励、深更まで御親裁、難局をいたく御軫念」という見出しで記事がある。

この会議体の性格と、これが年頭に写真の掲載とともに記事になっているということは、日本の戦争の終結にとって重要な意味があると考えられる。というのは、その前身である大本営政府連絡会議は、たとえ構成員が変らなかったとしても連絡会議では本来二つの会議が主軸であって充分な論議はややもすれば深められないであろう。「大本営」は天皇直属の最高統帥機関として一八九三（明治二六）年五月二二日戦時大本営条例公布で法制化されて、さらに一九三七（昭和一二）年一一月一七日大本営令を制定して事変でも設置可能とし、同月二〇日設置している組織で、他方政府機関としての内閣は内閣総理大臣を議長とする国の行政権を担当する最高合議機関である。

そこで両者のたんなる連絡や情報交換の会議体ではなくて、文字通り統合された単一支配構造の最終的な結論と決定を提示する組織として、最高戦争指導会議が設置されて、構成員間の論議の経過を経てとくに重要な場合は天皇の臨席によって御前会議として天皇の意向が直接に込められることが可能となり、それまでの奏上して裁可するという形式的な手続きにとどまらず、進んで天皇みずからの聖慮（意志）によって親裁することを可能にして、このことが戦争終結に際して有効に機能を発揮したと考えられる。

この戦争終結時における最高戦争指導会議の活動過程を、『朝日新聞』一九四五（昭和二〇）年八月一五日の一面と二面の記事を通して逐時的に整理して考察すれば次のように示されよう。ただし時間は二四時間制で示す。

八月九日

八時〇〇分

東郷外相、鈴木首相私邸で会見。

一〇時〇三分―一〇時三〇分

鈴木首相宮中に参内、天皇に拝謁。

一〇時三〇分―一三時三〇分

最高戦争指導会議。鈴木首相、東郷外相、阿南陸相、梅津参謀総長、豊田（副武）軍令部総長、迫水内閣書記官長、吉積陸軍、保科海軍両軍務局長出席。

一四時三〇分―一七時三〇分　休憩　一八時三〇分―二二時一〇分

首相官邸で臨時閣議。東郷外相詳細に情勢報告、石黒農商務相、豊田（貞次郎）軍需相、小日山運通相、安倍内相から各所管事項の今後の見通しを述べる。休憩後、各閣僚意見開陳、意見一致に至らず。

二三時五五分

最高戦争指導会議、天皇親臨のもと宮中で開催。特旨により平沼枢府議長列席。

八月一〇日

―三時〇〇分

承前：ポツダム宣言が天皇国家統治権の変更を含まぬとの諒解で同宣言を受諾する、とまとめる。

三時一〇分—四時〇〇分

臨時閣議。鈴木首相この旨報告。

七時〇〇分

その決定をスイスとスウェーデンの両中立国を通じて対手方に通達。

一三時〇〇分—

鈴木首相、重臣（総理経験者）を官邸に招き経過を報告。

一四時〇〇分—一六時三〇分

臨時閣議。その結果を下村情報局総裁談発表。

一五時〇〇分

重臣たち宮中に参内。

八月一二日

早暁

アメリカのバーンズ国務長官の日本政府のポツダム宣言受諾に対する回答がラジオ放送される。

一五時〇〇分—

首相官邸で臨時閣議。政体（国体）を「国民の自由意志」によってきめるというラジオ放送の回答をめぐって激論。国民が国体護持の精神を堅持すればよいので、日本政府の要求を受け入れているとみてよいという多数意見と極めて少数の反対意見とに別れる。先方から公文書が来るまで決定をのばす。

八月一三日
午前
アメリカ側からの公文書到達。
八時五〇分―一五時〇〇分　但し　九時一〇分―一〇時三〇分中断
首相官邸で、鈴木首相、東郷外相、阿南陸相、米内海相、梅津参謀総長、豊田軍令部総長の六人で会談（但し両幕僚長宮中参内のため中断）。結論は先方の回答を受諾する方向に大体決まる。
一六時〇〇分―一九時三〇分
臨時閣議。この日午前に到着の回答公文書を基礎に意見提出して、大体の方向きまる。
二〇時三〇分―
首相官邸に梅津、豊田両幕僚長訪問し、鈴木首相、東郷外相と協議を重ねる。
八月十四日
八時〇〇分―八時五五分
鈴木首相宮中参内して拝謁。
九時四〇分―一〇時〇〇分
鈴木首相召されて拝謁仰せ付けられる。
一〇時〇〇分―
宮中で元帥会議。
一〇時三〇分頃

一〇時より開催予定だった閣議のため官邸に参集した各閣僚がお召しによって急遽服装を整えて宮中に参内。

一〇時四五分──

御前会議。天皇親臨、蓮沼侍従武官長（随行）、枢府側より平沼議長、統帥府より梅津参謀総長、豊田軍令部総長、政府側より鈴木首相以下全閣僚ならびに内閣四長官、吉積陸軍、保科海軍軍務局長等出席し、鈴木首相はじめそれぞれ発言して、最後まで聖慮を煩わし奉ることをお詫び申しあげる。天皇は静かにお聴取りなされてから、次のようなお言葉を下される。

「朕は祖宗また一般国民に対し忍び難きを忍んで豫ての方針通り進みたい。これは朕が世界の大局と我国の情勢を慎重に考慮した結果である。卿等はいろいろな意見もあろうが、回答文は天皇主権を承認しているものと考えるから皆そのように解釈せよ。朕の一身は如何にあろうともこれ以上国が焦土と化し国民が戦火に殪れるのを見るに忍びない。」

このお言葉の中の「豫ての方針」とは、八月九日夜から一〇日朝にかけての最高戦争指導会議においてきめられたポツダム宣言受諾の方向を指す。このお言葉に列席者一同は叡慮の程に感泣する。

ここに聖断は下され歴史的な御前会議は正午閉じられる。

一三時〇〇分──一五時二〇分

臨時閣議。以下の通り断続して進行。

一九時二〇分──二〇時三〇分

臨時閣議、再開続行。

二〇時三〇分―

　　鈴木首相参内

二二時一五分―二三時三〇分

　　臨時閣議、再開続行し内閣告諭その他が決定される。

以上に経過を整理した一週間近くにわたる日本の運命を決める一連の緊迫した会議の結論であるポツダム宣言受諾の最終回答は直ちに八月一四日午後にはアメリカ、イギリス、中華民国、ソビエト連邦の四国あてに発せられ外交手続を終了する。

なお、ポツダム宣言の全文、およびその受諾の際における外交の交換公文書の正式発表は、戦争終結の詔勅渙発後、新聞紙上に掲載されている(22)。

そしてなお、八月一四日午後、おそらく夕刻頃下村宏情報局総裁、大橋放送局協会長ほか録音技師らが宮中に参内、天皇みずからの戦争終結の詔書の御放送を収録し二三時終了する(23)。

また、八月一四日深夜、おそらく八月一五日午前零時までの間、一四日二三時半頃か、「八月一四日深夜、あたかもラジオは一五日正午の重大発表を予告し全国民が何か知らず深刻な緊張に包まれている夜(24)」と戦後の公表記事にあるように、ラジオで八月一五日正午の重大放送という表現で、いかなる事についてであるかという内容を述べないで、予告として放送された。これは言うまでもなく、日本社会全体への衝撃を段階的に和らげて、急激な大混乱におちいるのを避けるためである。

かくして八月一五日正午になって、ラジオから日本の無条件降伏を一般国民と全将兵に知らせる天皇みずからの声

（玉音）で読む「米英支蘇四国」からの「共同宣言（ポツダム宣言）ヲ受諾スル」という戦争終結の「詔書」が全国に放送されたのである。

この詔書の文章は、八月一五日の紙面に大きく掲載されているので内容は周知の通りである。ただ筆者なりに内容を読んでみると、アメリカの原子爆弾攻撃については述べてあるが、もうひとつの共同宣言の受諾を促した要因であるソ連邦の八月八日夜の宣戦布告をするや九日午前零時からの満州国の日本軍（関東軍）への攻撃開始のことについての直接の文言はない。そして末尾部分で国民や将兵の軽挙妄動を戒めている。また、とくに指摘しておくべきことは、今日終戦（敗戦）記念日として八月一五日が通念となっているが、この詔書の日付は八月一四日であり、ポツダム宣言受諾を通告したのが八月一四日であることである。もっとも天皇がこの宣言の受諾を決めた（聖断）のは八月一四日の午前の正午近くであり、日本の国民や将兵に告げる詔書を発表（渙発）したのは一四日の午後三時二〇分以降であろうが、詔書発表時の直接の対象は政府の中枢部の者に対しての内部的予備的なもので、実質的に広く知られるようになるのは、おそらくまず新聞紙面の編集と印刷の過程での関係者が一四日の夜から一五日未明の時間であり、一般国民の新聞読者は一五日の朝になってからであり、さらには玉音放送を聴く国民たちは一五日の正午である。

なお、詔書に続いてほとんど時間をおかずに国家公務員（官吏）を中心に告知して訓示した総理大臣鈴木貫太郎からの内閣告諭も八月一四日付である。内容は概ね詔書に沿っているが、これにはソ連軍の八月九日満州国への侵攻に言及している。詔書と同様に国民の軽挙妄動を戒めるとともに、とくに官吏としての職務を全うすることを呼びかけている。

ともあれ、この戦争終結の詔書の全国民、全将兵への公表の仕方において特徴的なことは、これまでみてきた今次の戦争において、大本営発表や陸軍省や海軍省の発表においては、その発表の日付を新聞紙面においてみると、大体は新聞の日付の前日、時には前々日の発表であることが多い。つまり、電波によるラジオ放送は発表のその日であるのに対して、活字媒体の新聞は翌日時には翌々日なのである。ところが、この戦争終結の詔書では、重大放送という漠然とした予告はあっても、詔書そのものの内容の発表は新聞の方が先であるという点で異例である。

ところで、明けて八月一五日、朝刊各新聞は、といっても戦時下では朝刊のみであるが[25]、紙面に戦争終結の詔書が掲載されているのでこれを謹んで読み、さらに正午に天皇の読む玉音放送は、一般国民とっては史上初めてであり、その後の日本軍の武装解除と撤収が整然と実施されて、そして代って連合国の軍による占領政策の遂行が容易に可能とされたといってよいであろう[26]。

ところで、後になって明らかにされたのであるが、終戦の大詔渙発の夜から翌朝にかけて、その詔書のなかで「若シ夫レ情ニ激スル所濫ニ事端ヲ滋クシ」た事件があった。

それは「陸軍省および参謀本部の佐官級青年将校数名は『徹底抗戦なくして国体の護持あり得ず』となし[27]」、「十五日正午の御放送を御とりやめ願うために音盤奪取を計画したのであった。」彼等は「偽近衛師団命令を発し」て宮護部隊を使って録音を終わって宮中を退出する情報局総裁と録音関係者を監禁し、またこれに先立ち別の一隊は蓮沼侍従武官長を監禁した。そして一五日午前一時に青年将校の一部は近衛師団長森赳中将を司令部に訪ね偽命令を追認するよう迫ったが拒否されたため射殺した。午前一時頃参謀長からこの事件の報告をうけた東部軍管区司令官田中静壹大将は、激怒して副官帯同して宮城にかけつけ、侍従武官長を解放し、偽命令下の宮護部隊に「諄々と訓示を与えた。」「痛憤の青年将校たちに対しては三時間もかかってその非をさとした結果、激情の青年将校四名はその場で自決し、他は憲兵隊へ引致された。」また一五日未明に青年将校の一部は兵数名をつれて放送局に乱入して職員を監禁して「第一回の放送は俺にさせろ」と迫ったが、警報発令中で電波管制のため目的を達せずに引きあげ、その途中この将校も計画の失敗を知って宮城前で自決した。

また以上の事件とは別個に、八月一四日、一五日に同様な事件が犠牲者はなかったが機銃掃射、放火等があった。一四日深夜に一五日の重大放送の予告を聞いた東京警備隊横浜隊の某大尉が指揮する兵士と学生の一団がトラック二台乗用車一台に分乗し、機関銃、日本刀、放火用ガソリンをつんで横浜から東京へ走行して一五日四時二〇分頃首相官邸を襲い機銃の威嚇射撃をし侵入放火した。首相不在だったのでさらに私邸に行き放火、さらに平沼枢密院議長邸を襲って機銃掃射し放火し、両邸を全焼させたが両氏とも不在で無事だった(28)。

以上の二つの軽挙妄動事件は似たような事件であるが基本的に異なっている。即ち、後者の首相官邸等襲撃の行動は、首謀者は八月一四日深夜における明日正午の「重大放送」の予告のラジオ放送を聞いて、きっと日本の無条件降伏を意味するものと確信した某大尉の血気による深い計画もない暴発的行動であることが、自動車番号などによって逮捕されて判明した。

これに対して八月一五日正午の「重大放送」そのものを阻止しようとした一連の連係した反乱行動は、最高戦争指導会議におけるポツダム宣言受諾への動向の情報を、八月一四日深夜の「重大放送」予告のラジオ放送以前に把握して、謀議の上決行した計画的行動であるとすれば、少なくとも最高戦争指導会議の出席者から洩れたことは十分考えられ、それが意図的なものであったか、あるいは守秘が不十分であったためであるかは筆者はわからない。

第五節　軍国の解体と占領軍の進駐

ポツダム宣言の受諾が全世界に報道伝達されて、日本の降伏による第二次世界大戦の終結が世界史的なものになる。

実際に連合国軍による日本の占領統治が開始するまでの期間は、一種の統治主体の移行準備期間として国家としての不安定な時期である。この空隙に予想せざる突発的な異常事態がおこらないように慎重に事を運ばなければならない。それは具体的には終戦の大詔が報道（渙発ではない）された一九四五（昭和二〇）年八月一五日から、降伏文書が調印された同年九月二日までの期間であり、日本の社会や政治の非連続としての転換期の中心点でもある。

前述のように、すでに異常事態は前夜深更から未明にかけて惹起していたが、田中静壹東部軍管区司令官個人の努力によって未然に防ぎえたのであった。そしてこの移行期の手順として、戦闘停止命令、停戦協定調印、休戦条約の締結の三段階があることが新聞紙面で解説されているが[29]、ここでの考察にそのままあてはまるわけではない。

まずこの時期の開始は、八月一五日正午の終戦の大詔の玉音放送のあと、午後三時段階での鈴木内閣総辞職でなされる。これに続く東久邇宮稔彦王への組閣の大命が下されているが、この場合、きわめて異例なのは、皇族が内閣首班になるのは制度始まって初めてであり、またこの頃に慣例化していた元老会議を経ることがなく、天皇直接の意向で決められたことである。

また天皇は終戦の大詔放送阻止事件があったことにかんがみ、八月一七日付で陸海軍人に勅語を下して、文中でソ連の参戦に言及し、国体護持のため「和ヲ媾（講）セントス」と述べて、「汝等軍人」は「出処進止ヲ厳明ニ」するよう要望しており、さらに八月二五日付で「陸海軍人に賜リタル勅諭」を下して整然と武装解除と撤収をして復員することによって「皇軍有終ノ美ヲ済ス」よう要望している。

そして陸海軍人をふくめて全日本国民に対して、一九四五（昭和二〇）年九月二日東京湾内のアメリカ海軍戦艦ミズーリ艦上で降伏文書に調印した際の「詔書」が渙発されている。その文中では、「ポツダム」での宣言を受諾して、「降伏文書」への署名（代理の）をしたことを明記している。

なお興味深いのは、東久邇宮首相が八月一九日参内した時、天皇から「戦争終結後の国民生活を速に明朗にするようにせよ、たとえば燈火管制を直ちに中止し街を明るくせよ、娯楽機関の復興を急ぎ、また信書などの閲覧を停止せよ」とのお言葉を頂いたことが報じられていることである。(30)

またこの間、行政組織の再編が行われ、軍需省は廃止して商工省が復活し、大東亜省は外務省に吸収され、農商務省は農林省となるなどである。これらについては、八月二三日の紙面で示されるや、同じく八月二六日には実施されている。なお提示案では復興省の創設が提示されているが、実現したのは「復興院」の設置であった。

そのほか、最高戦争指導会議が八月二三日閣議で廃止されて、代って終戦処理会議が設置されるなど、諸々の政府機構が戦争遂行から平和と復興建設のために改廃再編されてくる。

なお、先のことではあるが、一〇月六日に東久邇宮内閣が総辞職して幣原喜重郎内閣が一〇月九日発足してからも、一〇月一五日に参謀本部（陸軍）、軍令部（海軍）が廃止され、一一月三〇日には陸軍省、海軍省が廃止されて復員省（第一復員省は元陸軍省関係担当、第二復員省は元海軍省関係担当）が設置されて、戦中、戦前の軍事機構は一応すべて消滅することになる。

ところで、いよいよ占領のための連合軍の進駐については、八月二二日早朝五時に大本営及帝国政府発表として、第一次進駐が八月二六日厚木飛行場（神奈川県）へ空輸部隊が到着することとなり、連合軍最高司令官ダグラス・マッカーサー（アメリカ陸軍元帥）が八月二八日に厚木飛行場に来日することが発表された。

そして新聞紙面に関東地方の地図が掲載されて、連合軍部隊と日本軍部隊との偶発的な衝突を避けるため、東京湾と相模湾を中心とする関東地方、山梨県、静岡県の周辺地域が図示で指定されて、京浜都市地域を囲む地帯から、日本軍の域外への撤退をし、域内の治安秩序を日本の警察と憲兵で維持することが同日八月二二日に報道され新聞に掲載された。そして降伏文書の調印式は、八月三一日に行うことも、八月二四日の紙面で報道された。

ところが実際は、八月二六日一一時付の大本営及帝国政府発表で、同二五日夜から本土に接近している台風のため、四八時間、即ち二日延長することとなり、結局、厚木の第一次進駐は八月二八日午前、マッカーサーの来日は八月三〇日午後、そして歴史的な降伏文書調印は八月中にという方針はくずれて九月二日午前九時から行われて一時間程度で終了し、日本側代表は正午に官邸に到着し午後一時すぎ天皇に拝謁し復命した。

かくして九月八日朝には連合軍（アメリカ軍）は東京に進駐して、その間横浜に滞在していたマッカーサー総司令官はアメリカ大使館に入所式を行い、さらに第一生命本社屋を接収して連合国総司令部（ＧＨＱ）として九月一七日にマッカーサー元帥が入り日本の占領行政を開始する。

第六節　占領統治と日本社会の民主化

戦後日本は、一九四五年九月二日の降伏文書調印の後、まず連合国軍（といってもアメリカ軍を主とする）占領下にあって、諸般のいわゆる民主化政策が遂行された。日本軍の武装解除とその解体の後に戦犯容疑者の逮捕（九月一一日）、治安維持法廃止・政治犯釈放・特高警察罷免（一〇月四日）、軍国主義教員追放（一〇月三一日）、財閥の資産凍結・解体（一一月六日）、農地改革（一二月九日）、国家と神道の分離（一二月一二日）、修身・日本歴史・地理の授業廃止（一二月三一日）、軍国主義者の公職追放・超国家主義団体の解散（一九四六年一月四日）、公娼制度の廃止（一月二四日）などを矢継早に指令して軍国主義日本を民主主義日本に変革していく努力をした。

これに対応して日本側は、天皇の人間宣言（一九四六年一月一日）、金融緊急措置令・日銀券預入令の公布施行（新円の発行、旧円預金の封鎖）（二月一七日）、食料緊急措置令公布（二月一七日）、物価統制令の公布施行（三月三日）、第一七回メーデー（復活）（五月一日）、食料メーデー（東京、プラカード事件）（五月一九日）、天皇が食料危機突破について放送（五月二四日）、戦時補償特別措置法公布（軍需補償打切り）（一〇月一八日）、農地調整法改正・自作農創設特別措置法（第二次農地改革の法的措置）（一〇月二一日）、そして日本国憲法を公布（一一月三日、一九四七年五月三日施行）が一応の戦後日本国家（日本政治）の非連続から連続への転換出発の基軸をなしているとみることができる。

もちろんこれと前後に並行して、一九四五年八月一五日の日本の降伏によって第二次世界大戦が終わるとともに、九月一〇日から、アメリカ、イギリス、フランス、ソビエト連邦、中華民国の五か国の外相がロンドンで一〇月二日にわたって会議を開きドイツ、イタリア、日本など旧枢軸国との講和問題を討議して、一〇月二四日に国際連合（United Nations）をそれまでの国際連盟（League of Nations）に代る国際平和協力機構としてニューヨークに設立した。そしてこれとともに、さらに一二月一六日から二六日にわたってアメリカ、イギリス、ソ連の外相がモスクワで会議を開催して、占領・講和問題のほかにとくに日本に対しては極東問題を討議してこのモスクワ協定によって極東委員会・対日理事会の設置を決定する。極東委員会は第二次世界大戦後の日本の管理にあたった連合国の最高政策決定機関でワシントンに設置されたＧＨＱの上位機関で、一九五二年四月二八日対日講和条約の発効まで存続した。また対日理事会は同じく日本の占領・管理の実施にあたるため東京に設置された連合国最高司令官の諮問機関で、アメリカ、イギリス、ソ連、中華民国の四か国代表によって構成され同じく一九五二年四月まで存続した。

また第二次世界大戦後、連合国は敗北した枢軸国側の主要戦争犯罪人を裁くため国際軍事裁判所を設置して、ナチス・ドイツに対しては一九四五年一一月からニュールンベルク裁判を開廷したが、日本に対しては極東国際軍事裁判を一九四六年五月三日東京で開廷した。オーストラリアのウエッブを裁判長とし一一か国一一名の裁判官、アメリカのキーナンを首席とする検事団で二八名を起訴して裁判し、一九四八年一一月一二日に判決が、絞首刑七名、無期禁錮一六名、有期禁錮二名（免訴三名）として下された[31]。筆者が意外に思うのは、ニュールンベルク裁判が一〇か月余で行われているのに、極東国際軍事裁判の方は二年六か月余もかかっていることである。

おわりに、筆者の精神の深層にあった或る事柄を参考に付記しておきたい。

日本が戦局悪化して銃後社会の「士気」が減退するにつれて、私自身も少年ながら何となく閉塞感におそわれて、さらには逼迫感ともなってこれを乗り越えるべく模索した結果だったろうか、どういうわけかその時の知識で自分流に第二次世界大戦の圏外にあると考えたアジア大陸の西域地方に憧れをもつようになった。それで訳もなく書店で『左宗棠と新疆問題』（西田保著、一九四二年）や『中央アジアの過去と現在』（前嶋信次、寺田顕男共著、一九四二年）などを購入して読んだのをおぼえている。

これは、このような状況下での一過性の少年期の意識過程だったのであろうか。やがてそれを吹っ切るように戦時下の現実に還って軍の学校へ進んでいった。それは、既に中学の級友から打明けられて開戦当初の「九軍神」のほかに捕虜になっている一士官がいるということを知って関心をもっていたからである。

それは次のような事柄である。

中学（仙台一中）のたしか二年次生の夏、十数人の同級生と太白山麓の旗立道場という中学の施設で合宿した時、医者の息子S君が、絶対他言しないようにと言って、親戚の海軍大佐が来訪して真珠湾攻撃の特殊潜航艇の乗員で一名が捕虜になっていることを悲憤慷慨して語っていたと教えてくれた。

当時、九軍神として特殊潜航艇乗員が発表されていたが、戦後になってこのことが、真珠湾捕虜第一号の酒巻和男海軍少尉として報じられた（『朝日新聞』一九四五年一二月一八日）。なお同氏はその後ブラジルの日系企業に勤務していて近年他界されている。こうして、五隻の艇に四人の士官と五人の下士官という不自然さが解消された。

ちなみに、一〇年程前機会あって広島県江田島のもと海軍兵学校で現在海上自衛隊幹部候補生学校の教育参考館を参観したが、そこに畳大の白布にこれら九軍神の氏名の墨書が展示されている。一見、開戦への出撃に際しての連署のようであるが布は一枚続きであり酒巻和男少尉の氏名がないので、もし説明の通りであるならば後に細工したのかもしれない。ガラス越しであるので判断しかねる不思議な展示品である。しかし他方、特殊潜航艇はオーストラリアのシドニー湾、アフリカのマダガスカル島のディエゴスワレル湾も攻撃しており、これらへの乗員も訓練しており、その時の訓練生の集合写真が何枚か展示されてあり、そのなかに酒巻和男少尉の名前と写真を見ることができたのは救いであった。

日本社会が戦後の民主主義を基盤にして世界の主要国家のひとつとして発展してきていることは周知の通りであるが、嘗ての戦前社会からの転換としての非連続を少しく体験を交えてみてきたつもりである。この過程のもっと立ち入った分析は紙幅もつきたので他の機会にゆずりたい。

(1) 世界史的には、ドイツが一九三九(昭和一四)年九月一日ポーランドに侵攻した時を以て第二次世界大戦の始まりとされる。ところが日本はそれ以前に一九三七(昭和一二)年七月七日に盧溝橋で中国軍と交戦して日中戦争を始めて、同年八月一三日には上海での交戦に拡大して、さらに同年一二月には南京を攻略して事実上の全面戦争となるが、日本では「日支事変」と称して宣戦布告はしていない。これは、宣戦布告して戦争ということになると、日本がアメリカから戦争当事国と貿易の制限をするなどの制約を受けることを避けるためであったと言われている。

従って、日本のアメリカ、イギリスとの戦争開始をして、これを大東亜戦争と称し、また戦後は太平洋戦争とも言うが、それまでの事実上の日中戦争も組み込まれることとなる。

またこの時の宣戦に際しての詔書には「朕茲ニ米国及英国ニ対シテ戦ヲ宣ス」とあり、中国に対しては詔書の文中では中段で「中華民国」と「干戈ヲ執ル」に至ったと述べ、またインドネシアを植民地とするオランダに対しては、米英両国に誘われて「帝国ノ平和的通商」に「経済団交」で妨害を与える「與国」（同盟国）として記されているので、実質上はアメリカ、イギリス、中国、オランダ四国への宣戦布告の詔書とみることができる。

（2）開戦の年（一九四一年・昭和一六年）の夏、仙台で当時小学生であった筆者の家に南方へ向う陸軍兵士が十数名一週間程宿泊し、その間朝食と夕食を提供したことをおぼえている。銃器以外の軍装で、朝出かけて夕刻近くに戻ってきて、八帖二部屋が提供され寝具は軍用毛布だったようである。これらのことは町会を通しての指示だったと聞いている。家族総動員で世話をし、費用は後に支給されたが結局は持出しであったと母がこぼしていた。そしてその年の冬戦争が始まった。

（3）このガダルカナル島からの日本軍の撤退は、大本営発表では敗北であり退却であるにも拘らず「転進」という表現で発表されている。

（4）このアッツ島での山崎保代陸軍大佐の指揮する日本軍の全滅は「玉砕」という表現で大本営発表されている。なお、アッツ島の隣のキスカ島を占領していた海軍部隊は同年七月二九日成功裡に撤退している。

（5）これらの被害の数字は『コンサイス世界年表』三省堂、一九七六年、四九三、四九四頁による。当時の新聞では、第二回の地震は「東海地方に地震、被害、最小限に防止」の見出しで、一三日午前三時三八分頃、「震源地は渥美湾で一二月七日の地震の余震である」と報じている（『朝日新聞』一九四五年一月一四日）。

なお、第一回の一九四四年一二月七日の地震は、筆者が広島県江田島の海軍兵学校で第二次試験を受けて中学教師の引率のもと同年生とともに帰路につき、東海道本線御油（ごゆ）駅（現在愛知御津〈みつ〉駅）で昼過ぎに停車中大きな揺れを感じた。その後、豊橋駅の手前の鉄橋が破壊されて不通になったことが知らされて、一夜を列車内で明かし、逆走して名古屋駅に戻り中央本線を経て仙台へ帰った。その時、名古屋地域を通過中に車窓から多数の建物が倒壊しているのが目撃されたのをおぼえている。

（6）この三月一〇日の東京大空襲は一般市民に一〇万人以上も犠牲が出て戦後も語られるが、当時三月一九日の新聞に「畏し、天皇陛下戦災地を御巡幸」「御徒歩にて焦土をみそなわせ給う」として深川富岡八幡宮境内での天皇の写真が大きく掲載されている（『朝日新聞』の場合）。これは当時としては異例の写真であり、それ以降の日本各地の主要都市への焦土化空襲が原爆投下まで続くことになる。

（7）　ほぼ同じ頃、陸軍でも予科士官学校の生徒募集があり、筆者は一九四四年秋に仙台で育英中学校校舎（現在錦町公園辺り）を会場とする予備試験と身体検査を受けた。筆記試験は図形理解を中心とする適性検査で、おそらく本科課程で航空士官学校へ選別するための資料と思われるが、翌日の検査の時に試験官の将校に呼出された。一寸書き辛いことだが、将校はにこやかに筆者に、君はこの試験場で一人だけ適性検査が満点だった。合格したら航空士官学校にすすむかね、と問われ、筆者は、はいと答えたのをおぼえている。しかし実はこれに反して海軍の方へすすんで申し訳なかったと思っている。

筆者が戦時下にあって海軍の方を選んだのは、すぐ上の兄が陸軍航空士官学校へすすんだので、これと異なる方へすすみたいという意向もあったが、それ以上に後れ馳せながらの軍国少年としては感性的なものがあった。両者を比べた場合、陸軍は星の徽章に表象される直線であり、海軍は桜花や錨に表象される曲線を感じていて、小学生の頃、雑誌や画集での重巡洋艦の妙高や摩耶の優美な姿形が大好きだったが、そんなことが潜在的に作用したのかもしれない。

なお、海軍兵学校針尾分校は、戦後跡地利用が二転三転して現在テーマパーク「ハウステンボス」となっている。

（8）　小磯国昭内閣は四月五日に総辞職するが、新聞紙上では見出しはともかく本文では「小磯、米内協力内閣」と記されている。これは、前任の東条英機（陸軍大将）内閣が一九四一（昭和一六）年一〇月一八日組閣して太平洋戦争（大東亜戦争）として第二次世界大戦に組み込まれるが、拡大した戦線がアメリカ軍を中心とする反攻で退却を重ねるなかで一九四四（昭和一九）年二月二一日陸相兼務の東条首相が陸軍参謀総長を兼ね、海相島田繁太郎が海軍軍令部総長を兼任する事態となっていた。そして同年七月四日にビルマのインパール作戦の失敗をみとめて中止を命令し、七月七日サイパン島日本軍全滅するに至って、七月一七日に島田海相辞任して、後任に米内光政が要請されるが拒否され、代って野村直邦が海相となるもその直後七月一八日東条内閣は総辞職する。そして七月二二日小磯国昭（陸軍大将）内閣が成立してそのなかに米内光政が海相として入閣したことから「小磯、米内協力内閣」とも呼ばれた。

なお、この「小磯、米内協力内閣」の時に、それまでの「大本営政府連絡会議」を一九四四（昭和一九）年八月五日廃止して「最高戦争指導会議」をおいている。これは統帥と国務、より広く換言すれば前線と銃後の一体化をはかるものとして、不完全ながらいわば内閣が大本営の議に列するかたちとなった。

(9) 小磯内閣の総辞職によって、同じ四月五日午後五時に天皇から木戸内府への下問によって重臣会議が開かれて午後八時四〇分まで続けられて鈴木貫太郎を内閣首班とすることを天皇に奉答し、同日午後一〇時鈴木貫太郎が宮中に参内して組閣の大命を受けた。

この小磯内閣総辞職と鈴木貫太郎組閣の経緯は、同じ四月六日新聞紙上で報じられたが、当時筆者は新聞閲覧室で鈴木貫太郎首相がきわめて高齢（七九歳）であることを知り、何となく戦争が終結段階にきたと感じたことをおぼえている。今になって改めて当時の新聞をみて、「戦時下、最終内閣を決意」という見出しに、当時の新聞編集者が検閲下にあって戦争終息することが近づいていることを読者国民に知らせようとする努力が伺がえる（『朝日新聞』一九四五年四月七日）。

(10) この小磯内閣は新聞によれば四月五日午前九時に閣議を開いて総辞職を決し午前一〇時二三分宮中に参内し辞表を奉呈した（『朝日新聞』一九四五年四月六日）。他方ソ連のモロトフ外相は四月五日の午後三時佐藤駐ソ大使に日ソ中立条約の不延長を通告している。これは一九四一（昭和一六）年四月一三日調印し、同四月二六日五か年の期限で発動したもので、一九四六（昭和二一）年四月二五日に消滅するものであった（『朝日新聞』一九四五年四月七日）。

(11) さらに戦後になって、この記事の「巨艦先頭に」「沖縄島周辺の敵に対し」「突入作戦を決行して」「皇国護持の大義に殉ず」という報道の内容がようやく明らかにされ、巨艦は戦艦「大和」であり、「大和」はその四月七日アメリカ五八機動部隊の艦載攻撃機の何波にも及ぶ魚雷攻撃を二時間半にわたって受け、四月七日午後三時、九州の坊ノ沖二六〇度、九〇海里の海底に没したのであった。

(12) 第二次世界大戦のヨーロッパ戦線の消滅の後、アジア戦線での最終段階を前に、戦後の国際秩序を計画する準備が進められている。国際連盟の後身にあたる国際連合の設立準備であるアメリカのサンフランシスコ（桑港）会議の報道がみられる。

一、一九四五（昭和二〇）年四月二三日の第二面で「桑港会議が試金石」の見出しで、新任アメリカ大統領トルーマンにとって重荷になっていることを論評している。

二、同四月二五日に「桑港会議けふ（今日）開く」（会議と会談を混同している）の見出しで、連合国四六国の代表が集るが、筋書通り運ぶかどうかを疑問視している。
三、同四月二六日に「桑港会談の舞台裏、焦点は波蘭（ポーランド）問題」の見出しでアメリカ、イギリスとソ連との間の利害対立をとりあげている。
四、しかし同日の社説では「桑港会談」の題目で、これが国際平和機構の設立を目指すものであることを指摘し、「ただ今世紀に入ってから、統一ある世界組織の問題が、国際政治の中心課題となって来た事実は認めなければならない」と述べていることが注目される。
五、同六月二七日に「『国際憲章（国連憲章）』に署名」の見出しで桑港会議が六月二五日に終わったことを報道し、前文を掲載し、憲章の各章の概要を述べている。

(13) 『朝日新聞』一九四五（昭和二〇）年六月一〇日。

(14) 同右。

(15) 『朝日新聞』一九四五（昭和二〇）年六月一一日。

(16) この一九四五年五月末の空襲は、二九日午前九時半頃から同一一時にかけてB29爆撃機五〇〇機、P51戦闘機一〇〇機で横浜市と川崎市に来襲して焼夷弾による無差別爆撃をしたもので、新聞では「未曾有の大挙来襲」と報じている（『朝日新聞』一九四五年五月三〇日）。

(17) 筆者がこの頃在校していた海軍兵学校針尾分校は、戦局の激化につれて課業の遂行が困難となり、針尾分校を閉校して七月中旬数次にわけて山口県防府市に移転するが、この防府分校の校舎は八月八日大半を空襲で炎上される。
新聞紙上では八日午前一〇時半頃、「相前後してB29約二〇〇機、中型約二〇機、小型約三〇機は中部軍管区を行動後山口県に侵入、豊後水道より脱去した」（『朝日新聞』一九四五（昭和二〇）年八月九日）という報道の中の一被害に当る。

(18) 「敵次期作戦」の企図を、『朝日新聞』では「目立つ爆撃機増強、沖縄、敵既に千四百機」という見出しで、沖縄の五飛行場それぞれの機種別の機数を詳細に報じている。「すなはち北飛行場にはB24約百七十機、B25約六十機を含む三百二十余機、伊江島飛行場にはB24四十機、B29六十機、P47二百十機を含む約五百四十機、中飛行場にはB25七千三機、P51六十機を含む約二百機、〇〇（判読不能）飛行場にはP47約二百機を主体として小型機約三百機、金武飛行場にはＦ４ｕ百六十機以上が集結中である」(『朝日新聞』一九四五(昭和二〇)年八月一四日)。敵の厳戒を突破してよくこれだけの情報を得たものだと思う。

(19) 岩手県釜石市にある釜石製鉄所は、三陸海岸にある重要な軍需工場であるため、アメリカ軍の機動部隊によって艦砲射撃と艦載機の空襲を八月七日と八月九日の二回受けている。

(20) 戦争終結の八月一五日の新聞紙面で、この情報局総裁談がポツダム宣言受諾で降伏する事態をそれとなく国民に知らせるものであったことが明らかにされた。

なお、阿南陸相の全軍将兵訓示はポツダム宣言受諾に反対の少数意見の立場である。ちなみに、阿南陸相は八月一四日夜終戦の詔書渙発以前に陸相官邸で割腹自刃し、「一死以て大罪を謝し奉る」の遺書をのこしている。

(21) 実はこれら八月一一日の新聞紙面の記事とならんで、皇太子の写真と「戦局に深き御関心」という見出しで生活の様子を報じている。これを少し掘り下げて考えれば、この時点でポツダム宣言の受諾の方向において、現天皇の退位などの状況を考慮しての掲載かもしれない。

(22) ポツダム宣言全文は『朝日新聞』一九四五(昭和二〇)年八月一五日、外交交換公文書については、同紙八月一六日に掲載されている。

(23) 『朝日新聞』一九四五(昭和二〇)年九月二一日。

(24) 同上、九月二二日。

(25) 一九四四(昭和一九)年三月六日、新聞の夕刊を廃止する。

なお、一九四四(昭和一九)年一一月二日、新聞の建頁を週一四頁に削減する。

(26) 一九四五年八月一五日に際しては、筆者の体験は、詔勅が玉音放送として行われるとの指示で集合したが、意図的と思われる程の雑音で聴き取れず、しかも教頭(林少将)の曖昧な訓示でおわった。そして終戦の詔勅で無条件降伏であることが夕刻になって側面から口伝てによって知らされた。これは我々生徒たちへの衝撃と混乱を回避するための措置であったことは疑いない。

ともあれここで興味深く思い出されるのは、この時の日本社会の非連続が劇的にあったのに、自分の意識の底では遅れて反応していたことである。それは八月一五日以後に就寝して夜半や未明に目覚めた時に、未だに戦時であり自分が軍の学校の生徒であるという意識の中にあり、暫くしてああそうだ日本は敗れたのだと気付いたという状態が数日間続いた。

(27) この一連の事件については、八月二四日夜の田中静壹陸軍大将の自決の記事に関連して『朝日新聞』一九四五（昭和二〇）年九月二一日に記されている。専門的な文献資料ではないので位階人数等の詳細はわからないが、陸軍省、参謀本部組織の中枢の佐官級という中間管理層の軽挙妄動で、第一線という現場の実態よりも、理念で把握しやすい傾向の立場にありがちな現象であろう。

「徹底抗戦なくして国体の護持あり得ず」という論理は、本土決戦に持ち込むことが勝利の道であるという作戦なのであろうが、むしろ逆で、「徹底抗戦すれば国体の護持あり得ず」だったろう。というのは、本土上陸での決戦では本土が分断されることになり、その状態での持続は終局においては分割統治を招くおそれや、あるいは残存政権と新政権という対立のおそれや、あるいは共和政となるおそれなどがあったからである。

(28) 『朝日新聞』一九四五（昭和二〇）年九月二二日。

(29) 『朝日新聞』一九四五（昭和二〇）年八月一七日。

(30) 同上、八月二〇日。

(31) 筆者は戦後になって上京した時、市谷の極東国際軍事裁判を傍聴したことがある。入口で持物の検査をうけ、曲がりくねったせまい階段を導かれるまま登って戦前陸軍士官学校だったという建物の大講堂の二階席に座った。傍聴席は暗幕で窓が覆われて暗く、傍らの要所要所にはＭＰ（米軍憲兵）が足を小幅にひらき両手を後ろに組んで立っている。壇上には判事が横並びに机を前に座り、壇の下には座席がしつらえられていわゆるＡ級戦犯とされる被告が座って、これらの処は劇場のように照明が明るく、戦中期に写真で知っている何人かの方々もみえた。場内は静粛で聞こえるのは発言とイヤホンからの通訳の声だけでそこには一種の緊張があった。

しかし、長時間延々と続く発言とその訳された言葉は、その時だけ傍聴していた筆者にとっては、その全体審理の体系のなかでの論説に位置づけて理解することはできず、一種の単調さのなかで何程かの疲れと場内の室温と傍聴席の暗さの故、いつしか不覚にも居眠りにおちいった。

筆者にとっての問題とはそのあとである。暫時を経て居眠りからさめた。そうすると、以前に感じていた緊張感がうすれて、この裁判の意味、価値、正当性といったものが、より客観的に冷静にみえてきたのをおぼえている。この聊か不思議といってよい体験は、眼前の特定現象をこえた人間としての普遍的な立場を可能にさせるものであった。

執筆者紹介（執筆順）

菅《すが》 原《わら》 彬《もり》 州《くに》　社会科学研究所研究員，中央大学法学部教授

髙《たか》 原《はら》 泉《いずみ》　社会科学研究所客員研究員，中央大学通信教育部インストラクター（第一章）

奥《おく》 野《の》 武《たけ》 志《し》　社会科学研究所客員研究員，早稲田実業学校非常勤講師（第二章）

崔《ちぇ》 長《じゃん》 根《ぐん》　社会科学研究所客員研究員，韓国大邱大学校人文大学助教授（第三章）

金《きん》 原《ばら》 左《さ》 門《もん》　社会科学研究所客員研究員，中央大学名誉教授（第四章）

海《え》老《び》澤《さわ》 智《さと》 士《し》　社会科学研究所準研究員，中央大学大学院法学研究科博士課程後期課程（第五章）

栗《くり》 田《た》 尚《ひさ》 弥《や》　社会科学研究所客員研究員，國學院大學文学部兼任講師（第六章）

沖《おき》 川《かわ》 伸《のぶ》 夫《お》　社会科学研究所客員研究員，中央大学法学部兼任講師（第七章）

金《きむ》 慶《ぎょん》 一《いる》　社会科学研究所客員研究員，韓国国立金烏工科大学校講師（第八章）

横《よこ》 田《た》 力《つとむ》　元社会科学研究所研究員，都留文科大学文学部教授（第九章）

田《た》野《の》崎《さき》 昭《あき》 夫《お》　社会科学研究所客員研究員，中央大学名誉教授（第十章）

連続と非連続の日本政治

中央大学社会科学研究所研究叢書19

2008年3月30日　発行

編　者　菅 原 彬 州

発 行 者　中 央 大 学 出 版 部

代表者　福 田 孝 志

〒192-0393　東京都八王子市東中野742-1

発行所　中 央 大 学 出 版 部

電話 042(674)2351　FAX 042(674)2354

電算印刷㈱

ISBN978-4-8057-1320-4

中央大学社会科学研究所研究叢書

石川晃弘編著

13 体制移行期チェコの雇用と労働

A５判162頁・定価1890円

体制転換後のチェコにおける雇用と労働生活の現実を実証的に解明した日本とチェコの社会学者の共同労作。日本チェコ比較も興味深い。

内田孟男・川原　彰編著

14 グローバル・ガバナンスの理論と政策

A５判300頁・定価3675円

グローバル・ガバナンスは世界的問題の解決を目指す国家，国際機構，市民社会の共同を可能にさせる。その理論と政策の考察。

園田茂人編著

15 東アジアの階層比較

A５判264頁・定価3150円

職業評価，社会移動，中産階級を切り口に，欧米発の階層研究を現地化しようとした労作。比較の視点から東アジアの階層実態に迫る。

矢島正見編著

16 戦後日本女装・同性愛研究

A５判628頁・定価7560円

新宿アマチュア女装世界を彩った女装者・女装者愛好男性のライフヒストリー研究と，戦後日本の女装・同性愛社会史研究の大著。

林　茂樹編著

17 地域メディアの新展開
－CATVを中心として－

A５判376頁・定価4515円

『日本の地方CATV』(叢書９号)に続くCATV研究の第２弾。地域情報，地域メディアの状況と実態をCATVを通して実証的に展開する。

川崎嘉元編著

18 エスニック・アイデンティティの研究
－流転するスロヴァキアの民－

A５判312頁・定価3675円

多民族が共生する本国および離散・移民・殖民・難民として他国に住むスロヴァキア人のエスニック・アイデンティティの実証研究。

定価は消費税５％を含みます。

中央大学社会科学研究所研究叢書

1	中央大学社会科学研究所編 **自主管理の構造分析** ―ユーゴスラヴィアの事例研究― A 5 判328頁・定価2940円	80年代のユーゴの事例を通して，これまで解析のメスが入らなかった農業・大学・地域社会にも踏み込んだ最新の国際的な学際的事例研究である。
2	中央大学社会科学研究所編 **現代国家の理論と現実** A 5 判464頁・定価4515円	激動のさなかにある現代国家について，理論的・思想史的フレームワークを拡大して，既存の狭い領域を超える意欲的で大胆な問題提起を含む共同研究の集大成。
3	中央大学社会科学研究所編 **地域社会の構造と変容** ―多摩地域の総合研究― A 5 判462頁・定価5145円	経済・社会・政治・行財政・文化等の各分野の専門研究者が協力し合い，多摩地域の複合的な諸相を総合的に捉え，その特性に根差した学問を展開。
4	中央大学社会科学研究所編 **革命思想の系譜学** ―宗教・政治・モラリティ― A 5 判380頁・定価3990円	18世紀のルソーから現代のサルトルまで，西欧とロシアの革命思想を宗教・政治・モラリティに焦点をあてて雄弁に語る。
5	高柳先男編著 **ヨーロッパ統合と日欧関係** ―国際共同研究Ⅰ― A 5 判504頁・定価5250円	EU 統合にともなう欧州諸国の政治・経済・社会面での構造変動が日欧関係へもたらす影響を，各国研究者の共同研究により学際的な視点から総合的に解明。
6	高柳先男編著 **ヨーロッパ新秩序と民族問題** ―国際共同研究Ⅱ― A 5 判496頁・定価5250円	冷戦の終了とEU統合にともなう欧州諸国の新秩序形成の動きを，民族問題に焦点をあて各国研究者の共同研究により学際的な視点から総合的に解明。